HISTOIRE

DES

SAMANIDES

HISTOIRE
DES SAMANIDES

PAR MIRKHOND

TEXTE PERSAN

TRADUIT ET ACCOMPAGNÉ DE NOTES CRITIQUES, HISTORIQUES
ET GÉOGRAPHIQUES

PAR M. DEFRÉMERY

MEMBRE DU CONSEIL DE LA SOCIÉTÉ ASIATIQUE

PARIS
IMPRIMERIE ROYALE

M DCCC XLV

A MONSIEUR REINAUD

MEMBRE DE L'INSTITUT
(ACADÉMIE DES INSCRIPTIONS ET BELLES-LETTRES),
PROFESSEUR D'ARABE À L'ÉCOLE DES LANGUES ORIENTALES VIVANTES,
CONSERVATEUR ADJOINT
DES MANUSCRITS DE LA BIBLIOTHÈQUE ROYALE.

Mon cher Maître,

Je puis enfin satisfaire, quoique bien imparfaitement, un souhait que je formai dès que je vous connus. L'estime que m'avaient inspirée vos ouvrages s'est encore accrue de celle que l'on ne peut s'empêcher de ressentir pour votre caractère. Je ne crains pas de le déclarer, c'est moins au savant consciencieux et vraiment distingué, au digne successeur de Silvestre de Sacy, qu'à l'homme bon, obligeant et sincèrement honnête, que je me plais à offrir ce faible hommage. En agissant ainsi, je me félicite de pouvoir témoigner ma reconnaissance à une personne aussi chère à mon cœur qu'utile à la science : trop heureux si vous daignez voir dans ces lignes une preuve de la haute estime et du cordial attachement que vous a voués à jamais

Votre respectueux et dévoué
serviteur et élève,

C. DEFRÉMERY.

AVERTISSEMENT.

Deux motifs m'ont guidé et déterminé dans le choix du morceau de Mirkhond que je publie : le premier est exprimé dans les lignes suivantes, empruntées à notre immortel de Sacy : « Le rôle que cette puissante dynastie (celle des Samanides) a joué dans les contrées orientales de l'empire mahométan, pendant plus d'un siècle; la protection accordée par les princes de cette famille aux lettres et aux sciences; les rapports de commerce qui existaient entre leurs états et les contrées septentrionales de l'Europe, rapports suffisamment prouvés par le grand nombre de monnaies frappées à leur nom, qu'on a découvertes dans la Prusse et la Poméranie, sont autant de motifs qui donnent un grand intérêt à leur histoire [1]. » Voilà pour le fond. Si l'on nous interrogeait maintenant

[1] *Magasin encyclopédique*, 1809, t. 1, pag. 203.

sur la *forme* de l'histoire des Samanides, nous répondrions, avec le même savant : « Ce dernier ouvrage est très-propre à exercer les commençants et à les attacher, tant par l'intérêt de la narration que par le style, qui, sans être hérissé de difficultés, présente néanmoins de temps en temps des tournures recherchées et le luxe de l'expression orientale [1]. »

Après avoir rendu compte des considérations qui ont fixé mon attention sur l'histoire des Samanides, de Mirkhond, je devrais, ce semble, réunir ici les détails que nous possédons sur la vie de cet auteur; mais ces renseignements, assez peu nombreux, ont été rassemblés avec soin par A. Jourdain [2] et MM. Audiffret [3] et Quatremère [4]. Je me contenterai donc de renvoyer aux recherches de ces savants. Je renverrai aussi aux judicieuses observations de M. Quatremère [5], sur le mérite et les défauts de Mirkhond, considéré comme auteur d'une histoire universelle.

---

[1] *Magasin encyclopédique*, t. I, page 201.
[2] *Notices et extraits des manuscrits*, t. IX.
[3] *Biographie universelle*.
[4] *Journal des Savants*, 1843, pag. 170-173.
[5] *Ibid.* pag. 175, 176.

AVERTISSEMENT.

Ces défauts ne sont malheureusement ni en petit nombre, ni de peu d'importance dans le morceau qui nous occupe. Certaines parties de l'histoire des Samanides sont traitées avec une sécheresse, une négligence inconcevables. En veut-on quelque exemple? Aucun règne de prince oriental n'a été signalé par plus d'événements de tout genre que celui de Nasr-ben-Ahmed. Eh bien! après avoir raconté assez brièvement les faits des seize premières années de ce règne, Mirkhond passe entièrement sous silence ceux des quinze dernières. Voici dans quels termes il cherche à excuser cette impardonnable omission :

بر اذکیا پوشیده نماند که در ایام سلطنت امیر سعید در طبرستان وخراسان وما وراء النّهر قضایایی لا تعد ولا تحصی روی نمود واکثر بجموع آنها رقم زده کلک بیان گردد این دفتر بتطویل انجامد[1]

« Les hommes intelligents n'ignorent pas que sous le règne de l'émir Saïd, des événements innombrables arrivèrent dans le Thabaristan, le Khoraçan et le Mavérannahr. Si la totalité

---

[1] Voyez pag. 27, 138 et 139 ci-dessous.

de ces faits était ici rapportée, ce livre finirait par devenir prolixe. »

Et, comme pour mettre dans tout son jour la faiblesse de son excuse, Mirkhond passe sur-le-champ au récit de trois anecdotes relatives à l'émir Nasr, et dont la seconde est d'une puérilité incontestable. Il est vrai que notre auteur pouvait alléguer pour sa justification l'exemple d'Hamd-Allah-Cazouini. Mais, quelque sec que soit le récit de cet historien, il l'est beaucoup moins que celui de Mirkhond, pour l'époque en question.

L'équité dont je me suis fait une loi m'ordonne d'ajouter que toutes les portions de l'histoire des Samanides sont loin d'être aussi incomplètes. Par exemple, presque tout ce qui a rapport aux quatre derniers princes de la famille de Saman est exposé avec les plus grands détails. On sent que Mirkhond avait sous les yeux un excellent guide, la traduction persane du Tarikh-Iémini, d'Otbi ; aussi ne s'est-il pas fait faute de le copier fréquemment.

Une autre partie du fragment que je publie laisse beaucoup à désirer. Je veux parler de ce qui regarde l'histoire littéraire. Mirkhond a omis de mentionner les nombreux écrivains

AVERTISSEMENT.

qui ont vécu sous les Samanides, et auxquels ces princes ont accordé la plus généreuse protection. Il n'a pas dit un mot de Roudeki, qui mit en vers le livre de Kélileh et Dimneh, travail pour lequel Nasr-ben-Ahmed lui fit présent de 80,000 pièces d'argent. Il n'était cependant pas indifférent pour la gloire de ce prince de rappeler les bienfaits dont il combla son poëte favori, et dont on se fera une idée lorsque l'on saura que Roudeki laissa en mourant deux cents esclaves indiens ou turcs et quatre cents chameaux [1]. C'est encore ainsi que Mirkhond a passé sous silence le nom d'Abou-Ali-Mohammed-ben-Mohammed-Bélami, visir de Mançour-ben-Nouh, et qui traduisit en persan, par ordre de ce prince, l'histoire de Thabari [2].

Voilà les qualités que l'on peut louer et les défauts que l'on doit reprendre chez notre his-

---

[1] Voyez *Notices et extraits des manuscrits*, t. IV, pag. 225; Daulet-Chah, *Tezkiret echchouéra*, manuscrit persan n° 250, f. 14 r. Djami, *Béharistan*, vii⁰ rouzet.

[2] *Tarikhi Guzideh*, manuscrits persans, 9 Brueix, f. 131 r. 278 r. 15 Gentil, f. 171 v. 25 supplément. (Voyez aussi la *Chronique d'Abou-Djafar-Mohammed-Tabari*, traduite...... par L. Dubeux, page 5 et page 10, note; et le Journal des Savants, 1832, page 534, article de S. de Sacy.)

torien. Après les avoir exposés, sans exagérer les premières, ni atténuer les seconds, je dois faire connaître les secours que j'ai eus pour exécuter ce travail, et la méthode que j'ai suivie.

L'histoire des Samanides n'a été publiée qu'une seule fois, sous le titre de *Mohammedis filii Chavendschahi vulgo Mirchondi historia Samanidarum persice, e codice bibliothecæ Gottingensis nunc primum edidit, etc.* Fridericus WILKEN [1]. Je ne ferai pas ici l'examen critique de cette édition : les personnes, qui voudraient connaître ce qu'elle laisse à désirer pourront consulter le compte qui en a été rendu, par Silvestre de Sacy, dans le Magasin encyclopédique [2]. Quoique cet illustre savant ait apprécié le travail de M. Wilken avec une indulgence dont il s'est plus d'une fois écarté dans d'autres occasions, ce qu'il en a dit suffit pour démontrer qu'une nouvelle édition de l'histoire des Samanides ne saurait être un travail oiseux et inutile. Placé dans des circonstances beaucoup plus favorables que celles où se trouvait M. Wilken, à l'époque où il publia son ouvrage, il n'est pas étonnant que j'aie pu corriger en une multitude d'en-

---

[1] Goettingæ, 1808, petit in-4°.
[2] Année 1809, t. I, pag. 201 et suiv.

AVERTISSEMENT.

droits le texte de ce savant. Au lieu d'un seul manuscrit, assez incorrect et quelquefois même incomplet, j'en ai eu trois à ma disposition, sur lesquels un très-bon [1], et un autre assez exact [2]. De plus, il m'a été possible de comparer le texte de mon auteur avec la traduction persane du *Tarikh-Otbi*, ouvrage dont Mirkhond a souvent reproduit les expressions, dans plus de la dernière moitié de son récit.

Je ne dirai rien de ma traduction, sinon que j'ai cherché à la rendre aussi exacte que possible. Les métaphores que j'ai dû renoncer à faire passer dans ma version, je me suis, le plus souvent, astreint à en indiquer le sens dans les notes. Peut-être trouvera-t-on que j'en ai conservé un trop grand nombre. Je répondrai d'abord que, ma traduction, étant destinée principalement aux élèves de l'École des langues orientales et du Collége de France, ne saurait être trop littérale, ni serrer le texte de trop près. En second lieu, je ferai observer que la plupart de ces images contre lesquelles nous nous récrions si vivement, ne présentent rien

---

[1] Manuscrit de l'Arsenal.
[2] Manuscrit de la Bibliothèque royale, n° 21 *bis* du supplément persan.

de plus hardi, de plus gigantesque, que telle autre hyperbole risquée par nos grands écrivains [1]. Les ouvrages du premier prosateur de ce siècle me fourniraient, au besoin, plus d'un exemple de ce que j'avance.

Il ne me reste plus qu'à parler des notes que j'ai placées à la suite de ma traduction. Dans plusieurs de ces notes, j'ai expliqué, soit les termes, soit les passages qui me paraissaient présenter quelque difficulté, en rectifiant, à l'occasion, la version de M. Wilken. D'autres notes sont destinées ou à compléter le texte de mon auteur, ou à éclaircir certaines difficultés historiques ou géographiques. Cette dernière partie de mon travail m'a coûté beaucoup de temps et de recherches. Si je n'ose me flatter d'avoir toujours rencontré la vérité, je puis du moins me rendre le témoignage de n'avoir jamais négligé cette sage lenteur et ce

---

[1] « .... Il y a dans toutes les langues, et jusque dans la nôtre, des expressions hyperboliques, qui cessent de choquer la raison et le bon goût à mesure que l'habitude les réduit à leur juste valeur et lorsque leur signification immédiate, qui serait en effet démesurée, ne se présente plus à l'esprit de ceux qui les entendent ni de ceux qui les profèrent. » (Daunou, *Notice historique sur la vie et les ouvrages de M. le baron S. de Sacy.*)

travail de la lime[1] qu'Horace recommande aux poëtes, et qui ne sont pas moins nécessaires aux personnes vouées par état et par goût aux travaux d'érudition.

[1] « ..... Limæ labor et mora. » (*Epist.* III, 291.)

HISTOIRE
DES SAMANIDES.

TEXTE PERSAN DE MIRKHOND.

ذكر ملوك سامانيه رحمهم الله وبيان
دولت وحكومت ايشان

در نسب سامان گفته اند که او از اولاد بهرام چوبین
است وابتدای دولت آن جماعت در زمان خلافت مامون
واقع شد مفصل این بهل آنکه چون مامون خلیفه در
آن آوان که در مرو بود حکومت خراسان و ما وراء
النهر را بغسان بن عبّاد که عمر زادۀ فضل بن سهل
بود داد فرزندان اسد بن سامان را که در آن حیین
بملازمت عتبۀ خلافت اشتغال داشتند به او سفارش
نموده گفت این جماعت خداوندان نسب اند ایشانرا
علمهای گرامند فرمای و او نوح بن اسد را والی سمرقند

گردانید واحمد بن اسدرا بحکومت فرغانه فرستاد
وشاش واسروشنه بیحیی بن اسد داد وزمام رتق وفتق
هرات را درکف کفایت الیاس نهاد و بعد از آنکه مامون
غسان را عزل کرده حکومت خراسان را بطاهر ذو الیمینین
داد طاهر آل سامان را بحال خویش گذاشت وچون طاهر
وفات یافت ومنصب او به پسرش طلحه منتقل شد
مامون احمد بن ابی خالد وزیررا بخراسان وما وراء النّهر
فرستاد تا بضبط ونسق عمارت وزراعت آن ولایت کوشیده
از کیفیت حکومت طلحه نیز استکشان نماید وبجموع بنی
اسد بخدمت احمد بن ابی خالد آمده منظور نظر
عاطفت او گشتند وچون مخالفان فرغانه را از احمد بن
اسد انتزاع نموده بودند احمد بن ابی خالد به آن
صوب لشکر کشیده اعدای دین را از فرغانه بیرون کرد
واحمد بن اسد را بدستور سابق بر آن دیاروالی گردانیده
مراجعت نمود و بعد از وفات نوح بن اسد طلحه بن
طاهر ایالت سمرقند را به برادران او یحیی و احمد داد
واحمد بغایت پرهیزکار ورحیم وعادل ونیکوکار بود وهفت
پسر داشت نصر ویعقوب ویحیی واسد واسماعیل واسحاق
وحمید وبعد از چندگاه احمد بن اسد بصوابدید
طلحه بن طاهر حکومت سمرقند را به پسر خود نصر

ارزانی داشت فی الجمله مدتی مدید در ایام دولت طاهریه حکومت ما وراء النهر بنیابت ایشان متعلّق بفرزندان اسد بن سامان بود وچون یعقوب لیث خروج کرد وطاهریه ضعیف شدند در شهور سنه احدی وستین ومایتین معتمد خلیفه منشور ایالت ما وراء النهر را نزد نصر بن احمد سامانی فرستاد واو در سمرقند رحل اقامت انداخته از طریق نیابت بـرادر خـود اسماعیل را ببخارا روان کرد ودرین اثنا میان رافع بن هرثمه که در خراسان بقوت شده بود واسماعیل بن احمد اساس محبت موکد وموطد شده بیکدیگر مکاتبات ارسال می کردند واسماعیل از رافع التماس نمود که خوارزم را به او دهد ورافع ملتمس اورا مبذول داشته از سر خوارزم درگذشت وجمعی از خبیثان که هزار لعنت حق بر ایشان باد فرصت یافته بسمع نصر رسانیدند که موجب محبت اسماعیل با رافع بن هرثمه آنست که می خواهد که مدد او ترا از ما وراء النهر بیرون کند ونصر از اسماعیل متوحش گشته بتجهیز یورش بخارا مشغول شد واسماعیل برین معنی اطلاع یافته حویه بن اسد بن علی را بخراسان فرستاد تا از رافع استمداد نماید وحویه بمقصد رسیده رافع بنفس خویش متوجه ما

وراء النّهر گشت چون از آموىه عبور نمود جىوىه اندىشىد که رافع با اىن سپاهى که هراه دارد مى تواند که جمىع مملکت ما وراء النّهر را در تحت تصرف آرد ویحتمل که چون نصر را دفع کند اسماعىل را بگىرد وبر تقدىرى که مملکت را به او دهد بعد از آن اسماعىل را تابع رافع باىد بود و اىن معنى عارى عظىم باشد و جىوىه راى خود را بر حل اىن واقعۀ معضله گماشته با رافع گفت که اى امىر مصلحت آنست که سعى نماىى تا مىان برادران مصالحه واقع شود که اگر در مقام جنگ ثابت قدم باشى ىمکن که برادران ضمنًا با هم اتفاق نماىند و امىر را در مملکت بىگانه ملالى رسد رافع را تدبىر جىوىه موافق مزاج افتاده رسولان را نزد نصر و اسماعىل فرستاد که صلاح در صلح است و چندان در آن باب مبالغه کرد که هر دو برادران با هم آشتى کردند و رافع بخراسان بازگشت و جىوىه کىفىت اندىشه و حىلۀ خود را معروض اسماعىل کردانىده اسماعىل شرف اىحاد ارزانى داشت و اورا بمراتب ارجمند رسانىد و چندگاه مىان نصر و اسماعىل بساط مصادقت و موالات ممهد بود تا باز بافساد مفسدان در نوردىده شد و وحشت بجاىى رسىد که نصر لشکرى جمع آورده

روی بېخارا نهاد و اسماعیل نیز بتجهیز سپاه قیام نموده در برابر او آمد و بعد از محاربه اسماعیل ظفر یافت و نصر را اسیر کرده نزد او آوردند و اسماعیل نصر را بر تخت نشانده دست بوس کرد و بمرتبهٔ مراسم تعظیم و تبجیل بجای آورد که نصر را تصور شد که اسماعیل با او استهزا می کند آنگاه اسماعیل برادر را با ملازمان بتجملی تمام بسمرقند روان کرد و در حین وداع با او گفت که من بنیابت تو در بخارا بضبط و ربط امور اشتغال خواهم نمود ارباب تواریخ گفته اند که اسماعیل پادشاهی کریم الطّبع و خبیر بود علما و فضلا در ایام دولت او معزز و مکرم بودند ابن اثیر گوید که ببرکت این طریقهای خوب سالهای دراز سلطنت در خاندان او بماند و چون نصر در سنه تسع و سبعین و مایتین وفات یافت بجموع دیار ما وراء النّهر در تحت تصرف گماشتگان اسماعیل آمده او بر سبیل استبداد و استقلال در مهام مملکت مدخل می کرد و مورخان اول کسی را از آل سامان که در زمرهٔ پادشاهان شمرده اند اسماعیل بود چه پیش از آن اولاد سامان بعضی بنیابت طاهریه و برخی بمنشور خلفا در ما وراء النّهر حکومت می کرده اند و زیادهٔ استقلالی نداشته اند

ذكر سلطنت اسماعيل بن احمد سامانى

اسماعيل بعد از وفات برادر در سنهٔ ثمانين ومايتين لشكر بتركستان كشيد وپدر پادشاه تركستان وخاتونش با ده هزار كس اسير كرده بسمرقند آورد وچندان غنيمت بدست لشكريان اسماعيل افتاد كه هر سوارى را بوقت قسمت هزار درم رسيد واسپ وكوسفند وشتر را خود حساب نبود وبعد از آن اسماعيل از جيحون عبور نموده عمرو ليث را بگرفت چنانچه در قضاياى صفاريه رقم زدهٔ كلك بيان گشت در تاريخ گزيده مسطورست كه بعد از گرفتارى عمرو ليث اسماعيل سامانى حاجبى را نزد او فرستاده پيغام داد كه اگر خداى تعالى خواسته باشد من ترا از چشم خليفه خلاص كنم عمرو بر اسماعيل آفرين كرده گفت مى دانم كه مرا از خليفه روى رهائى نيست واسماعيل آنچه وظيفهٔ مردى ومروت است بر زبان مى آورد بعد از اداى اين كلمات عمرو بازو بندى بحاجب داده گفت خدمت من باميـر بـرسان وبگوى كه ميشنوم كه لشكريان تو بمال احتياج تمام دارند درين نسخه تفصيل

گنجهای من و برادر من مسطورست هان بهتر که این اموال به بندگان تو رسد و موجب زینت و رفاهیت ایشان گردد توقع از کرم ذاتی امیر آنکه کردار او موافق گفتار باشد و دست از خون من کوتاه کرده مرا نزد خلیفه فرستد و حاجب بتصور آنکه تحفهٔ پیش امیر اسماعیل آورده بشاش و خندان بازگشت و معروض داشت که عمرو لیث چنین و چنین گفت امیر اسماعیل بانک بر وی زده گفت برو و این نسخه را به او ده و بگوی که اسماعیل می گوید که تو و برادرت را گنج و خزینه از کجا بود همه جهان را معلوم است که شما روبیگر پیچگانیید و دو سه روز سعادتی که در حقیقت عین شقاوت بود مساعدت شما کرده در جهان استقلال یافتید و بتعدی و جور اموال حاصل کردید مظلمهٔ که از آن اموال در گردن شماست می خواهید که متعلق بمن شود و من از آن مرد نیستم که بسخنان شما فریفته و مغرور شوم میان من و تو خونی واقع نشده که بر قتل تو مبادرت نمایم راقم حروف گوید که قول جدّ الله مستوفی صاحب تاریخ گزیده خالی از ضعفی نیست چه با وجود آنکه قایل شده که عمرو در جواب حاجب گفت که مرا از خلیفه روی رهائی نیست چگونه

تجویز توان کرد که عمرو از اسماعیل التماس نموده باشد که اورا بخدمت خلیفه فرستد ودلیل بر آنکه این روایت از اول تا بآخر مرجوحست آنست که خواجه نظام الملك طوسی رحمه الله که زمان او نزدیك بوده بایام دولت سامانیان در وصایای خوبش آورده که چون امیر اسماعیل سامانی در نواحی بلخ با امیر عمرو لیث مقابل گشت و آنچنانکه مشهورست عمرورا بگرفت بتفحص خزاین که با وی بود مشغول شد و هرچند تجسس نمود بر اثری از آن اطلاع نیفتاد ومعلوم نشد که احدی از آحاد عساکررا بر آن وقوفی بوده باشد فرمود تا کیفیت آنرا از عمرو پرسیدند گفت از اقارب من کسی بود سام نام متعهد خزاین شاید که آنرا بهرات برده باشد وچون بعد از چند روز امیر اسماعیل بهرات رسید اهل هرات امان خواستند ایشان را امان داده از حال سام وخزانهٔ عمرو استعلام فرمود هیچ آفریده اخباری نکرد ومشاهیر وجماهیر بایمان ومواثیق وسایر وجوه تفحص وتحقیق از آن مبرا شدند وچون آن اموال بدست نیامد وعسکر نیز از ابتدای توجه بغنیمتی محظوظ نگشته بودند ضیق وعسرتی تمام بدیشان راه یافت ونیز از مردم هرات امدادی واقع نشد ارکان دولت

امیر اسماعیل با یکدیگر گفتند که بصلاح این اقربست که بر اهل شهر تحمیل رود ومعروض امیر اسماعیل گردانیدند که در هرات ونواحی آن صد هزار آدمی بی تردد هستند اگر هر یك دو مثقال زر مساعدت کنند دویست هزار مثقال باشد واگر یك مثقال مدد نمایند صد هزار مثقال باشد وبدین قدر مرمت احوال لشکر توان کرد امیر اسماعیل گفت چندین هزار مرد مؤمن موحد مسلمان را امان داده باشم وبعهد وسوکند مؤکد گردانیده خلاف آن بهیچ وجه تاویل نتوان کرد وبسرعت واستعجال از هرات روان شد تا باز آن سخن را در میان نیارند وشیطان تسویلی نکند که موجب فتنه ونقض میثاق گردد چون بمنزلی نزول فرمودند اعیان حضرت وهمگنان هان حکایت پیش امیر اسماعیل آغاز کرده گفتند از مملکتی که محقق نیست که در تصرف ما قرار خواهد گرفت بانی چنین بی استعداد بیرون آمدن از صلاح ملکی مستبعد می نماید امیر اسماعیل باز هان جواب داد وگفت همان خدای که اسپ عمرو لیث را بتازیانهٔ تقدیر پیش من دوانید واسیر وکسیر من گردانید قادرست بر آنکه بی غارت وتاراج جمعی مردم مرحوم مظلوم تهیهٔ اسباب لشکر من کند آن

پسر هارون را از آن دیار کوتاه کن و امیر اسماعیل لشکرها
جمع آورده متوجه آن صوب شد و چون بآن حدود
رسید محمد هارون ری را گذاشته بقزوین و زنجان رفت
و از آنجا بطبرستان در آمد و امیر اسماعیل ری را متصرف
شده از آن موضع بقزوین شتافت و در آن آوان باغات
پر از فواکه و انکور بود امیر حکم فرمود که هیچکس
پیرامون باغها نگردد ویکن انکور ویکن کاه هیچ احدی
بی رضای خداوند نستانند و امیر اسماعیل حکومت
ری را به برادر زاده خود ابو صالح منصور بن اسحاق داد
و محمد بن زکریای رازی طبیب کتاب منصوری بنام
او نوشته است و وی مدت شش سال بحکومت آن ولایت
اشتغال داشت و چون امیر اسماعیل از عراق مراجعت
نمود بجانب ترکستان لشکر کشید و بسی مواضع فتح کرد
و با غنایم بی محصور معاودت کرد و در منتصف صفر
سنه خمس و تسعین و مایتین بفرادیس جنان خرامید
و بعد از وفات او را امیر ماضی گفتند مدت سلطنت
امیر اسماعیل بعد از انقراض ایام حکومت عمرو لیث
هفت سال و کسری بود عدالت او بحدی بود که نوبتی
بسمع شریفش رسید که در ری سنگی که وزن خراج به
آن وزن می کنند زیاده از سنگهای دیگر است امیر

اسماعیل فی الحال جیرایلچی را بری روان فرمود تا
سنگهارا مهر کرده ببخارا آورد چون جیرایلچی
نزدیك رسید مردم متوهم شدند که مبادا بجهت
شلتاق می آید ناگاه ایلچی بشهر در آمده وسنگهارا
مهر کرده با خود بجانب بخارا برد ودر دیوان خانه را
بست ارباب دیوان معطل شدند وچون سنك را ببخارا
رسانید احتیاط کردند از وزن مقرر زیاده بیرون آمد
فرمود تا زیادتی را اسقاط نمودند وسنك معدل را بری
فرستاده حکم کرد تا هر زیادتی که در ایام گذشته
سنده باشند در آینده بجری دارند گویند امیر احمد
پسر امیر اسماعیل را معلمی بود روزی معلم از احمد در
خشم شده بحضور پدرش گفت برکت مدهاد
خدای ترا وآن را که تو از وی پیدا شدی امیر اسماعیل
از مجلس بیرون آمده آن معلم را عطا داد تا حجابی که
داشت زایل گشت نوبتی پیش امیر اسماعیل از حسب
ونسب سخن می رفت فرمود که کن عصامیًا ولا تکن
عظامیًا مخاطب فهم نکرد امیر فرمود که فخر بهنر
واستعداد خود کن نه بآنکه در اصل وتبار تو بزرگی
بوده یحیی بن زکریای رازی گوید که روزی امیر
اسماعیل از من پرسید که چه سبب بود که چون

دولت آل معاذ منقرض گشت با آنکه شر ایشان غالب بود اندك خبری که از آن جماعت صادر شده بود جاری مانده بازماندگان ایشان مرفه الحال روزگار گذرانیدند وآل طاهر که بعدل وکرم اتصاف داشتند بعد از زوال آن قوم خیرات ومبرات که از ایشان صدور یافته بود مندرس گشت ومنتسبان ایشان ابتر وبدحال شدند جواب دادم که چون نعمت واقبال آل معاذ بنهایت انجامید آل طاهر استیلا یافتند وچون ایشان ملوك عادل عاقل بودند خواستند که هر خللی که از آل معاذ صادر شده بود بجبر آن مشغول شوند وهر نیکوئی که از ایشان در وجود آمده بود باق ماند چون اصالتی داشتند رعایت خاندانهای قدیمری مینمودند وچون دولت طاهریه بصفاریه که بی اصل ودون هت بودند انتقال کرد بمقتضای الاصل لا یخطی هگی هت برتغییر امور سابق ومنتسبان دودمان حکام پیشین گماشتند تا آثار ایشان منطمس ورسوم ایشان مندرس گشت یحیی گوید که چون این سخن گفتم امیر اسماعیل تصدیق نمود ومرا صله داده گفت خاطر من بدین جواب با صواب ازین دغدغه فارغ گشت آورده اند که چون نصر وفات یافته امیر اسماعیل

پادشاه شد بدستور سابق ابواب مکاتبات نسبت بیاران و حق گزاران مفتوح داشته از القاب ایشان کلمهٔ کم نمی کرد نامحان معروض داشتند که چون بمرتبهٔ سلطنت رسیدی این همه تواضع احتیاج نیست جواب داد که در ایام عظمت وشوکت بر خود واجب ولازم می دانم که دوستانرا از مرتبهٔ ایشان نیفکنم بلکه درقدر آن جماعت بیفزایم تا اخلاص ایشان نسبت بما ظاهر گردد وزیاده شود وبشکر آنکه خدای عز وعلا درجهٔ مارا رفیع گردانید مارا نیز در ترفع دوستان ویکجهتان می باید کوشید رحمة الله علیه

ذکر سلطنت احمد بن اسماعیل بن احمد سامانی

چون امیر اسماعیل بریاض رضوان رفت پسرش احمد متصدی امر حکومت گشت ومکتفی خلیفه جهت او عهد ولوا فرستاد واحمد در مبدای سلطنت خود خواست که متوجه خراسان گردد ابراهیم زید با وی گفت که نخست بسمرقند باید رفت وخاطر از عم خویش اسحاق بن احمد که دشمن خانگیست فارغ

ساخت امیر ابو نصر احمد بن اسماعیل بر وفق صوابدید ابراهیم بسمرقند شتافت و اسحاق را بگرفت و ببخارا آورده اورا محبوس کردانید و بجانب خراسان نهضت فرمود چون بنشابور رسید پارس کبیر که بنیابت پدرش حکومت جرجان تعلق به او می داشت گریخته ببغداد رفت تفصیل این اجمال آنکه پارس را از خراج ری و طبرستان و جرجان مال وافر جمع شد چنانچه در خزانهٔ او هشتاد خروار زر سرخ مسکوک از فلوری و نقره موجود بود و اجناس و امتعه را خود قیاس نبود و در آخر ایام امیر اسماعیل پارس این اموال را بار کرده متوجه خدمت او گشت و در راه خبر موت او شنیده مراجعت نمود و این اموال متصرف شده داعیهٔ استقلال از خاطرش سر بر زد و چون خبر توجه احمد بن اسماعیل شنید رسولی نزد مکتفی فرستاده رخصت طلبید که بخدمت شتابد مکتفی رخصت داد پارس با چهار هزار سوار و خزانهٔ سنگین ببغداد رفت و در حین وصول او مکتفی مرده بود و مقتدر بخلافت نشسته و او در مبدای حال رسیدن پارس را با اموال و رجال غنیمتی تمام شمرده در صدد تربیت پارس در آمد و امرای خلیفه از توهم تقدم خدمتش غلامی از ممالیک اورا بفریفتند تا

بتعبیهٔ زهر جان گزای خاطر همه را از آن دغدغه فارغ کردانید و احمد بن اسماعیل بعد از توجه پارس بدار السّلام حکومت طبرستان بابو العبّاس عبد الله بن محمد نوح تفویض نمود و در آن زمان حسن بن علی الاطروش علوی بر ممالک دیلمه استیلا یافته تحریض ایشان می کرد که با عبد الله محاربه نمایند و ایشان بواسطهٔ حسن معاش عبد الله به آن راضی نمی شدند تا احمد بن اسماعیل عبد الله را از طبرستان عزل کرده سلام را بجای او منصوب فرمود و اطروش با دیلمه بجنگ سلام آمده منهزم شدند و سلام از حکومت آن مملکت استعفا نمود بار دیگر حکومت طبرستان بعبد الله مفوض شد و عبد الله بضبط و ربط امور آن دیار اشتغال می نمود تا وفات یافت و احمد بن اسماعیل محمد بن صعلوک را قایم مقام او کردانید و در سنه ثمان و تسعین و مایتین احمد بن اسماعیل سیستان را بگرفت چنانچه در قضایای صفاریه رقم زدهٔ کلك بیان گشت و در هین سال احمد عمر خود را از بحبس بیرون آورده سمرقند و اندجان بوی داد و در سنه ثلاثمایه احمد بن اسماعیل پسر عمر خویش را منصور بن اسحاق را بحکومت نیشابور فرستاد و در هین سال باز سیستانیان یاغی

۲

شدند واحمد باردیگر لشکر بآن صوب فرستاده ایشان را ایل ساخت و درسنه احدی وثلاثمایه احمد بن اسماعیل بشکار رفته در مرحلهٔ نزول فرمود وچون از آن منزل کوچ کرد فرمود تا آتش در لشکرگاه زدند و در حین بازگشتنی از جرجان خبر رسید که اطروش بر دیار طبرستان استیلا یافته صعلوك فایب اورا از آن مملکت بیرون کرده است و احمد بن اسماعیل ازین خبرها بغایت ملول شده گفت الهی اگر تقدیر چنانست که آن مملکت بالکلّ از دست من مسلوب شود مرا مرك ده وبعد از آن در آن منزل که آتش زده بود فرود آمد ومردم این معنی را بفال بد داشتند وهم در آن منزل شب غلامان بخرگاه در آمده اورا بقتل رسانیدند تبیین این مقال آنکه احمد بن اسماعیل اکثر اوقات با علما بمجالست نمودی و ازین جهت غلامان ازو متنفر شده قصد کشتن او کردند هر شب دو شیر غریب بر در خرگاه پادشاه ی بستند تا دشمن بدان جا نتواند رفت وبحسب اتفاق شبی این احتیاط مرعی نداشتند وغلامان که انتظار فرصت می نمودند بخرگاه پادشاه در آمده اورا شربت فنا چشانیدند و این حادثه در شب پنجشنبه بیست و سیوم ماه جمادی الآخر سنه

احدی وثلاثمایه دست داد روز دیگر نعش اورا ببخارا
بردە دفن کردند وبعد از آن اورا سلطان شهید گفتند
وبعضی از غلامان پادشاه کش را یافته بقتل رسانیدند
گویند که امیر احمد بن اسماعیل مردی بهادر
خودرای بدخلق بود زمان سلطنت او شش سال
وچهار ماه وهفت روز امتداد یافت

ذکر سلطنت نصر بن احمد بن اسماعیل بن احمد سامانی

چون احمد بن اسماعیل کشته شد احمد بن محمد بن
لیث شحنهٔ بخارا ابو الحسن نصر بن احمد را که در صغر
سن بود بر دوش گرفته می برد که مردم با او بیعت کنند
نصر متوهم شده گفت شما می خواهید که مرا همچون
پدر بکشید گفتند ما می خواهیم که ترا بجای پدر
بنشانیم ودر ابتدای حال خلایق از نصر اعتباری
نداشتند وگمان ایشان آن بود که با وجود عم پدرش
اسحاق که شیخ سامانیه است وحاکم سمرقند پیداست
که این کودك چه تواند کرد وبجموع خلق ما وراء
النهر غیر از اهل بخارا میل باسحاق سامانی وفرزندان او

داشتند وزمانه مساعدت نموده وطالع موافقت کرده بلکه ارادت حق عز وعلا متعلق شده وتوفیق آلهی یاوری نموده نصر بن احمد که اورا امیر سعید می گفتند بمراتب علیه رسید ورتبهٔ او از مراتب آبا واجدادش درگذشت تفصیل این اجمال آنکه ابو عبد الله محمد بن احمد وزیر متکفل امور ملک شده بضبط مهام قیام نمود تا آن زمان که نصر بسن رشد وتمییز رسید وباتفاق پادشاه ووزیر احوال ممالک نظام وانتظام یافت چون خبر وفات امیر احمد بن اسماعیل وبیعت مردم با پسرش امیر سعید بسمع اسحاق سامانی رسید بتجهیز سپاه مشغول شده پسر خود را بنیابت در سمرقند بگذاشت وبنفس خویش با لشکری سنگین روی ببخارا نهاد وامیر سعید چویه را بحرب او فرستاد وهر دو فریق بیکدیگر رسیده حرب صعب اتفاق افتاد واسحاق منهزم گشته چویه مظفر ومنصور بجانب بخارا معاودت نمود واسحاق چون بسمرقند رسید بار دیگر استعداد سپاه کرده لشکری فراوان جمع ساخت وبجانب بخارا روان شد باز امیر سعید چویه را بحرب او نامزد فرمود ودرین نوبت نیز چویه غالب گشته اسحاق بگریخت چویه در عقبش بسمرقند رفته آن دیار را در تحت تصرف آورد واسحاق در

سمرقند مختفی شده پسرش الیاس بغرغانه رفت وجویه راهها سپرده جاسوسان برگماشت تا اسحاق را پیدا کنند و اسحاق متوهم شده بیرون آمد و از جویه امان خواست و جویه اورا ببخارا فرستاد واو در بخارا محبوس بود تا آن زمان که وفات یافت

ذکر مخالفت منصور بن اسحاق سامانی با امیر سعید نصر بن احمد بن اسماعیل وبیان بعضی قضایا که در آن آوان روی نمــــــود

در ایام دولت امیر سعید منصور بن اسحاق بن احمد بن اسد بن سامان اظهار مخالفت وعصیان نمود وچون حسین بن علی مروررودی در آوان سلطنت امیر شهید احمد بن اسماعیل دو نوبت سیستان را فتح کرده بود طمع می داشت که ایالت آن ولایت بدو مفوض گردد و احمد بخلاف تصور حسین حکومت ولایت سیستان بسیمجور دواتی داد و حسین ازین معنی رنجیده از امیر شهید بگریخت وبنیاد افساد کرده منصور بن اسحاق را بر عصیان او اغرا و تحریض می نمود و درین اثنا احمد بن

اسماعیل را کشتند وبعد ازقتل او حسین اظهار خلاف کرده از هرات بنشابور رفت ومنصور بن اسحاق را بر آن داشت که خطبه بنام خویش خواند وامیر سعید ازین معنی خبر یافته حمویه بن علی را بخراسان جهت دفع این فتنه نامزد فرمود وحمویه چون نزدیک بنشابور رسید منصور بن اسحاق وفات یافت وحسین بن علی مروزرودی نشابور گذاشته بهرات رفت ومحمد بن جنید شحنهٔ بخارا بسبب توهّی که از امیر نصر کرد بحسین پیوست وحسین بن علی برادر خودرا منصور در هرات گذاشته بار دیگر بنشابور رفت وچون امیر نصر براین قضیه اطلاع یافت احمد بن سهل را که از امرای بزرگ بود و از نسل یزدجرد بن شهریار وامیر اسماعیل سامانی در امور مملکت از صوابدید او تجاوز ننمودی وعده ها داده بخراسان فرستاد واحمد بعد از جدّ واهتمام حسین بن علی مروزرودی ومحمد بن جنید را گرفته ببخارا ارسال نمود وامیر نصر محمد بن جنید را بخوارزم روان فرموده خدمتش در آن دیار وفات یافت وحسین بن علی را بموجب فرمان در زندان بخارا باز داشتند و چون امیر نصر بمواعید خود وفا ننمود احمد بن سهل یاغی شد ونزد مقتدر خلیفه رسولی ارسال کرده التماس حکومت

خراسان نمود وملتمس احمد مبذول افتاده بعد از آنکه
در نشابور کارش قوی شد روی بجرجان نهاد و با قراتگین
حاکم جرجان جنگ کرده اورا از آن ولایت بیرون
تاخت واز آنجا بمرو آمده سوری درغایت استحکام بنیاد
نهاد و امیر سعید چوبه را بجنگ او روان فرمود و چوبه
بعد از محاصره احمد سهل را بدست آورده روانهٔ بخارا
کردانید و احمد بن سهل در حبس امیر نصر وفات
یافت ومقارن این حال لیلی بن نعمان که از امرای
اطروش بود از قبل حسن بن قاسم داعی والی طبرستان
بجرجان آمد و فرزندان اطروش علوی در القاب او می
نوشتند المؤید لدین الله المنتصر لآل رسول الله لیلی بن
نعمان و برین نج نام اورا بعد از اسامی و القاب پادشاهان
در خطبه ذکر می کردند ولیلی بعد از ضبط جرجان
روی بدامغان نهاد ومردم آن ولایت با وی جنگ کرده
بسیاری از ایشان کشته شدند وچون لیلی بسخاوت
وشجاعت آراسته بود امرای اطران بدرگاه او ملتجی
شدند وبنابر آنکه دخل او بخرجش وفا نمی کرد باشارت
حسن بن قاسم داعی عثمان عزیمت بجانب خراسان
منعطف ساخته بنشابور آمد و فرمود تا در آن ولایت
خطبه بنام حسن بن قاسم داعی خواندند و امیر

نصر ازین حادثه خبر یافته جویه را با لشکری سنگین بدفع او نامزد فرمود ومیان هر دو فریق در نوقان از اعمال طوس اتفاق ملاقات افتاد و در اول محاربه لشکر بخارا منهزم شدند اما جویه ومحمد بن عبد الله بلعمی وابو جعفر صعلوك وخوارزم شاه وسیمجور دوانی پای ثبات افشرده جنگهای مردانه کردند و بر سپاه لیلی که اکثر بغارت وتاراج اشتغال داشتند غالب آمدند ولیلی اگرچه از معرکه بیرون رفت اما عاقبت گرفتار گشته بقتل رسید آورده اند که حسین بن علی مدنی در بخارا محبوس بود وبعد از چند گاه بشفاعت یکی از خواص ومعتبران امیر نصر اورا از حبس بیرون آورده ملازم درگاه کردانید روزی امیر نصر آب طلبید در کوزه که چندان خوب نبود آب آوردند حسین بن علی مروروذی با علی بن جویه گفت که پدرت حاکم نشابورست و در آنجا کوزهای خوب می سازند چرا نمی فرستند علی بن جویه جواب داد که تبرك خراسان که به این جانب فرستند باید که مثل تو واحمد بن سهل ولیلی بن نعمان باشد از کوزه وامثال آن که گوید وحسین مروروذی ازین جواب بغایت خجل شد

ذكر استيلای امير سعيد نصر بن احمد سامانی بر بلاد ری و نواحی آن

در شهور سنه ثلاث و عشر و ثلاثمایه فاتك غلام يوسف بن ابی الساج ری را گرفته با خليفه المقتدر بالله ياغی شـد و مقتندر به امير نصر پيغام داد كه ما ری را به او ارزانی داشته ايم بايد كه بنفس خويش متوجه آن جانب گردد و امير نصر لشكر كشيده بجانب ری توجه نمود چون به آن حدود نزديك رسيد فاتك بلوشهء بيرون رفت و امير سعيد دو ماه در آن ولايت اقامت نموده حكومت آن ديار را بسيمجور دوانی داد و از آنجا بخراسان و ما وراء النّهر معاودت نمود و بعد از آن سيمجور را طلبيده جای او را بمحمد بن صعلوك ارزانی داشت و صعلوك بحكومت ری مشغول بود تا در سنه ست و عشر مريض گشت و در آوان بـيماری حسن بن قاسم بن حسن داعی و ماكان بن كالی را از طبرستان طلبيد تا ری را تسليم ايشان كند و القاب ماكان الموفـق بطاعة الله المعترن بحق آل رسول الله می نوشتنـد و در خطبه نيز به اين عنوان می حواندند و ايشان بری رفته صعلوك بوعده وفا نمود و صعلوك متوجه خراسان شده

چون بدامغان رسید وفات یافت وبعد ازچند روزدای کشته گشت وبعد ازقتل او اسفار بن شیرویه بری و طبرستان وقزوین وقم وکاشان ولر کوچک استیلا یافت وخطبه بنام امیر نصر خواند و اسفار دریں ولایات ظلم بسیاری کرد ومردمرا مصادرات می نمود ونسبت بمقتدر خلیفه عصیان می ورزید امیر سعید مکتوبی به او نوشت تا دست از حرکات ناپسندیده باز دارد و اسفار از امیر نصر متوهم با او نیز اظهار یاغیگری کرد وخلیفه لشکر بچنک اسفار فرستاده اسفار ایشانرا منهزم کردانید ودرشهور سنه سبع وعشر وثلثمایه امیر سعید نصر بن احمد از بخارا بیرون آمده عازم ری شد وبعد از قطع منازل به نشابور رسیده جهت مصلحت ملکی چند روزی در آنجا توقف نمود واسفار این خبر شنیده او نیز آماده حرب گشت و دریں اثنا مطرف بن محمد جرجانی وزیر اسفار با او گفت مصلحت امیر آنست که رسولی نزد امیر نصر فرستاده اظهار اخلاص کند واگر مالی تقبل باید کرد متقبل شود چه من از جماعت اتراك که دریں لشکر اند اندیشناکم مبادا غدری کنند اسفار سخن وزیر شنیده ایلچی پیش امیر سعید فرستاد امیر سعید نخست از مصالحت ابا نمود واصحابش نصیحت کرده

گفتند جنگ مصلحت نیست چه مآل حال را بجز علام الغیوب کسی نمی داند امیر سعید سخن ناصحان قبول کرده آن ولایت را باسفار مسلم داشت و مقرر ساخت که هر سال بخزانهٔ عامره چه رساند در مدت غیبت امیر نصر برادرانش از بند بیرون آمده فتنها انگیختند و امیر باز گشته آن شورش را تسکین داد بر اذکیا پوشیده نماند که در ایام سلطنت امیر سعید در طبرستان و خراسان و ما وراء النّهر قضایای لا تعد و لا تحصی روی نمود و اگر مجموع آنها رقمر زدهٔ کلك بیان گردد این دفتر بتطویل انجامد

ذکر وفات امیر سعید نصر بن احمد سامانی

بر ذات همایون امیر سعید زحمت سل مستولی گشته سه ماه صاحب فراش شد و در رجب سنه احدی و ثلثین و ثلثمایه بجوار رحمت ملك غفور پیوست زمان حیاتش سی و هشت سال بود و مدت حکومتش بیست و هشت سال و او بغایت رحیم و کریم و عادل و عاقل بود حکایت کنند که پیش او تقریر کردند که فلان تاجر جوهری نفیس

خریده است بسیزده هزار درم و آن جوهر لایق خزانهٔ امیر است فرمان داد تا بازرگان را با جوهر حاضر ساختند امیر نصر جوهر را بشناخت که از خزانهٔ وی دزدیده بودند و بازرگان را پرسیدند که این جوهر از که خریدهٔ گفت از فلان غلام امیر فرمود تا غلام را بمجلس آورده بهای جوهر ازو طلبیدند و معلوم کردند که اکثر ثمن آنرا تلف کرده بود امیر نصر جوهر را از بازرگان گرفته مبلغ چهارده هزار درم به او داد و بازرگان جریمهٔ غلام را در خواست نموده گفت خونش بتو بخشیدم اورا با خود همراه ببر و غلام را نیز به آن مرد تاجر ارزانی داشت گویند که در حین عرض لشکر شخصی را نزد او آوردند که نصر بن احمد نام داشت امیر نام او پرسیدهٔ خاموش بایستاد و دیگر باره پرسیده جواب نداد یکی از ملازمان گفت که اورا نصر بن احمد نام است وجهت تعظیم امیر ورعایت ادب نام خود نمی گوید امیر نصر فرمود که پس اورا حقی بر ما واجب شد و فرمان داد تا اورا مرسوم مضاعف کردند روایت کنند که در آن زمان که برادران او خروج کردند باموال خزاین وی دست درازی کردند و چون بار دیگر امیر نصر بر مسند سلطنت تمکن یافت با او گفتند که فلان و فلان مبلغی خطیر از

خزانه برده‌اند اکنون آن اموال را مع شئ زاید از
ایشان می توان گرفت امیر سعید فرمود که هرچه نصیب
هرکس بود به او رسید باید که هیچکس متعرض آن
جماعت نگردد تا روزی کاردی نفیس که شخصی از خزانهٔ
امیر نصر برده بود و بدو یست دینار فروخته پیش او
آوردند امیر فرمود تا آن مبلغ را بصاحب کارد دهند آن
شخص گفت کم از هزار دینار نستانم ملازمان گفتند
عجب حالتیست امیر کارد خود را بآنچه خریده‌ای از تو می
خرد و تو مضایقه می کنی بعد از آن خواستند که کارد را
بتغلب از وی بستانند امیر نصر فرمود که رضای او نگاه
دارید و مزاج او مشوید نقلست که در ایام مرض فرمود
تا بر در قصر او خانه ساختند و آنرا بیت العبادت نام
نهاده اکثر اوقات در آنجا با جامهای پاک بعبادت مشغول می
بود تا روزگار فرخنده آثارش بپایان رسید و بعد از وی با
پسرش امیر نوح که ملقب بود بامیر چید بیعت کردند

ذکر سلطنت نوح بن نصر بن احمد بن اسماعیل سامانی

امیر نصر در ایام دولت خویش پسر بزرگتر خود امیر

اسماعیل را ولی عهد گردانیده بود و ارادهٔ ازلی چنان اقتضا کرد که پسر پیش از پدر وفات کند و بعد از رحلت امیر نصر امرا و ارکان دولت بر سلطنت پسر دیگرش نوح اتفاق کردند و ضبط مهام مملکت بابو الفضل محمد بن احمد الحاکم مفوض گشت و ابو الفضل احمد بن حویه که از معتبران امیر نصر بود بگربخت سبب آنکه در آن زمان که امیر سعید اسماعیل پسر خویش را ولی عهد کرد ابو الفضل را بغیابت او تعیین نموده بود از ابو الفضل نسبت بنوح استخفائی صادر شد و امیر نصر از این معنی آگاه شده به ابو الفضل گفت که چون مرا واقعهٔ ناگزیر پیش آید تو جان خود را از نوح نگاه دار و چون امیر نصر بدار بقا خرامید ابو الفضل از آموبه گذشته بجانب آمل رفت و نوح استمالت نامهٔ باو فرستاد و ابو الفضل از آمل معاودت نموده ببخارا رفت و نوح در مقام مرحمت و عاطفت آمده سمرقند به او داد و در آواخر سنه اثنی و ثلثین و ثلثمایه امیر نوح ابو علی محمد بن محتاج را بری فرستاد بواسطهٔ آنکه رکن الدّوله دیلمی آن ولایت را متصرف شده بود و ابو علی با لشکری سنگین منتوجه ری شد چون بسبزوار رسید و شمگیر از جانب طبرستان احرام خدمت امیر نوح

بسته در مرو به او پیوست و امیر نوح مقدم اورا کرای دانسته شرایط احترام و تعظیم کما یجب و ینبغی بجای آورد و چون ابو علی از حدود سبزوار گذشته بدامغان رسید منصور بن قراتگین که از جملهٔ معتبران امیر نوح بود با جماعتی از ابو علی تخلف نموده متوجه جرجان شدند و حسن بن فیروزان حاکم آن ولایت بود با منصور محاربه کرد و منصور مقهور گشته بنشابور معاودت نمود و ابو علی با بقیت لشکر متوجه ری شد و رکن الدّولة از شهر بیرون آمده در سه فرسخی ری ملاقات اتفاق افتاد و جمعی از اکراد که در لشکر ابو علی بودند پیش رکن الدّولة رفتند و ابو علی منهزم شده بجانب نشابور عنان عزیمت منعطف گردانید و اجمال و اثقال او بدست دیالمه افتاد و ابو علی بنشابور آمده و شمگیر از خدمت امیر نوح پیش او رسید و حکمی بابو علی رسانید مضمون آنکه شمگیر را مساعدت نماید تا جرجان را از دست حسن فیروزان انتزاع نماید ابو علی انقیاد فرمان نموده با شمگیر و طایفهٔ از لشکریان که امیر نوح مصحوب او گردانیده بود بجرجان روان شد و حسن فیروزان استقبال ایشان کرده میان فریقین حربی صعب روی نمود و حسن منهزم شده و شمگیر بر جرجان استیلا یافت

و در صفر سنه ثلاث و ثلثین و ثلثمایه ابو علی بخراسان بازگشت و امیر نوح نیز به نشابور آمده لشکری عظیم مرتب ساخت و نوبت دیگر ابو علی را بری فرستاد و او در جمادی الاول سنه مذکور بمقصد رسیده رکن الدّوله شهر را بگذاشت و ابو علی بری و نواحی آن مستولی شده عال خویش را بسایر اعمال جبال روان داشت امیر نوح مدّتی در نشابور رحل اقامت انداخته طایفهٔ از عوام خراسان از ابو علی و نواب او شکایتها کردند و امیر نوح ابراهیم سیمجور را والی خراسان کردانیده در رمضان سال مذکور روی بخارا نهاد و ولایت ابراهیم بر مزاج ابو علی گران آمد چه طمع آن می داشت که بواسطهٔ اخراج رکن الدّوله از ری مرتبهٔ او ارتفاع یابد و بعد از آن ابو علی برادر خود ابو العباس فضل بن محمد را ببلاد جبال فرستاد و همدان را باقطاع به او داد و اورا خلیفهٔ خویش کردانید و فضل بنهاوند و دینور رفته مجموع اکراد را بطاعت در آورد

ذکر مخالفت ابو علی محمد بن مکتاج با امیر نوح بن نصر بن احمد سامانی

در شهور سنه اربع و ثلثین و ثلثمایه ابو علی بن محمد

بن محتاج با امیر نوح اظهار مخالفت کرد و سببش آن بود که چون ابو علی بتجهیز لشکر مشغول گشت که از خراسان بری رود امیر نوح عارضی فرستاد که احتیاط سپاه کرده مرسوم ایشان را برساند و عارض با ابو علی مناقشهٔ بسیار نموده نام بعضی از متعلقان اورا از دفتر اسقاط کرد و خاطر ابو علی ازین جهت متنفر گشت بعد از آنکه ری و آن نواحی مستخلص کرد انیبه امیر نوح شخصی را بضبط اموال آن ولایت فرستاد و بابو علی نوشت که در مال مدخل نکند و ازین جهت رنجش او سمت ازدیاد پذیرفته تفویض امارت خراسان بسیبجور علاوهٔ این اسباب گشت و ابو علی بر مخالفت امیر نوح یکجهت گشته بطلب ابراهیم بن احمد بن اسماعیل سامانی که در آن آوان بسببی از اسباب بجانب موصل رفته بملازمت امیر ناصر الدّوله اشتغال می نمود فرستاد و ابراهیم با فوج سوار از موصل متوجه عراق شده در همدان بابو علی ملحق گشت و باتفاق یکدیگر بری آمدند و در مجموع ولایات عراق که در تصرف ایشان بود مال خوبیش برسر اعمال فرستاده روی بخراسان نهادند و امیر نوح از صورت حادثه آگاهی یافته و با لشکرهای ما وراء النّهر از آب عبور نموده بمرو آمد و دربن ولا سران سپاه و سایر

لشکریان که از محمد بن احمد حاکم وزیر متشکی بودند معروض امیر نوح کردانیدند که بسبب حرکات نالایق وزیر ابوعلی عصابهٔ عصیان بر ناصیه بسته است وزیر مبلغی از علوفهٔ ما نیز گرفته اگر پادشاه اورا بما می سپارد خدمت می کنم وکوچ می دهم و الا پیش پیش ابراهیم می رویم امیر نوح بالضرورة وزیر را بامرا سپرد و ایشان اورا در جمادی الاول سنه خمس و ثلاثین و ثلثمایه بقتل آوردند چون مخالفان قریب بمرو رسیدند اکثر سپاه امیر نوح غدر کرده بآنجماعت پیوستند و نوح را مجال مقاومت نمانده در کشتی نشست و از آب عبور نموده ببخارا رفت و ابراهیم سامانی و ابوعلی بر خراسان استیلا یافته بعد از ضبط آن مملکت روی ببخارا نهادند و نوح از آنجا بطرف سمرقند نهضت کرد و ابوعلی به آن ولایت در آمده بفرمود تا خطبه بنام ابراهیم خواندند و در خلال این احوال ابوعلی از ابراهیم متوهم شده بترکستان رفت چنه مفسدان باو گفتند که ابراهیم قصد تو دارد و امیر ابراهیم در بخارا تنها مانده منصور بن قراتگین که از امرای امیر نوح بود و ابوعلی اورا در نشابور گرفته و بند کرده بود رها کرد و منصور گریخته بسمرقند پیش امیر نوح رفت و امیر ابراهیم از ضبط

امور مملكت عاجز آمده مقرر بر آن شد كه امير نوح حاكم و امير ابراهيم لشكركش باشد و هر دو باتفاق در استيصال ابو علي كوشند و مجموع اهالي بخارا اين معنى را پسنديده داشتند قاصدان پيش امير نوح فرستاده و نوح از سمرقند بيرون آمد و ابراهيم با لشكر بخارا متوجه خدمت او شده بيكديگر رسيدند و باتفاق بر سر ابو علي رفتند و ابو علي ايشانرا منهزم كرد انبيده امير نوح پناه بكوهي برد و ابو علي بار ديگر خودرا بر ايشان زده بخاريانرا متفرق ساخت و منهزمان باقسج صورتي بخارا رسيدند و ابو علي ايشانرا تعاقب نموده بشهر در آمد و خواست كه آتش در بخارا زند بعضي از مشايخ در آن باب شفاعت كردند تا از سر آن در گذشت و برادر امير نوح ابو جعفر محمد بن نصرا طلب داشت و با او بيعت كرد و در مجموع آن ولايت خطبه بنام او خواندند و درين اثنا ابو علي از بعضي اعيان لشكر مخالفتي تصور كرد و بهانهٔ آنكه بسمرقند مي رود از بخارا بيرون آمده متوجه جغانيان شد و در غيبت او جمعي به امير نوح نوشتند كه عرصهٔ مملكت خاليست و جهت توقف معلوم نيست امير نوح عنان عزيمت بجانب بخارا معطوف كرد انبيد و امير ابراهيم ساماني و ابو جعفر

باستقبال شتافته بامیر نوح پیوستند و در مقام اعتذار و استغفار در آمدند و از جراتهای خویش اظهار ندامت کردند و نوح عذر ایشان را مسموع داشته ببخارا در آمد و چون بر سریر حکومت متمکن گشت از امرا طغان حاجب را بقتل آورده عم خود امیر ابراهیم و دو برادر خود ابو جعفر و احمد را میل کشید و منصور قراتگین را بحکومت خراسان فرستاد و مقارن این حال وشمگیر از حسن فیروزان گریزان شده بخراسان آمد و بعد از ضبط آن ولایت منصور از جانب امیر نوح مامور گشت که وشمگیر را معاونت نموده جرجان را از حسن فیروزان انتزاع نماید و به او دهد و بموجب فرموده منصور بنا لشکرها روی بجرجان نهاد و میان او و حسن مصالحه واقع شده حسن از جرجان بیرون رفت و شمگیر در مقر عز خویش قرار گرفت و منصور قراتگین از آن دیار مراجعت نمود و بعد از معاودت منصور رکن الدّوله دیلمی بر صوب جرجان حرکت کرد و وشمگیر با او محاربه کرده منهزم بخراسان رفت و از اعیان سپاه وشمگیر صد و سیزده کس بدست رکن الدّوله گرفتار گشتند و در سنه ثمان و ثلثین و ثلثمایه عماد الدّوله دیلمی وفات یافت و در سنه تسع و ثلثین منصور قراتگین

با لشکرهای خراسان متوجّه ری شد و در آن آوان رکن الدّولة در شیراز بود و علی بن کامه که بنیابت وی در ری بحکومت مشغول بود از شهر بیرون رفته متوجّه اصفهان شد و منصور بر آن ولایت مستولی گشته عمال خود را باطران فرستاد و معز الدّولة دیلمی برادر رکن الدّولة آهنگ جنك منصور ساز داده میان ایشان محاربات واقع شد و در سنه اربعین و ثلثمایه منصور در ری وفات یافته خراسانیان باوطان مراجعت نمودند و در اثنای این اوقات میان ابو علی و امیر نوح رسل و رسایل متواتر شده امیر نوح بسر رضا آمد و بعد از رحلت منصور قراتگین ابو علی بغرموده امیر نوح در امارت خراسان مدخل نمود و در شهور سنه اثنی و اربعین و ثلثمایه امیر نوح ابو علی را بجانب ری روان کرد و وشمگیر از جرجان به او پیوست ایشان چون بری رسیدند رکن الدّولة دید که طاقت مقاومت ندارد پناه بقلعهٔ طبرك برد و ابو علی طبرك را محاصره کرد و مدّت در بند آن امتداد یافته زمستان رسید و اکثر دواب خراسانیان تلف شده هر دو فریق از محاربه ملول و متبرم شدند و عبد الرّحمن خازن که در علوم ریاضی مصنّفات دارد و زیج صفایح از مؤلّفات اوست پای در

میدان سفارت نهاده بر آن مقرر شد که رکن الدّوله هر سال مبلغ دویست هزار دینار بخزانهٔ امیر نوح رساند و ابو علی از ظاهر طبرک بر خاسته و شمگیر مکتوبی به امیر نوح فرستاد مضمون آنکه ابو علی بنابر محبتی که با رکن الدّوله داشت در محاربه مساهله نمود و امیر نوح بدین سبب از ابو علی برنجید و چون ابو علی معاودت کرده به نشابور رسید رکن الدّوله لشکر بجرجان کشید و شمگیر گریخته بخراسان آمد و چون صورت واقعه مسموع امیر نوح گشت ابو علی از خراسان عزل کرده امارت آن دیار را بابو سعید بکر بن مالك فرغانه ارزانی داشت و ابو علی در صدد معذرت آمده رسولان نزد امیر نوح فرستاد اما عذر او مسموع و مقبول نیفتاد و امیر نوح بوشمگیر و حسن فیروزان و امرای خراسان پیغام داد که بر سبیل اتّفاق بدفع او قیام نمایند و ابو علی از امیر نوح مایوس شده و مکاتبات برکن الدّوله فرستاده دستوری خواست که به او ملحق شود و رکن الدّوله ایلچی اورا بنوازش تمام باز گردانیده ابو علی بجانب ری توجه نمود و چون بخدمت رکن الدّوله رسید بیش از آنچه توقع می داشت رکن الدّوله اورا تعظیم و احترام کرده ابو علی از

وی در خواست تا منشور ایالت خراسان از خلیفه بنام او حاصل کند وركن الدّوله رسولی جهت این مهم پیش برادر خود معز الدّوله كه در بغداد صاحب اختیار بود فرستاد ومعز الدّوله در آن باب منشور خلیفه حاصل كرده ارسال نمود وابو علی در اوایل سنه ثلاث واربعین وثلثمایه بخراسان درآمده روس منابر باسم ولقب مطیع عباسی مزین كردانید ودر خلال این احوال امیر حمید نوح بن نصر وفات كرد وزمان سلطنت او سیزده سال بود

ذكر وفات نوح بن نصر وجلوس پسرش عبد الملك بجای او

در ربیع الآخر سال مذكور نوح بن نصر بجوار رحمت ملك غفور پیوست واو طریقهای مستحسن واخلاق پسندیده داشت وبعد از وفات او بكر بن مالك كه نامزد حكومت خراسان شده بود وهنوز بآنجا نرفته جد وجهد تمام نمود تا شغل خطیر سلطنت بر عبد الملك قرار گرفت وبعد از آن عبد الملك اورا بخراسان فرستاد ودرین سال وبائی عظیم در خراسان وقهستان روی نمود چنانچه

اكثر خلايق آن موضع بزوال وفنا آمدند ودرسنه اربع واربعين وثلثمايه لشكرى از خراسان متوجه رى شد ودر محرم اين سال ركن الدّوله كه از جرجان معاودت نموده برى رفته بود چون شنيد كه لشكر بيگانه توجه آن جانب دارد رقعه بمعز الدّوله نوشت كه مدد فرستند واو سبكتگين حاجبرا با جماعتى بمعاونت برادر خود نامزد فرمود وهم دريـن سال محمد بن ماكان با لشكرى از خراسان بجانب اصفهان رفت وابو منصور بويه پسر ركن الدّوله بعد از استماع اين خبر دفاين وخزاين وعيال واطفال خود وپدر خود ركن الدّوله را برداشتنه بطرق رى روان شد ومحمد ماكان بعد از استيلا بر اصفهان بويه را تعاقب نموده در راه به او رسيد وبحسب اتفاق وزير ركن الدّوله ابو الفضل بن عميد در آن زمان ببويه پيوست ولشكر وزير بعد از جنگ از خراسانيان منهزم شده خزاين وحرم ركن الدّوله بدست اتباع محمد بن ماكان افتاد ولشكر خراسان بغارت وتاراج مشغول شدند ودرين اثنا وزير با خود انديشيد كه چون خزينه واهل وعيال ركن الدّوله بدست دشمنان افتاد بكدام آب روى پيش او توان رفت وبكدام چشم روى او توان ديد لاجرم دل از جان

برگرفته بر سپاه محمد بن ماکان حمله کرد منهزمان چون دانستند که وزیر در معرکه پای ثبات فشرده بنفس خویش جنك می کند بازگشتند و فدائی وار بر لشکر خراسان زده ایشان را از جای برداشتند و پسر ماکان را اسیر کردند و ابو الفضل بن عمید باصفهان رفته خراسانیان را از آنجا اخراج نمود و بالآخرة میان رکن الدّوله و عبد الملك بن نوح سامانی مهم بمصالحه انجامید و در سنه خمسین و تلثمایه امیر عبد الملك در حین گوی باختن از اسپ افتاد و هلاك شد مدت سلطنتش هفت سال و کسری بود و کنیت او ابو الفوارس ولقبیش در زمان حیات موید بود و بعد از وفاتش موفق خواندند و در ایام دولت خویش قاعدهٔ انصاف و مروت و سیاست مرعی داشت و نام نیك در جهان یادگار گذاشت

ذکر سلطنت منصور بن نوح بن نصر بن اسماعیل سامانی

چون عبد الملك وفات یافت برادرش ابو صالح منصور بن نوح حاکم خراسان و ما وراء النّهر شد و پیش از بیعت باو امرا و ارکان دولت قاصدی پیش البتگین که

از مرتبهٔ رقیّت بدرجهٔ امارت رسیده بلکه قدوت ومرجع ایشان شده بود فرستادند تا ازو استمزاج نمایند که لایق پادشاهی از ارومهٔ سامانی کیست او با فرستادهٔ امرا گفت که منصور نو جوانست وسزاوار این امر خطیر عم اوست وقبل از آنکه این پیغام بامرا رسد ایشان منصور را بر سریر سلطنت نشاندند والپتگین از منصور متوهم شده بتحف وهدایا خواست که خاطر اورا بدست آرد هر چند پیشکشها فرستاد مفید نیفتاد وچون مهم منصور استقامت یافت بطلب الپتگین مسرعان روان کرد الپتگین دانست که در رفتن او خیر نیست لا جرم قصد غزنین کرد ودر راه با امرا بر سبیل امتحان مشورت فرمود که مخالفت منصور اظهار کنند یا نه ایشان متفق الکلمة معروض داشتند که ما همه در مقام اطاعت وانقیاد امیریم والپتگین شرف محمدت ارزانی داشته رخصت فرمود که آن جماعت ببخارا روند وخود با سه هزار غلام خاصه بجانب غزنین روان شد ومنصور جای اورا بابو الحسین سیمجور داد مشار الیه بخراسان رفته بضبط وربط آن مملکت مشغول شد ومنصور باینجده هزار سوار از عقب الپتگین فرستاد والپتگین در حدود بلخ با بخاریان جنك کرده ایشان را

منهزم گردانیده وچون از بلخ بغزنین رفت والی غزنین اورا راه نـداد والپتگین بـمحاصرۀ مشغول گشته قهراً قسراً شهررا بگرفت وبار دیگر منصور لشکری سنگین بجنك او نامزد فرمود ودرین نوبت نیز الپتگین غالب آمد ودر سنه ست وخمسین وثلثمایه ابو علی بن الیاس والی کرمان گریخته بخارا رفت وبعرض منصور رسانـیـد که باندك توجهی مملکت دیالمه در حـوزۀ دیوان اعلی می آیـد وپیـش ازین وشمگیـر نـیـز این سخن را بعرض رسانیده بود القصه منصور نامۀ نوشت بوشمگیر وحسن فیروزان که در خاطر چنانست کـه لشکری بطرف ری روانه گردانم وظیفه آنکه شما ساخته وآماده باشید تا در مرافقت ایشان بدان صوب توجه نمائید بعد از آن امیر الجیوش خراسان ابو الحسین سیبجوررا نامزد ری کرد وبا او مقرر فرمود که از صوابدید وشمگیر تجاوز ننماید وچون این خبر برکن الدّوله رسید عیال واطفال را از ری باصفهان فرستاد وبا پسر خود عضد الدّوله وبعضی لشکریان در ظاهر گفت بخراسان رویه چه امیر الجیوش محمد بن ابراهیم بن سیبجور متوجه ری است وعـرصـۀ خراسان خالی مانده وعضد الدّوله بدان صوب نهضت نموده از حدود خراسان راه گردانید واز عقب وشمگیر

وابو الحسین محمد بن ابراهیم سیمجور متوجه شده بدامغان آمد وركن الدّوله از ری بیرون آمده متوجه خراسانیان شد ودرین اثنا وشمگیر وفات یافت وابو الحسین سیمجور سعی بسیار نمود تا میان امیر منصور وركن الدّوله مهم بر صلح قرار یافت مقرر بر آنكه ركن الدّوله هر سال مبلغ صد وپنجاه هزار دینار سرخ بخزانهٔ منصور رساند وجهت تشیید مبانی مصالحه دختر عضد الدّوله را در حبالهٔ نكاح آورد ودر یازدهم رجب سنه خمس وستین امیر منصور صفر آخرت اختیار كرد مدت حكومت او پانزده سال بود ودر حین حیات اورا امیر موید می گفتند وبعد از وفات ازوی بامیر سدید تعبیر می كردند

ذكر سلطنت امیر نوح بن منصور بن نوح سامانی

ابو القاسم نوح بن منصور بعد از وفات پدر قایم مقام او شد و در ابتدای دولت او چون الپتگین وفات یافت اتباع او بر امارت سبكتگین اتفاق نمودند و در سنه ست وستین وثلثمایه بیستون بن وشمگیر در جرجان

HISTOIRE DES SAMANIDES. 45

درگذشته شمس المعالى قابوس بن وشمگیر بر جرجان
و طبرستان استیلا یافت و در سنه سبع و ستین و ثلثمایه
عضد الدّوله بعد از وفات رکن الدّوله پدر خود بر
تمامت عراقین مستولى گشت و در سنه تسع و ستین
قصد برادر خود فخر الدّوله کرد و فخر الدّوله گریخته
پناه بقابوس برد و قابوس در تعظیم و احترام فخر الدّوله
مبالغهٔ تمام نمود بلکه اورا در ملک خود شریک و سهیم
کردانبد و در سنه احدى و سبعین و ثلثمایه امیر نوح
محمد بن ابراهیم بن سیبجور را از امارت خراسان عزل
کرده حسام الدّوله ابو العباس تاش را بجاى او نصب
فرمود و در این سال عضد الدّوله برادر خود مؤید
الدّوله را بحرب فخر الدّوله فرستاد و در نواحى استراباد
قابوس و فخر الدّوله با مؤید الدّوله جنک کردند
و منهزم گشتند و بخراسان پیش حسام الدّوله تاش
آمدند و شمّهٔ از حال خویش و استیلاى اعدا بر ملک
موروث قلمى کرده ببخارا نزد امیر نوح فرستادند نوح
بن منصور جوابى فرمود مشحون بانواع اعزاز و اکرام
و بحسام الدّوله تاش نوشت تا مقدم ایشان را معزز
و مکرم دارد و در تعظیم و اجلال آن دو مهمان عزیز
کوشیده ایشان را بمقر عز و شرف خود رساند و بجواب

خصوم و دفع منازعان ایشان قیام نماید و حسام الدّوله
مثال را امتثال نموده لشکرهای متفرّق را جمع آورد و از
نشابور بر صوب جرجان رحلت کرد تا نخست دار الملك
قابوس را مستخلص کرداند آنگاه روی بکار فخر الدّوله آرد
و چون حسام الدّوله و فخر الدّوله دیلمی وفایق که یکی
از معتبران نوح بن منصور بود بحدود جرجان رسیدند
مؤیّد الدّوله در شهر متحصّن شد و در استحکام برج
و باره مبالغهٔ تمام بجای آورد و مدّت دو ماه در آن
محاصره مصابرت نموده لشکر دیلمه در آن حادثه پای
ثبات بیفشردند و سربازیها کرده دست بردها نمودند
و در آن مضاربات روی از صدمهٔ شمشیر نمی تافتند
و بنوك تیر و سنان موی می شکافتند و چون مدّت مقام
لشکر در جرجان امتداد یافت در شهر قحطی عظیم
پدید آمد و کار بجائی رسید که مردم جرجان نخالهٔ
جو با گل خمیر کرده می خوردند و ابو الفضل منجّم با
مؤیّد الدّوله گفته بود که در آن واقعه صبر را شعار
خود سازد تا مریخ بدرجهٔ هبوط رسد پس عزم جزم
کند و جدّ تمام نماید اگر فتحی میسّر شود فبها و الّا
خود با لشکریان از آن مضیق بفضا افکند و بقضا رضا
دهد و مؤیّد الدّوله این راز را نهان می داشت و باستعداد

ادوات حرب اشتغال می نمود تا در رمضان سنة احدی وسبعین وثلثمایه با مجموع سپاه از شهر بیرون آمده خراسانیان پنداشتند که بدستور روزهای دیگر جولان کرده باز خواهند گشت وبخلاف تصور ایشان دیلمه حملهای پیاپی آوردند و در جملهٔ نخست فایق که متهم شده بود که از مؤید الدّوله رشوت گرفته است تا در روز پیکار مساهلت نماید عنان برتافت و حسام الدّوله تاش و فخر الدّوله ثبات عظیم نمودند تا معظم لشکر متفرق شدند و شب نزدیک رسید و دشمن قوی و چیره گشت بالضرورة لشکرگاه را با خزاین جهان و رغایب بسیار و نفایس بی شمار و مواشی فراوان گذاشته روی بانهزام نهادند و قابوس و فخر الدّوله و حسام الدّوله تا نشابور در هیچ مقام توقف ننمودند و رسولی بخارا فرستاده نوح را ازین واقعهٔ صعب آگاهی دادند و امیر نوح ایشان را دل خوشیها می داد و وعده فرمود که بار دیگر بخزاین موفور و لشکرهای نا محصور مدد و معاونت فرماید وابو الحسین عتبی بموجب اشارت نوح بن منصور مسرعان باطران و جوانب ممالک محروسه فرستاد که لشکرها در مرو مجتمع گردند تا او بنفس خویش حرکت کند و باصلاح آن وهن و تدارک آن خلل قیام نماید

و امیر نوح منصور ابو الحسین وزیررا خلعتی گرانمایه
بخشید و او ساز و اهبت سپهداری ولشکرکشی با شعار
وزارت جمع کرد و چون کار او در علو شان ونفاذ فرمان
و کمال اقبال و حصول آمال بغایت رسید روی در تراجع
نهاد اذا انتهی الامر الی الکمال عاد الی النزوال و خلع او
از ربقهٔ حیات مقارن آن خلعت واقع شد تفصیل این
اجمال آنکه ابو الحسین سیمجور عزل خویش را از امارت
خراسان بسعایت او نسبت می کرد و پیوسته بفایق در
تقبیح حال او فصول می نوشت تا فایق جمعی از غلامان
سدیدی را بر قتل او تحریض کرد و ایشان در این باب
اتفاق نموده فرصت نگاه می داشتند و ابو الحسین از این
حال آگاه گشته مستشعر شد و کیفیت حال معروض
نوح بن منصور کردانید و او جمعی از خواص خدم
خودرا بحراست وزیر گماشت و پنداشت که تقدیر
آسمانی را بتدبیر انسانی دفع می توان کرد و بحسب اتفاق
وزیر شبی بسرای امارت متوجه شد جمعی از آن طایفه
بر عقب او روان شدند و آن جهان فضل و افضال را
برخجهای پیاپی از پای در آوردند و حارسان بگریختند و بی
تکلف در هیچ تاریخی چنان وزیری هیچکس نشان نداده
و نخواهد داد و حسام الدّوله تاش و فخر الدّوله و قابوس

در نشابور بانتظار وصول وزیر چشم بر راه داشتند که ناگاه این خبر موحش برسید و عقد جمعیت ایشان گسیخته شده قوافل غم و اندوه بر خواطر استیلا یافت و از حضرت بخارا حسام الدّوله را طلب داشتند تا بتلافی آن حادثه و تدارک آن حال قیام نماید و او از موافقت و مرافقت شمس المعالی قابوس و فخر الدّوله باز مانده روی ببخارا نهاد و بعضی از قاتلان ابو الحسین عتبی را پیدا کرده مثله کردانید و دیگران در اقطار بلاد متفرق گشتند و وزارت بر ابو الحسین مزنی مفوض گشت و دریں اثنا ابو الحسین سیمجور از سیستان بازگشته بود و بی اجازت حضرت بخراسان آمده و مترصد فتنه و تشویش گشته و طمع بسته که حادثهٔ جرجان و وهنی که بحال لشکر بخارا راه یافته سبب رواج کار و رونق بازار او باشد ابو الحسین مزنی بر آن اورا حرکت تعنیف کرده بر سبیل نصیحت و ارشاد فرمود که از عرصهٔ خراسان بر خاسته بقهستان که اقطاع تست باید رفت و ابو الحسین سیمجور ملتمس وزیر قبول کرده وزیر بادغیس و کنج رستاق را در اقطاع او افزوده گفت اگر صدق و عهده و طاعت داری و صفای عقیدت تو در خدمتکاری و ثبات قدم در موالات دولت ظاهر شود بانواع کرامات و مزید

اقطاعت اختصاص یابی و در بعضی از تواریخ مسطورست
که چون حسام الدّوله تاش بـبخارا رفت ابو علی سیبجور
عرصهٔ خراسان خالی یافت و با فایق طریق مراسله
و مکاتبه پیش گرفت و اورا بر مخالفت تاش ترغیب نمود
و در رضا بتقدم او با وجود کبر سن و حقوق قدیم که
بر دولت آل سامان ثابت داشت سرزنش کرد و بر
مرافقت و مـوافقت خویش و اصلاح ذات البین دعوت کرد
و اورا با خود موافق و دریـن امر متفق یافت و میان ایشان
مبانی عهود و مواثیق تاکید پذیرفت و ابو علی عمال
تاش را که متصدی اعمال خراسان بودند گرفته مصادرات
کرد و هردو باتفاق روی بمرو نهاده باعلان کلمهٔ عصیان
مبادرت نمودند و چون این خبر بتاش رسید لشکرها
جمع آورده متوجه خراسان شد و میان ایشان سفیران
تردد نموده صلح گونهٔ روی نمود مقرر بر آنکه زعامت
لشکر و نشابور تاش را باشد و بلخ فایق را و هرات ابو علی را
و هریک بولایت خویش رفتند و در وقت مراجعت
حسام الدّوله از بخارا مزنی را از وزارت عزل کرده بود
و منصب اورا بیکی از ملازمان خویش که اورا عبد
الرّحمن فارسی می گفتند داده بعد از آنکه تاش بخراسان
آمد نوح بن منصور رقم عزل بر صفحهٔ حال فارسی کشیده

آن منصب را بعبد الله عزیز مفوض داشت وچون عبد الله بر منصب وزارت نشست بنابر عداوتی که حسام الدّوله تاش داشت اورا از زعامت و امارت خراسان عزل کرده ابو الحسین سیمجور را به آن منصب مسرور و ممنون گردانید و حسام الدّوله هرچند جد وجهد نمود تا خاطر پادشاه و وزیر را بدست آورد مفید نیفتاد و عبد الله عزیز معروض امیر نوح گردانید که حدوث وهن و فترت و ذبول و طراوت دولت مترتب بر ضعف رای و سوء تدبیر وزرای سالف بوده و تدارک آن خلل جز بدین تغییر و تبدیل متصور نیست و دریں اثنا فخر الدّوله که بعد از فوت برادران خود عضد الدّوله و مویّد الدّوله بر سریر سلطنت نشسته بود چنانچه شمّهٔ ازین وقایع در قضایای دیالمه رقم زدهٔ کلك بیان خواهد شد ان شاء الله تعالی مکتوبی بتاش فرستاد مبنی از آن که ایام محنت و روزگار شدت بپایان رسید و کارها بر سنن استقامت و وفق مرام منتظم گشت و ملك مسرود از کدورت و مزاحمت اضداد مستصفی شد و تاش جوابی نوشته فخر الدّوله را باعتناق عروس مملکت تهنیت گفت و شمّهٔ از مکاید حساد و بی عنایتی پادشاه ضمیمهٔ آن سخنان ساخت و فخر الدّوله در جواب حسام الدّوله

فصلى مشیع در قلم آورد وگفت آنچه ایزد عز وجل
بفیض لطف خویش ارزانی داشته از ممالك وخزاین
ودفاین وغیر ذلك حکم مشارکت دارد وهر آنچه
اقتراح افتند از مال ولشکر وساز وعدت دریغ نیست
وفرمود که مارا مکارم وآبادی وعوارف حسام الدّوله
تاش که بهنگام اقامت ما در خراسان مبذول داشته
فراموش نیست وبشکرانهٔ آن اگر صامت وناطق خود
مصروف داریم خود را مقصر شناسیم ورسول تاش را فخر
الدّوله باحترام تمام رخصت انصراف ارزانی داشت
ودو هزار سوار با حملی لایق بمدد فرستاد وتاش بابو
الحسین سیمجور توجّه نمود وابوالحسین در نشابور متحصن
شده تاش بحاصرهٔ او مشغول گشت دریں اثنا دو هزار
سوار دیگر از دیالمه بمعاونت تاش رسیدند وچون ابو
الحسین ازیں قضیه آگاه شد در ظلام لیل راه انهزام
پیش گرفت ولشکر تاش را خبر شده از عقب رفتند واز
اجمال واثقال خراسانیان غنیمتی وافر حاصل کردند
وتاش در نشابور متمکن گشته مکاتبات وتضرع نامها
بدرگاه ملك نوح ارسال نمود ودر استصلاح حال وطلب
مغفرت وتمهید معذرت واستغفار از سوابق عثرات
تضرع هر چه تمامتر نموده گفت نعوذ بالله اگر خود

خیانتی کردم طریق عفو چرا بسته شد و دریں معنی بسعایت و بدگوئی عبد الله عزیز امیر نوح بسخنان ابو العباس تاش التفات نمود و دریں اثنا ابو الحسین سیبجور رسولی بکرمان فرستاده از امیر ابو الفوارس بن عضد الدّوله مدد خواست و او دو هزار سوار بمعاونت فرستاد و فایق نیز با جمعی کثیر به ابو الحسین پیوست و چندان لشکر جمع شد که کوه و هامون بر نتافت و باتفاق روی بنشابور نهادند و ابو العباس تاش از شهر بیرون آمده در برابر دشمنان صف آرای گشت و بعد از کوشش بسیار منهزم گشته لشکر دیالمه از مصاحبت او باز ماندند و خراسانیان پیرامون ایشان در آمده قتلی بافراط کردند و بعضی از دیالمه و ارباب خراسان که بخدمت تاش توسل جسته بودند اسیر کرده ببخارا فرستادند و ایشانرا برسوائی تمام و مذلّتی عظیم بشهر در آوردند و محنثان شهر با دف و امثال آن از آلات ملاهی باستقبال شتافته دوکهای زنان در دست آن جماعت نهادند و زبان بسخریت و استهزا کشادند پس هگنان را در قلعهٔ فهندز محبوس کردانیدند تا بعضی به اسؤ حال بفنا رسیدند و برخی آزاد مطلق گشتند

ذكر رسيدن ابو العباس حسام الدّوله تاش به جرجان ومآل حال او

تاش چون از معركهٔ ابو الحسين سيبجور روى گردان شده بجرجان رفت فخر الدّوله سراى امارت را هچنان آراسته بغرشهاى فاخر وساز وآلت وافر وأوانى زر وسيم وآلات مطبخ وشراب خانه وديگر اسباب وخزاين بدو بازگذاشتند متوجّه جانب رى شد واز آنجا پنجاه اسپ تازى واستر با سر افسار وزينهاى زرين وساز وسلاح وبرگستوان وخود وسپرهاى زرنگار وشمشيرهاى هندى واصناف اسلحه محلى بزر وسيم باسم تحفه پيش او فرستاد وخراج جرجان ودهستان وابسكون به او گذاشت وبر سبيل تواتر چندان تحفه وهدايا مى فرستاد كه صاحب عباد با آن همه علوّ همّت در مقام نصيحت آمده اورا باسراف وتبذير نسبت مى كرد فخر الدّوله روزى در جواب صاحب عباد گفت كه حقوق نعمت وسوابق انعام تاش بر من چندان است كه اگر مجموع موروث ومكتسب خويش با اين پيراهن كه پوشيده ام در مصلحتى از مصالح او صرف كنم از قضاى يك مكرمت

از مکارم او تفصّی نموده باشم واز عهدهٔ یك عارفه از عوارف او بیرون نیامده واز آن جمله یکی آن است که در آن آوان که از جور وقصد برادران پیش حسام الدّوله تاش در خراسان اقامت نمودم اخوان مکتوبات نزد او فرستادند وملتزم شدند که اگر مرا تسلیم ایشان کند هر ساله مال بسیار بخزانهٔ امیر نوح رسانند ومثل آن مبلغ بتاش دهند منضم برغایب بلاد عراق از جامه‌های فاخر واسپان تازی ودیگر تبرکات آن دیار ودر تقبل خدمات کار بجائی رسانیدند که عذر را مجال نماند وچون مضمون رسالت ایشان بسمع من رسید روز روشن بچشم من تاریك شد وامید از حیات منقطع گشت نه طریق پرهیز میسر بود ونه گریز ممکن در اثنای این اندیشه روزی حاجب تاش بدر وثاق من آمده دستوری خواست وبمجلس در آمده مرا بمهمانی دعوت کرد ومن متردد شدم که ضیافتست یا آفتی ومخافتی با خود گفتم که غالباً تیر خداعت برادران بهدف مراد رسیده در ضمن احضار من مکیدتی عظیم مندرجست وبا قلق واضطرابی تمام سوار شدم نه بغبان را تمالك عنان ممکن ونه دست را قوت تماسك تازیانه باقی چون بمجلس او رسیدم تعظیمی نا محدود

وتوقیر واحترامی بیش از معهود بجای آورد وبلطف بجالست وفرط موانست او خوئی که داشتم زایل گشت آنگاه مکتوب برادران بمن داد وگفت می خواستم که این رقعت نهان دارم تا بخاطر اشرف ملالی نرسد لیکن پرده ازروی کار بر انداختن از تهمت وریبت دورتر دیدم وبسکون دل وفراغ خاطر تو نزدیکتر شناختم وبعد از آن ایمان مغلظه بر زبان گذرانید که تای موی تو بلکه تاری از جامهٔ ترا بهمه خراج عراق ندهم واگر آنچه در تحت تصرف منست از صامت وناطق ونقیر وقطمیر در فراغ خاطر کمینه کسی از ممالیک تو بر باد دهم هنوز در اکرام مقدم واعزاز مورد تو بعشر آنچه در ضمیرست از صدق محبت وصفای مودت نرسیده باشم واگر این پیراهن که در بر دارم در حفظ مصلحت ودفع حوادث از ساحت مجد تو وانتقام از منازعان ملک موروث تو خرج کنم حق قدوم تو نگزارده باشم وهرگز در باب معاونت تو عنان همت نگردانم تا حق عز وعلا ترا بمستقر عز وشرف خویش رساند آکنون کسی که در مودت به این مثابت بود که بی سابقهٔ خدمتی وواسطهٔ طمع این مکرمت بجای آورده باشد چگونه روا دارم که در مقابلهٔ صنایع وعوارف او تقاعد وتهاون

جایز شمرم لا والله بحق کعبه و روان رکن الدّوله که بنسیان آن مساعی و کفران آن ایادی هداستان نباشم و خود را بسمت قصور و تقصیر منسوب نکردانم علی الخصوص که قدرت مکافات و مکنت بجازات یافته امر وباری تعالی توفیق معونت و کفایت مؤنت او ارزانی داشته و تاش چندگاه در جرجان مقیم بود تا در سنه تسع و سبعین و ثلثمایه در آن ولایت و بنای عظیم روی نمود و معظم سپاه تاش و وجوه لشکر و معارف حجاب و کتاب او در غرقاب فنا افتادند و تاش هم در آن چند روز بمرض مهلک گرفتار آمده در آن غربت با دلی پر حسرت روی براه آخرت آورد

ذکر وفات ابو الحسین سیمجور و رسیدن منصب او به پسرش ابو علی و مخالفت ابو علی با امیر نوح بن منصور و بیان قضایای بغرا خان

روزی ابو الحسین سیمجور در بعضی از منزهات خویش رفته کنیزکی از جمله سراری با خود برد و خواجه را میل

عیش شده درکنیزك آویخت و در اثنای مباشرت و انزال روح از بدنش مفارقت کرده آلت معاشرت از کار افتاد و پسرش ابو علی بطریق ارث و استحقاق متصدی امارت خراسان گشت و از بخارا حکومت نشابور را با بو علی رجوع نمودند و امارت هرات را بفایق دادند و میان ابو علی و فایق نزاع شده مهم بقتال انجامید و فایق از معرکهٔ ابو علی منهزم شده بمرو الرّود رفت و درآنجا لشکر خود مستعد و آراسته کردانبده بی آنکه از نوح بن منصور رخصت حاصل کند متوجه بخارا شد و امیر نوح نسبت بفایق بد گمان شده ایناج و بکتوزون را بدفع او نامزد کرد و ایشان با فایق محاربه کردند و فایق منهزم ببلخ رفت و از آنجا متوجه ترمد گشت و مکتوبات ببغرا خان فرستاده اورا بر مخاصمت امیر نوح تحریض نمود و درین اثنا ابو علی سبجور عرضه داشتی بخارا فرستاده التماس نمود که امارت خراسان بی شریکی مفوض به او باشد و درین عرضه داشت خدمات آل سبجور که نسبت بسلاطین سامانی صدور یافته بود مندرج کردانید و ملتمس او با جابت مقرون شده القاب خدمتش منشیان عطارد فطنت بفرمان امیر نوح امیر الامرا المؤید من السّما نوشتند چون کار ابو علی در استبلا و استعلا بغایت

رسیده دست تصرف در مجموع دیار خراسان دراز کرده
مطالبه آغاز نهاد و اموال آن بلادرا بر اتباع خویش
موزع و منقسم کردانید و نوح بن منصور از وی استدعا
کرد که بعضی دیار خراسان‌را بگماشتگان دیوان خانی
گذارد ابو علی بدان سخن التفات نمود و در جواب
فرمود که خلقی کثیر از متجندة درین جانب مجتمعند
و اموال این ولایت بعلوفات و مرسومات ایشان وفا نمی‌کند
اگر طرفی از ممالک محروسه اضافهء اقطاع این کینه کنند
می‌شاید و بعد از آن میان طاعت و عصیان روزی می
گذرانید و مخاصمتی در پردهٔ مصادقت می‌نمود تا
مکتوبات و بیلاکات بملک ترک بغرا خان فرستاده پیغام
داد که اگر خان متوجه ما وراء النّهر گردد من نیز
ازین جانب در حرکت آمده بدو پیوندم مشروط بآنکه
بعد از رفع و دفع امیر نوح مملکت او منقسم بدو قسم
شود ما وراء النّهر از خان باشد و خراسان بما تعلّق
گیرد و بغرا خان دندان طمع تیز کرده بقصد امیر
نوح لشکر کشید و نوح ایناج حاجب‌را با لشکرها
باستقبال او فرستاد و بغرا خان ایناج‌را اسیر کرده
بترکستان روان کرد و بدین سبب و هنی تمام بحال نوح
بن منصور راه یافت و بعد از آن از سر اضطرار نوح

فايق را طلبيده تربيت كرد ولشكرى به او داده بحكومت سمرقند نامزد فرمود تا آن مملكت را از آسيب تركان صيانت نمايد چون فايق بسمرقند رسيد شنيد كه بغرا خان متوجه است با سپاهى كه همراه داشت از شهر بيرون آمد وپيش از تسويهٴ صفوف واستعمال سيوف روى برتافته ببخارا رفت وهيچكس را شبههٴ نماند كه فرار فايق بنابر خبث عقيدت وكفران نعمت بوده نوح از حدوث آن واقعه هراسان ومضطرب گشته ودل از حكومت برداشته ومملكت گذاشته در كنجى متوارى شد وبغرا خان بعد از ضبط سمرقند ببخارا رفت وفايق باستقبال او شتافته در زمرهٴ خواص وى منتظم شد وچون بغرا خان بر سرير ملك قرار گرفت فايق رخصت طلبيد كه ببلخ رود ومال آن مملكت از رعايا استخراج نمايد وسكه وخطبه بشعار دعوت (دولت؟) خان در اطراف آن ولايت مقرر گرداند وبغرا خان دستورى داده فايق به آن صوب توجه نمود ونوح بن منصور فرصت يافته از مستقر خويش متنكروار بيرون آمد و از جيحون عبور نموده بآمل شط نزول فرمود وجمعى از خدم ومماليك او كه آنجا افتاده بودند ومتحير وسرگشته مانده چون ايشان از وصول پادشاه خويش خبر يافتند شادمان

گشتند بلکه حیاتی نو در ابدان پژمردهٔ آن جماعت ظاهر شد و از اطراف و جوانب لشکرهای متفرق در ظل رایت نصرت آیت او مجتمع گشتند و از بدایت حدوث فتنه و آشوب امیر نوح مکتوبات بابو علی سیمجور میفرستاد و اورا بنصرت خویش و قضای حقوق نعمت و قیام بحمایت بیضهٔ دولت دعوت می کرد و او در آن باب بقول مکذوب و مواعید عرقوب نوح را مغرور میداشت و چون نوح بآمل شط نزول کرد ایلچی پیش ابو علی فرستاده گفت انتظار از حد گذشت و کار بغایت رسید وقتست که بقضای حقوق سابقه قیام نمائی و در معاونت آل سامان بگذشتگان اقتدا کنی و ابو علی همچنان بر عادت ذمیم و خلق لئیم خویش مستمر بود تا خدای تعالی مهمات ملک نوح بی منت خلق کفایت کرده اورا بمقر شرف خود رسانید و غدر و مکر دشمنان اورا سبب حرمان و خذلان ایشان ساخت و ما ذلك علی الله بعزیـــــــــر

ذكر رفتن بغرا خان از بخارا و معاودت نوح
بن منصور بمملكت خويش و اتفاق
امير ناصر الدّين سبكتگين با او
در قلع ابوعلى و فايق و بيان
محارباتى كه در آن ولا ميان
ايشان واقع شد

بغرا خان از هواى بخارا متاذى شده شامت طمع در خاندان قديم شامل حال او گشت و بعلتى صعب گرفتار آمده علاج بيمار خويش جز استنشاق هواى تركستان ندانست لا جرم از بخارا بيرون آمده منوجه آن صوب شد و بخاريان دست باذناب لشكر او دراز كرده شرايط غارت و تاراج و قتل بتقديم رسانيدند و بغرا خان در بعضى از منازل نقد حيات بقابض ارواح سپرد و چون اين بشارت بسمع نوح رسيد بر جناح استعجال روى ببخارا نهاد و بخاريان باجمعهم باستقبال او شتافته از ملاقات خدمتنش چنان خرم گشتند كه روزه دار برويت هلال و تشنه لب بشربت آب زلال و بار ديگر

سمرقند و بخارا و منسوبات آن در تحت تصرف گماشتگان ملك نوح قرار گرفت و امر و نهى او بر قاعدهٔ معهود بدان ممالك شرف نفاذ يافت چون ابو على ديد كه سفينهٔ نوح بسلامت بر جودى فراغت قرار گرفت شعلهٔ راى او در ظلمت آن نازله فرو مرد و روضهٔ عيش او از صرصر آن حادثه پژمرده گشت و با خواص خويش در آن باب مشورت نموده چارهٔ آن از عقلا استفسار كرد همگنان گفتند كه طينت آل سامان بزلال لطف و كرم سرشته و عفو و اغماض آن طايفه از زلات و عثرات خدمتكاران رسميست قديم و عادتى معهودست و از اين غرقاب جز بكشتى عنايت امير نوح بساحل نجات نتوان رسيد و اين سيلاب محنت جز بيمن دولت او در منافذ از اين نفوذ نيابد طريق آنست كه در استرضاى خاطر شريفش بهر نوع كه ميسر گردد سعى نموده آيد و ابو على زا اين سخنان نخست موافق مزاج افتاده بتهيهٔ هدايا و تحف اشتغال نمود و پيشكشهاى لايق فراهم آورده خواست كه بدست سفيرى چرب زبان بخدمت امير رضى نوح بن منصور سامانى فرستند تا بسحر بيان عقدهٔ وحشت از ضمير منير او بكشايد اما در آخر انديشهٔ ديگر كرده با خود گفت جائى كه من هه تخم جفا كشته

باشم خرمی وفا چگونه بیابم و در موضعی که نهال خلان نشانده باشم ثمرهٔ موافقت بر چه وجه توقع نمایم و در فرستادن ایلچی و اموال و اظهار اعتذار و استغفار متردد شد و درین اثنا فایق به او پیوسته چندان وسوسه کرد که ابو علی در مخالفت ولی نعمت یکجهت گشت بیان این سخن آنست که چون احوال امیر نوح بعد از فوت بغرا خان انتظام یافت فایق پریشان روزگار و مشوش خاطر گشته تدبیری جز آن ندانست که قبل از آنکه قوت و شوکت ملك نوح سمت ازدیاد پذیرد اورا از میان برگیرد لا جرم لشکری ترتیب داده از سر تهور متوجه بخارا شد و امیر نوح جمعی از دلیران سپاه باستقبال او فرستاد و هر دو گروه بیکدیگر رسیده بعد از تسویهٔ صفوف مقاتلهٔ صعب روی نمود و خلقی کثیر در عقدهٔ هلاك افتاد آخر الامر فایق جان از معرکه بیرون برد و چون ملجا و مهری دیگر نداشت التجا با بو علی کرده خباثت آغاز نهاد و ابو علی بمقدم او شادمان شده حضور اورا سبب استغنا از استرضای امیر نوح پنداشت و آن تحف و هدایا که جهت امیر نوح ترتیب کرده بود بفایق داد و میان ایشان مبانی مصادقت و مخالصت استحکام یافت و امیر نوح چون از اتفاق ابو

علی و فایق آگاه شد همگی همت را بر آن گماشت که آن دو توسن عاصی را بدست کدام رایض در زیر بار اطاعت آرد و آن دو نهنگ جائی را بقوت کدام صیاد بدام انتقام کشد و بعد از تقدیم مشورت قرعهٔ اختیار بر امیر ناصر الدّین سبکتگین افتاد که بوفا و مروت معروف و بقوت و شوکت مذکور و موصوف بود و در آن اوقات که در خراسان و ما وراء النّهر این قضایا دست داد امیر سبکتگین بغزوات دیار هند اشتغال نموده غنیمتی فراوان حاصل کرده بود و چون خاطر امیر نوح بر استعانت سبکتگین قرار گرفت ابو نصر فرسی را برسالت نزد او فرستاد و شمّهٔ از قبائح افعال و فضائح اعمال ابو علی و فایق انها کرده استمداد نمود امیر سبکتگین از بی سامانی آل سامان غیرت آورد و بر فور طبل رحیل کوفته بجانب ما وراء النهر نهضت فرمود و امیر نوح تا ولایت کش باستقبال او آمد و پیش از ملاقات امیر سبکتگین از کلفت نزول و مباشرت زمین بوس بحکم ضعف شیخوخت و مراعات کبر سن استعفا نمود و ملک نوح عذر اورا در آن باب مقبول داشته اما چون چشم ناصر الدّین سبکتگین بر طلعت نوح افتاد هیبت پادشاهی زمام اختیار از دست او بستند لا جرم فرود آمده رکاب ملک نوح

ببوسید و نوح باعزاز و بشاشتی تمام اورا در بر کشید و از ملاقات آن دو سعادتمند روح بدلها رسید و گل مسرت در ریاض خواطر خاص و عام بشکفت و جمعی دست داد که مثل آن در هیچ تاریخ مذکور و مسطور نیست و بعد از ترتیب اسباب ضیافت و طوی در باب تنظیم امور ملک و دفع منازعان انواع سخنان گفتند و مقرر بر آن شد که امیر سبکتگین غزنین معاودت نموده باستعداد سپاه و ترتیب لشکر قیام نماید و امیر نوح دست بصلات و مبرات بر کشاد و بخلعتهای فاخر و تشریفات پادشاهانه و اصناف الطاف امیر سبکتگین و اتباع اورا بنواخت و سبکتگین بغزنین مراجعت کرده امیر نوح بجانب بخارا شتافت و چون ابو علی بدین قضیه مطلع شد دود حیرت بکاخ دماغ او متصاعد گشت و با خواص خویش و ارباب تجربه مشورت فرمود که اگر حادثه روی نماید و چشم زخمی رسد بکدام ولایت روند و پناه بکدام صاحب حشمت برند ایشان باتفاق گفتند که با فخر الدوله طریق محبت و مودت مسلوک باید داشت و مسوالات اورا عروة و ثقی باید شناخت ابو علی ابو جعفر بن ذو القرنین را بسفارت جرجان نامزد فرمود و از نفایس خراسان و رغایب

تركستان بقدر ميسور جهت فخر الدّولة و وزير او
صاحب عباد ارسال نمود تا ميان ايشان اساس مخالصت
وموافقت مشيّد گشت و ابواب مكاتبات ومراسلات
مفتوح آمد ودرين اثنا ماحجهٔ رايت امير ناصر الدّين
سبكتگين از افق ديار بلخ طالع گشت و امير نوح از
بخارا در حركت آمده شار حاكم غرجستان و ابو
الحارث فريغونى والى جوزجان به او پيوستند و امير ناصر
الدّين با قرب دويست زنجير فيل آراسته ولشكرى از
عارجين وبدر دلى پيراسته بامير نوح ملحق شد و چون
ابو على وفايق از توجه ايشان خبر يافتند با لشكرهاى
خراسان و دو هزار سوار ديلم كه فخر الدّولة بمدد ايشان
فرستاده بود باتّفاق دارا بن شمس المعالى قابوس بن
وشمگير كه از جرجان بمعاونت ايشان آمده بود آمادهٔ
حرب گشته از هرات بيرون آمدند و امير ناصر الدّين
صحرائى عريض فسيح اختيار كرده ميمنه و ميسرة بياراست
وخود با امير نوح و سيف الدّولة محمود غازى در قلب
بايستاد و ابو على نيز در ترتيب لشكر غايت جد مبذول
داشته فايق را بميمنه فرستاد و ميسرة را ببرادر خويش ابى
القاسم سيجور سپرد و چون هر دو فريق بهم رسيدند
ميمنه و ميسرهٔ فايق بر برانغار و جوانغار ملك نوح غالب

5.

وفایق آمده ایشان را از جای برداشتند و نزدیک بود که کار از دست برود و خللی فاحش راه یابد که دارا بن قابوس از قلب ابو علی حمله آورد و چون میان هر دو صف رسید سپر در پشت کشید و بخدمت ملک نوح رفته روی بمقاتله سپاه خراسان نهاد امرای عاصی و جمهور سپاه اندیشیدند که غدر دارا بی موافقت جمعی نتواند بود و بدین سبب دل شکسته شدند و سبکتگین چون آثار ضعف و انکسار بر وجنات احوال مخالفان مشاهده نمود با جمعی سواران پرخاشجوی حمله کرد و اصحاب ابو علی از نهیب این واقعه سراسیمه گشته روی بگریز نهادند و سلطان محمود گریختگان را تعاقب نموده جمعی را قتیل و فوجی را دستگیر گردانید مخالفان از کرایم اموال و ساز و اسلحه چندان گذاشتند که اگر عشر آن وقایت عرض خویش می ساختند از آسیب دوران سالم می ماندند ابو علی و فایق گریخته بنشابور رفتند و ملک نوح و امیر سبکتگین و پسرش محمود جهت استراحت و تقسیم غنایم دو سه روزی در هرات توقف نمودند و امیر نوح سبکتگین را بلقب ناصر الدّین بلند آوازه ساخت و وارث ملک او محمود را بلقب سیف الدّوله مشرّف گردانید و امارت جیوش که منصب

ابو علی بود بسیف الدّولة تفویض نمود وخود کامیاب
وکامران بجانب بخارا نهضت فرمود وامیر ناصر الدّین
وسیف الدّولة محمود با کوکبهٔ عظیم بر سمت نشابور روان
شدند وابو علی چون آوازهٔ توجه ایشان شنید بجرجان
رفته پناه بفخر الدّولة برد وصاحب عباد در باب رعایت
ابو علی سخنان گفته فخر الدّولة مبلغ هزار هزار درم بابو
علی انعام فرمود تا در مصالح خویش مصروف دارد وابو
علی وفایق آن زمستان در جرجان اقامت نمودند وفخر
الدّوله را بزیادتی ملتمسات تصدیع می دادند واو در
انجاح مقاصد ایشان اهمال وتغافل ورزیده ابو علی وفایق
از فخر الدّولة آزرده خاطر گشتند وبا خواص خویش
در باب مصلحت روزگار مشورت کردند بعضی گفتند
که صلاح در آنست که در جرجان شعار دولت امیر
نوح اظهار کنیم ومنابر ودنانیر را باسم ولقب او مزیّن
ومحلّی گردانیم وبدین وسیلت بخدمت وی تقرّب
جوئیم فایق ازین معنی سر باز زده گفت سبکتگین بغزنین
رفته ومحمود در آن ولایت تنها مانده واو طاقت مقاومت
ما ندارد اکنون مناسب چنان می نماید که بنشابور
رویم ومحمود را از آن ولایت بیرون کرده ساکن ومطمئن
بنشینیم واگر عباد ا بالله چشم زخمی رسد باز بجرجان

معاودت نمائیم وبتعجیل ازین دیار بیرون باید رفت که هوای جرجان عفن است مبادا که بما واتباع آن رسد که بحسام الدّوله تاش ولشکر او رسید عامهٔ سپاه بنابر محبت وطن ومیل باهل ومسکن این رای را مستحسن داشتند وابو علی شاعام ابی ب ایشان هداستان شده باتفاق عازم نشابور گشتند وسیف الدّوله محمود از توجه مخالفان خبر یافته قاصدی بغزنین روانه ساخت وکیفیت واقعه معروض پدر گردانید وخود ظاهر نشابور را معسکر ساخته مترصد مدد ی بود وپیش از وصول لشکر غزنین در سنه خمس وثمانین وثلثمایه ابو علی وفایق لشکر بجانب سیف الدّوله محمود کشیده بر سر او ریختند وبعد از قتال وجدال سلطان محمود منهزم شد واجمال وانتقال او بدست ابو علی وفایق افتاد وایشان نشابور را در حوزهٔ تصرّف آوردند جمعی از مردم بعید الفکر دور اندیش با ابو علی گفتند که بر سبیل استعجال از عقب محمود باید شتافت پیش از آنکه پدر به پسر پیوندد واز بخارا مدد به ایشان رسد خاطر از مهمات ملکی فارغ باید ساخت از بخت بد وضعف طالع ابو علی کلمات مشفقان را بسمع رضا اصغا ننمود ودر آن امر تغافل وتساهل ورزیده عرضه داشتی ببخارا ومکتوبی به امیر

ناصر الدّين فرستاد و از در عذر خواهی در آمده حوالهٔ آن جراءت و جسارت و حركات نالايق بغايق كرد و امير نوح و ناصر الدّين التفات بسخنان ممّوه او نكردند و جواب مكتوبات او ننوشتند و ابو علی در نشابور مقيم بود تا آن زمان كه آوازهٔ حركت امير ناصر الدّين بسمع او رسيد بيان اين سخن آنست كه بعد از هزيمت سيف الدّوله امير ناصر الدّين نوشتنها باطراف ارسال نمود تا لشكرها در موضع معيّن مجتمع گردند و ابو نصر بن ابی زبدرا بطلب خلف بن احمد بسيستان فرستاد و ابو الحارث فريغونی را از جوزجان بخواند و در اندك زمانی خلايق چندانی جمع آمدند كه محاسب وهم از تعداد آن عاجز گشت و بعد از اجتماع سپاه امير ناصر الدّين برسمت نشابور روان شد و ابو علی بجانب طوس در حركت آمد و بعضی از حدود آن ولايترا لشكرگاه ساخت و امير ناصر الدّين بعد از قطع منازل و مراحل بنواحی طوس رسيده قريب بمعسكر ابو علی فرود آمد و آن شب هر دو لشكر پاس داشتند و چون دست هوا تيغ صبح از نيام افق بيرون كشيده مردان هر دو لشكر و گردان هر دو كشور دست به نيزه و شمشير بردند و در اثنای آنكه شعلهٔ حرب افروخته گشت از

پس پشت میسرهٔ سپاه ابو علی گردی عظیم بر خاست و چون گرد شکافته شد سیف الدّوله محمود با جمعی کثیر از مردان صف شکن ظاهر گشت و ابو علی در میان هر دو لشکر سراسیمه و متحیر بماند و چارهٔ جز آن ندانست که هر دو جناح را با قلب منضم ساخت و باتفاق بر قلب ناصر الدّین زدند تا مگر جان از آن مهلکة بیرون برند و ناصر الدّین با جزی متین و قدی راسخ آن حمله را رد کرد و سیف الدّوله محمود رسیده تیغ در مخالفان نهاد و چندان مرد بر زمین افکند که پشت گاو از بار ایشان خم و مرکز زمین از خون ایشان نم گرفت و خلقی نا محدود در زیر پای فیلان پست شدند و از معارن ملازمان ابو علی بغرا حاجب و سبکتگین فرغانی و ارسلان بیك و ابو علی بن نوشتگین و لشکرستان بن ابی جعفر دیلمی اسیر گشتند و ابو علی و فایق از آن معرکه جان بیرون برده بقلعهٔ کلات رفتند و آن قلعه است با توسن فلك همعنان و از حوادث دوران در اَمان و امیرك طوسی چند روزی بضیافت ایشان قیام نمود تا کیفیت حال لشکر و حیات و ممات و هلاك و نجات هر یك بسمع امرای عاصی رسید و شرذمهٔ که از آن مهلکه خلاص یافته بودند بدیشان پیوستند

HISTOIRE DES SAMANIDES.

آنگاه ابو علی وفایق بابیورد رفته از آنجا متوجه سرخس شدند و از سرخس عازم مرو گشتند وبروایتی امیر ناصر الدّین و بقولی سیف الدّوله چود جهت حسم مادهٔ فتنهٔ ایشان روی بمرو نهادند و ابو علی وفایق بآمل شط رسیده بار دیگر در مقام اعتذار و استغفار آمدند و ابو علی ابو لحسین کثیر وفایق عبد الرّحمن فقیه را بسفارت ملك نوح نامزد کردند و ایشان هر دو ببخارا رفته در استعطاف و استرضای نوح بن منصور غایت جد و جهد مبذول داشتند و فرستادهٔ فایق را گرفته در محبسی باز داشتند و عذر ابو علی مسموع افتاده حکم ملك نوح نفاذ یافت که حالا ابو علی بجرجانیه رود تا اندیشهٔ تشریف و حکم اقطاع او بامضا رسد و مکتوبی بوالی جرجانیه مامون بن محمد فرستاد مضمون آنکه مقدم ابو علی را مکرم دارد و ما یحتاج او مرتب کرداند تا آنچه مقتضای رای ما باشد در باب او بتقدیم رساند چون ابو لحسین کثیر مراجعت نمود فایق با ابو علی گفت که غرض توجه تو بجرجانیه مفارقت و مباعدت ماست از یکدیگر اکنون بصواب آن اقربست که در مرافقت هم پیش ایلك خان رویم و خود را ازین غرقاب فنا بساحل نجات اندازیم ابو علی نشنید و فایق را وداع

کرده بطرف جرجانیه نهضت کرد وفایق از آب عبور
کرده در سلک خواص ایلک خان منتظم شد ابو علی
چون بهزاراسپ رسید ابو عبد الله خوارزم شاه نزل
پیش او فرستاد واز تخلف استقبال عذر خواست وگفت
فردا بخدمت رسم وچون شب شد بنابر کینهٔ دیرینه
که از ابو علی در سینه داشت جمعی را بفرستاد تا اورا با
خواص گرفته بخوارزم بردند وخوارزم شاه فرمود تا ابو
علی را بند کرده در قصری از قصرها باز داشتند وچون
صورت واقعهٔ ابو علی بسمع والی جرجانیه مامون بن محمد
رسید عرق عصبیت او در حرکت آمد وقلق واضطرابی
عظیم نمود وحشم خود را جمع کرده فرمود که ایلنکو
غلام ابو علی که بقایای خدم او ربقهٔ اطاعت وی در
رقبه داشتند بسر خوارزم شاه ریزند وایشان بموجب
فرموده عمل نموده چون طوق پیرامن شهرکات که نشیمن
او بود در آمدند وبعضی از اتباع خوارزم شاه را کشته
وبرخی را متفرق کردانیده خدمتنش را بدست آوردند
وبند از پای ابو علی برداشته بر کعب خوارزم شاه
نهادند امیر اسیر واسیر امیر گشت ابو علی را با کرام
واحترام تمام وخوارزم شاه را در لباس نکال واذلال
بجرجانیه رسانیدند ومامون در تعظیم واجلال

HISTOIRE DES SAMANIDES. 75

ابو علی مبالغهٔ تمام نموده بترتیب نزل وعلوفها وپیشکشهای مناسب تقرب جست وسبب عداوت ابو عبد الله خوارزم شاه با ابو علی آن بود که درآن آوان که نوح بن منصور بواسطهٔ تسلط وتغلب بغرا خان از آب عبور نموده بود خوارزم شاه ومامون بن محمد نسبت با او خدمات پسندیده بجای آورده بودند وچون ملك نوح بمستقر شرف خویش رسید بمکافات آن مکرمات ابیوردرا بابو عبد الله خوارزم شاه ونسارا بمامون داد وچون عاملان هردو پادشاه به آن ولایت رفتند ابو علی نسارا بمامون مسلم داشت و در جواب فرستادگان خوارزم شاه گفت که ابیورد اقطاع برادر منست تا از دیوان اعلی عوض تعیین نشود دخل خوارزم شاه دریں ولایت محال باشد و ایشان مایوس بازگشته این خبر ناخوش بخوارزم شاه رسانیدند فی الجمله بعد از وصول ابو علی بجرجانیه مامون بن محمد طوئی مرتب ساخت که در آن عهد ودیگر عهود معهود نبود ودر آن ضیافت شراب حاضر کردند و ابو علی هر چند از مذهیات تایب ومنتیب بود اما بنابر مبالغهٔ مامون بن محمد بر شرب خمر اقدام نمود

بیت اساس توبه که در محکمی چو سنگ نمود
ببین که جام زجاجی چگونه اش بشکست

وچون هر کدام قدحی در کشیدند وسورت شراب اثر کرد خوارزم شاه را حاضر ساختند وچندانکه با او سخن گفتند و در ملامتش مبالغه نمودند جواب نداد و سر از خجالت بر نداشت و در آخرهای مستی سر اورا بیک ضرب تیغ در میان مجلس افکندند و خوارزم شامون را مستصفی و مستخلص شد و سامون تحف بسیار بخارا فرستاده شفاعت کرد که رقم عفو بر جرائم ابو علی کشند نوح بن منصور در جواب گفت ما نخست از سر گناه ابو علی گذشته ایم آنگاه اورا بدانجانب فرستاده و درین اثنا نوح بن منصور ابو علی را طلب داشت و آن ساده لوح غافل از آنکه سر نوشت او چیست پای در راه نهاد و چون نزدیک بدار الملك نوح رسید عبد الله عزیز و خواص و مقربان به استقبال شتافتند و ابو علی با امرا و اعیان بپایهٔ سریر اعلی رفته در موقف خجالت و معرض کفران نعمت سر در پیش انداخت ایلنکو و دیگر قواد لشکر و برادران و وجوه اصحاب اورا فرود آورده بمجلس در آوردند ملك فرمان داد تا هگنانرا گرفته بندهای گران برایشان نهادند و دست

سلب و غارت باموال و جهات ایشان دراز کردند و درین
اوقات امیر ناصر الدّین سبکتگین در مرو بود و چون
خبر گرفتاری ابو علی شنید ببلخ رفته اورا طلب داشت
و نوح بن منصور فرمود تا ابو علی را پیش سبکتگین
بردند و امیر ناصر الدّین اورا محبوس می داشت تا وفات
یافت و چون فایق پیش ایلک خان رسید اورا بر آن
داشت که لشکر بما وراء النّهر کشد و ایلک خان
بتحریض فایق عزیمت آن صوب مصمم گردانید و امیر
نوح از استماع این خبر بغایت پریشان و مضطرب گشت
و چاره جز آن ندانست که بار دیگر از امیر ناصر
الدّین استمداد نماید لاجرم ایلچی فرستاده بامیر
ناصر الدّین پیغام داد که ایلک خان بسرحد ما وراء
النهر آمده عمال ولایت محروسه را بمطالبات رنجه می دارد
ملتمس آنکه یکبار دیگر تجشم فرمائی و شرر این
خان خاین را از ساحت مملکت ما باز داری و صنیعه که
در نظم حال و ملک ما تقدیم داشته باتمام رسانی و ناصر
الدّین باقطار و اطران ممالک خراسان و غزنین و زاولستان
باستدعای لشکرها امثله روان کرد و بنفس خویش
نهضت نموده در میان کش و نسف نزول فرمود و در
آنجا چندان توقف نمود که سیف الدّوله محمود از

نشابور در حرکت آمده بدو پیوست لشکرهای آفاق
و امصار به او ملحق شدند وملك نوح جمیع امرا واعیان
خاصه را بمعاونت امیر ناصر الدّین نامزد فرمود ومیان
ایلك خان وناصر الدّین رسل متردد شده در باب
مصالحه سخنان گفتند وچون سبکتگین از ملك نوح
استدعا نموده که بنفس خویش در آن معرکه حاضر
شود عبد الله عزیز وزیر بنابر غرض فاسد خویش اورا از
رفتن مانع آمد خاطر امیر سبکتگین فی الجمله ازین
جهت رنجیده بود خدمتنش بصلح رضا داد ودر جنك
تهاون نمود وبشفاعت ایلك خان مقرر بر آن شد که
ایالت سمرقند تعلق بغایق داشته باشد ودرین باب
صلح نامه نوشته آنرا بشهادت ایمه ومشایخ ما وراء النّهر
موثّق ومزیّن کردانیدند بعد از اتمام مصالحه امیر
نوح بفراغ بال زندگانی می کرد تا در رجب سنه سبع
وثمانین وثلاث مایه بعارضهٔ دو سه روزه متوجه
وادی خاموشان شد

مصراع عاقبت منزل ما وادی خاموشانست

ذكر سلطنت منصور بن نوح بن منصور بن نوح ساماني

چون امیر رضی الدّین نوح وفات یافت امرا واعیان پسرش ابو الحارث منصور را برتخت سلطنت نشاندند واو مالی که در خزاین جمع بود بر متجنّده تفرقه کرده بکتوزون را بزعامت وامارت لشکر تعیین نمود و خبر موت ملك نوح بایلك خان رسیده عزیمت سمرقند کرد وفایق به استقبال بیرون آمد وایلك فایق را ببخارا فرستاد وچون بدان حدود رسید منصور متحیر شده وبخارا را گذاشته بتعجیل از آب آموبه عبور نمود وفایق بشهر درآمده اظهار کرد که بنصرت ومساعدت منصور آمد تا رعایت حقوق اسلاف او بجای آورده باشد اکابر ومشایخ بخارا کسان پیش منصور فرستاده اورا از جانب فایق بعهود ومواثیق ایمن گردانیدند و منصور بـبـخـارا مراجعت نمود فایق مهمات اورا بر خود گرفته بکتوزون را بامارت خراسان فرستادند ودر خلال این احوال امیر سبکتگین وفات یافته بود و میان پسرانش سیف الدّوله محمود واسماعیل منازعت قایم شده چون خاطر محمود

از جانب اسمعیل فارغ گشت چنانچه کیفیت این حال در ضمن قضایای غزنویه رقم زدهٔ کلك بیان خواهد شد ان شاء اللّه تعالی بخراسان آمد و رسولی بجانب بخارا فرستاده اظهار خاطر ماندگی کرد که منصب او به بکتوزون مفوض شده بود والتماس نمود که آن منصب را بدستور سابق وقرار معهود به او مسلم دارند وامیر ابو الحارث منصور بن نوح در جواب سیف الدّوله محمود فرمود که ما امارت بلخ وترمد وهرات به او مسلم می داریم اما بکتوزون بندهٔ دولتنست ومتوسل بحقوق قدیم وبی حدوث سببی بعزل او مثال دادن از مراسم سرداری وحق گزاری دور می نماید وچون این خبر مسموع محمود گشت با خود اندیشید که بیشك وریب حساد واضداد منصوررا برآن داشته اند که دست رد بر سینهٔ ملتمس می نهاد بعد از تامل ابو الحسین حولی را با تحف و تبركات لا تعد ولا تحصی بخارا فرستاده بمنصور پیغام داد که توقع چنانست که سر چشمهٔ موالات ومصافات بخس وخاشاك بی التفاتی تیره ومکدر نگردد و امداد عنایات از رسم مالوف نقصان نپذیرد وحقوق مرا وپدر مرا که بر ذمت آل سامان ثابتنست بکلمات بد گویان ضایع نباید کرد تا نظام الفت گسسته نگردد واساس متابعت و

HISTOIRE DES SAMANIDES. 81

مطاوعت انهدام نیابد و چون حمولی ببخارا رسید اورا
بمنصب وزارت نوید دادند واو بدان منصب مغرور
ومسرور گشت واز سفارتی که بغول او منوط ومربوط بود
غافل وذاهل ماند چون امیر سیف الدّوله محمود رکاکت
عقل وفترت رای وتناقض اهوا وسوء تدبیر قوم مشاهده
کرد دانست که ملك سامانیان بر شرف زوال است
ودولت ایشان در صدد انتقال واین جماعت که کافلان
دولت اند و مدبران حضرت نظر بر صلاح حال خویش
دارند نه بر انتظام احوال ولی نعمت لا جرم روی
بنشابور آورد تا منصب قدیم بدست آورد وبکتوزون بر
عزم قصد او واقف شده از رهگذار بلا برخاست
ونشابوررا گذاشته بطرف بیرون رفت وعریضه داشتی
ببخارا فرستاده صورت حال باز نمود وامیر ابو الحارث
منصور از سر سکرت جوانی وغفلت کودکی وعدم تجربه
طایفهٔ فراهم آورده روی بخراسان نهاد تا دست سیف
الدّوله محمود از تصرف آن ولایت کوتاه کرداند وبسبیل
تعجیل روان شده تا بسرخس در هیچ مکان توقف ننمود
هرچند سیف الدّوله محمود می دانست که مخالفان تاب
مقاومت او ندارند لیکن از کفران نعمت اندیشیده
ورعایت جانب امیر ابو الحارث کرده نشابور باز گذاشت

وبمرو الرّود که بمرغاب اشتهار یافته رفت تا سبب سرزنش وبدنای نگردد و بوقتی دیگر از سر جفتی قاطع وعذری روشن در مقابل ایشان آید وطعن حساد وملامت اضداد بدان راه نیابد و اقاصی و ادانی اورا معذور دارند

ذکر غدر فایق وبکتنوزون نسبت بمنصور بن نوح وجلوس عبد الملک بن نوح بجای برادر خویش

بکتنوزون چون بخدمت امیر ابو الحارث منصور بن نوح رسید آنچه متصور او بود از عواطف وعوارف پادشاهانه بظهور نه پیوست ازین جهت رنجیده شکایت پیش فایق برد وفایق باضعان آن از شرارت طبع و خشونت خلق او حکایت کرد وهردو در معایب منصور فصول پرداختند وجمعی را بخلع وعزل او دعوت کرده همه را موافق یافتند وبکتنوزون دعوتی ترتیب کرده ببهانهٔ مهمی که بحضور منصور احتیاج بود اورا بخانه برد وآن شاهزادهٔ بی ھالرا گوفته میل در چشم جهان بینش کشیدند وبرادرش عبد الملک را که در سن طفولیت بود برتخت نشاندند مدت سلطنت منصور یکسال و هفت

ماه بود خاص وعام ووضیع و شریف زبان توبیخ وتشنیع
دراز کردنه وبرین حرکت و جسارت انکار بلیغ نمودند
در اثنای این اوقات خبر رسید که امیر سیف الدّوله
محمود به پل راغول نزول فرمود فایق و بکتوزون بغایت
متوهم شده بجانب مرو رفتند وسیف الدّوله رسولی
فرستاده ایشانرا بر اضاعت حق ولی نعمت وازالت
حشمت وهتك حرمت ملامت بی اندازه کرد فایق
و بکتوزون طریق تبصبص وخدیعت پیش گرفته واز زبان
عبد الملك بن نوح تقبلات کرده بوفور رعایت و مزید
عنایت موعود گردانیدند و بوعدهٔ زیادتی اقطاعات
وحکومت ولایات خواستند که اورا تسکینی دهند وسیف
الدّوله محمود ازروی حمیت اسلام وغیرت دین جایز نمی
داشت که در برابر آن حرکت نا پسند وفعل مذموم عفو
واغماض واقع شود لا جرم از پل راغول نهضت نموده بمرو
آمد تا کیفیت آن قضیه بمشافهت در میان آید وفایق
و بکتوزون از قدوم سلطان متحیر شدند وانواع رعب
وخوف بر ایشان استبلا یافته ازکرده پشیمان گشتند
اما اظهار تجلدی نموده عبد الملك را که ملواح خویش
ساخته بودند از شهر بیرون آوردند ودربرابر لشکر سیف
الدّوله فرود آمدند وچون بیقین دانستند که با پیل

در مصارعت آمدن در اهلاك و اعدام خویش سعی کردنست شفعا انگیخته و رسل فرستاده در باب مصالحت تضرع و زاری آغاز کردند سلطان محمود بنابر حفظ نیکنامی وبعد از موقع ملامت تن به آن در داده فرمود تا بارگاه بیندا‌ختند و طبل رحیل کوفته چون رحل و ثقل او روانه شد اوباش و ارذال آن قوم دست تعدی باذناب حشم دراز کردند و بعضی از اجناس و امتعهٔ اورا در عرصهٔ تاراج آوردند چون سیف الدّوله برین حادثه اطلاع یافت و حرص غالب و طمع کاذب ایشان در نهب و سلب اتباع خویش مشاهده فرمود اندیشه بر انتقام متصور گردانید و چون وجوه و اعیان بر حرکت اوباش و ارذال انکار نکردند سیف الدّوله دانست که رضای ایشان به آن جرأت مقرون بوده آتش خشم او زبانه زده فرمان داد تا فوج از لشکریان به پیرامون آن بی باکان در آمده همه را بقتل آوردند و میمنه و میسره آراسته رو بخصم نهاد و مخالفان بناچار آهنك حرب ساز داده با جامهای ملون و کسوتهای مزین و لباس مباشرت و شعار ملاعبت در برابر صف آرای گشتند اما در کثرت عدد بکمال بودند چه از اطراف خراسان و ما وراء النّهر حشری جمع کرده سوار بسیار و پیاده بی شمار فراهم آورده بودند

HISTOIRE DES SAMANIDES. 85

وبعد از کشش وکوشش فراوان شامت کفران نعمت شامل حال مخالفان شده نسیم فتح وظفر بر پرچم رایت سیف الدّولة محمود در تبسّم آمد واهل عصیان روی در بادیهٔ خسران نهاده عبد الملك وفایق با اتباع خویش متوجه بخارا شدند وبکتوزون بطرن نشابور رفت وابو القاسم سیمجور بجانب قهستان گریخت وکوکب سعد سیف الدّولة بذروهٔ اعتبار ودرجهٔ شرف رسید ملك خراسان را باستقلال متصرف شد وعبد الملك ببخـارا رسیده فایق بضبط امور جمهور مشغول گشت وبکتـوزون نیز بعد از چند گاه از بیم سطوت سیف الـدّولة محـمـود بخارا رفت ولشکرهای پراکنده جمع آورده بار دیگر بخار پنجدار بدماغ ایشان راه یافت وخیال استقـلال وجـدال وقتال واندیشهٔ مناجزت ومبارزت بر مزاج ایشان استیلا پذیرفت ودرین اثنا فایق که طراز حله وروی رزمه وعدهٔ جمله بود دای حق را لبیك اجابت گفت وبدین سبب احوال بقیهٔ ارکان دولت عبد الملك سامانی پریشان وبی سامان گشت ومقارن این حال ایلك خان از کاشغـر متوجه بخارا شد ودر مقدمه رسولی نزد عبد الملك فرستاده به او پیغام داد که عند الشدایـد تــذهـب الاحقاد آگر پیش ازین بوساوس شیاطین انس در ضمایر

خدشهٔ واقع شده ووحشتی حادث گشته بود اکنون غبار آن از حواشی خاطر بالکل ارتفاع یافت وحالا بواسطهٔ دخل بیگانگان در مملکت آل سامان بنابر قرب جوار بر من لازم است که بمدافعت ایشان قیام نمایم ودست تعدی متغلبان از ذیل ممالک محروسه که بحسب ارث واستحقاق بتو می رسد کوتاه کردانم عبد الملک بن نوح واعیان حضرت او کلمات روی اندود ایلک خان را تصدیق کردند وبزخانِ اقوال او مغرور گشتند وبکتوزون ونیالتگین ودیگر قواد وامرا باستقبال او شتافتند وچون در مجلس آن غدّار قرار گرفتند فرمود تا همه ماخوذ ومقید کردانیدند وعبد الملک از استماع این حادثه بی آرام گشته در زاویهٔ مختفی گشت وایلک خان روز سه شنبه دهم ذی قعده سنه تسع وثمانین وثلاثمایه ببخارا در آمد وجاسوسان بگماشت تا عبد الملک را بدست آوردند واورا بند کرده به اوزکند فرستاد وشعلهٔ حیات عبد الملک در آن سر زمین فرو نشست وبعد از گرفتاری او برادرش منتصر روزی چند در اطراف واقطار ما وراء النهر کرّ و فری نمود وچون دولت آن طبقه بنهایت انجامیده بود فایدهٔ بر آن مترتب نگشت

ذكر خروج منتصر ابو ابراهيم اسماعيل بن نوح سامانی وبيان آنچه ميان او وايلك خان ونصر بن ناصر الدّين سبكتكين واقع شد

چون ايلك خان بر بخارا مستولى شد ابو الحارث منصور مكحول وابو ابراهيم كه ازوی بمنتصر تعبير خواهد رفت وابو يعقوب فرزندان نوح را با اتمام ايشان ابو زكريا وابو صالح وبقايای آل سامان بدست آورد وهريك را جدا جدا در محبسی باز داشت تا بجمعيت حيلتی نسازند واز موافقت طالع منتصر چادر كنيزكی كه بتعهد او قيام مى نمود در سركشيده از محبس بيرون رفت ودر خانهٔ پيره زنى از عجايز بخارا متوارى شد تا سورت طلب او تسكين يافت وطالبانش لباس ياس پوشيده طمع ازو ببريدند وانگاه در زى فيوج بخوارزم رفت ودر صدد انتقام ايلك خان آمده بقيت اوليای دولت آل سامان روى بدو نهادند وحشمى تمام فراهم آورده ارسلان بالو كه حاجب او بود بجانب بخارا تاختنى كرد وجعفر تگين را با هفده كس از معارف امرا اسير گرفت

وبجرجانیه فرستاد ودیگران جان بیرون برده پیش ایلك
خان رفتند وارسلان تا حدود سمرقند بر اثر ایشان
رفته چون بقنطرهٔ كوهك رسید تگین خان كه از قبل
ایلك شحنهٔ سمرقند بود با جمعی كثیر سر راه بسر وی
بگرفت وارسلان روی از مقابلهٔ ایشان بر نتافت ودر
مقام محاربه ومضاربه بایستاد تگین خان را شکسته غنیمتی
فراوان گرفت ومنتصر ببخارا آمده اهالی آن دیار بقدوم
او شادمانیها نمودند وایلك خان چون ازین واقعه آگاهی
یافت لشکری جمع آورده متوجه منتصر گشت وارسلان
بالو بموکب منتصر پیوست وبعد از تقدیم مشورت از
آب عبور نموده بآمل شط نزول کردند وپس از تحصیل
اموال آن دیار از راه بیابان روی به آبیورد نهادند واز
آنجا متوجه نشابور شدند ومیان منتصر وامیر نصر
ناصر الدّین در ظاهر نشابور محاربهٔ واقع شد وچون
جمشید خورشید در تتق آل عباس محتجب گشت امیر
نصر روی بمرو آورد واز آنجا بهرات رفت وچون این خبر
بسلطان محمود رسید بر فور کوچ کرده بجانب نشابور
نهضت فرمود وچون منتصر از اقبال رایات نصرت آیات
او خبر یافت عنان عزیمت بجانب اسفراین تافت
وخواست که به استخراج اموال آن ولایت اسباب

ملازمان مرتب سازد میسر نشد وقصد ولایت شمس المعالی قابوس بن وشمگیر کرد قابوس خدمات پسندیده بجای آورده از جمله ده سر اسپ تازی بود بازین وسر افسار زرین وسی سر با زین سیمین وسی سر با جلهای ابریشم وبیست سر استر بازین زر وسی شتر بار از فرشهای فاخر وامتعهٔ نادر وهزار هزار درم وسی هزار دینار وپنجاه ثوب ملون منضم بادیگر اسباب وادوات پادشاهانه واز برای ملازمان او دیگر اموال فرستاد وبا او گفت مصلحت آنست که بری روی تا من پسران خویش دارا ومنوچهررا در ظل رایت تو بغرستم چه تخت آن مملکت از وجود پادشاهی سایس عاطل است وکار آن نواحی متزلزل وآن ملک بملک قاهر وحاکمی غالب محتاج بدان طرف قدم رنجه باید کردن وآن ولایت را بحوزهٔ تصرف آوردن ودر منصب امارت متمکن نشستن وبتدریج لشکری ترتیب دادن وطریق معاودت خراسان وطلب خانهٔ موروث پیش نهاد خاطر ساختی منتصر این اشارت قبول کرده از جرجان نهضت نمود وبعد از قطع منازل ظاهر ری را لشکرگاه ساخت وسپاهی که در شهر مقیم بودند بیرون آمده در برابر معسکر وی خیمها زدند و بابو القاسم سیمجور وارسلان حاجب وسایر امرا کسان فرستاده ایشان را بتسلیم نقد

ووعدهٔ نسیه بفریفتند تا بجموع ایشان باتفاق معروض منتصر کردانیدند که جلالت قدر ونباهت ذکر توزیاده از آنست که خویشتن را در معرض جماعتی آری که طاعت ترا مکر بسته اند وبخدمت لوای تو استسعد جسته ومرتبهٔ تو از آن برترست که به این ویرانه سر فرود آری

بیت   عرش است نشیمن تو شرمت نآید

كانّى ومقیم خطهٔ خاك شوی

قابوس می خواهد که مار بدست اعوان وانصار تو گیرد اگر کاری از پیش رود فایده بدو بازگردد واگر عیاذا بالله چشم زخمی رسد آن عار بر جبین دولت باقی ماند چندان ازین نمط سخنان گفتند که منتصر قول ایشان مقبول داشت وازری کوچ کرده براه دامغان روانه شد ودارا ومنوچهر ازوی مفارقت کرده بجرجان رفتند ومنتصر بحدود نشابور رسید امیر نصر نشابور را گذاشته بطرف بوزجان شتافت ودر شوال سنه احدی وتسعین وثلثمایه بار دیگر منتصر بر نشابور استیلا یافته عمال را بر سر اعمال فرستاد ومطالبت اموال آغاز نهاد امیر نصر از برادر استمداد نموده سیف الدّوله والی هرات التونتاش حاجب بمعاونت او فرستاد وامیر نصر بمدد برادر مستظهر شده روی بنشابور نهاد ومنتصر ابو القاسم سیمجور وارسلان

بالورا با جمهور سپاه بمدافعت نصر ناصر الدّين نامزد
فرمود وسپاه منتصر بعد از كوشش بسيار انهزام يافته
امير نصر به نشابور در آمد خلايق شادمانيها نموده
شهررا آذين بستند زيراكه در آن ولا منتصر مردم را
بمواخذه ومصادره رنجه می داشت ومنتصر متوجه ابيورد
شده امير نصر از عقب او روانه گشت منتصر از بيم صولت
نصر ناصر الدّين گريخته بنواحی جرجان افتاد قابوس بن
وشمگير دو هزار مرد از انجاد آكراد روانه كرد تا اورا از
نواحی مملكت براندند منتصر متحير مانده دانست كه
بر در ری درای خود خطا كرده است ومضمون تركت
الرای بالرای بوضوح پيوست وچون ارسلان بالو بخدلان
رای منتصر مهمات ملكی می پرداخت ودر فيصل قضايا
با اواز سر شطط وجدل سخن می راند وروز بروز كينهٔ
وی در دل منتصر راسختر می شد در آن آوان بسمع او
رسانيدند كه ارسلان بالو بنابر حسدی كه از ابو القاسم
در خاطر داشت در معركهٔ نصر ناصر الدّين اهال ورزيده
واين معنی سبب زيادت كدورت شده منتصر ارسلان را
بقتل آورد وازين فعل ساير سپاه آشفته گشته زبان
سرزنش وانكار دراز كردند وابو القاسم سيمجور بحسن
گفتار آبی بر آتش زده فهٔ را تسكين داد وبر عزم جانب

سرخس اتفاق كردند تا بمدد زعيم آن بقعه كه به پسر فقيه مشهور بود مستظهر شوند چه او پيوسته تعصب جانب منتصر مى ورزيد وبخدمات پسنديده بـه او تقرب مى نمود چون بسرخس رسيدند پسر فقيه كما يجب وينبغى بمراسم خدمتكارى وجان سپارى قيام نمود درين اثنا نصر بن ناصر الدّين با لشكرى شيرصفت پلنك آئين روى بسرخس نهاد ومنتصر با خواص وملازمان باستقبال او شتافت وبعد از قتالى شديد نسيم فتح ونصـرت بر پرچم رايت امير نصر وزبيده ابو القاسم سيجـور وچند امير ديگررا گرفته پيش او آوردند وهمه ايشان را بموجب فرموده در لباس خسار وعار بغزنين بردند وامير نصر در كنف عز واقبال روى بمستقر جلال خود نهاد ومنتصر بعد از انهزام در بيابانها سرگردان شده راه مى پيمود تا بميان تركمانان غز افتاد وايشان پيوسته دم از هوا خواهى آل سامان زدندى وبدولت خواهى آن طايفه مباهات ومفاخرت نمودندى لا جرم قدوم اورا موهبت عظمى دانسته در متابعت ومطاوعت كمر اخلاص بر ميان جان بستند منتصر چون بمعاونت حشم غز مستظهر شد طمع در ولايت ما وراء النهر كرده متوجه آن صوب گشت ايلك خان بر نهضت او اطلاع يافته وسپاهى انبوه

فراهم آورده بحدود سمرقند آمد غزان شبیخون بر سر ایلك خان بردند وطایفهٔ از معارف لشكر او اسیر گرفته جمعی را بقتل آوردند واز قبنیول ایلك خان مال فراوان وغنیمت بی پایان بدست غزان افتاد وكان ذلك فی شوال سنه ثلاث وتسعین وثلثمایه وغزان بمنازل خود معاودت نموده اسیران بملازمان منتصر ندادند ودر افواه افتاد كه ایشان از بجادله ومقاتلهٔ ایلك خان پشیمان شده در عذر می كوبند وباطلاق اسیران بدو تقرب خواهند جست. ومنتصر ازین قضیه مستشعر شد وهفت صد كس از خواص وثقات خویش اختیار كرد واز میان حشم غز بیرون آمده بجناح استعجال بكنار آب رسید وچون جیحون از برودت هوا منجمد شده بود كاه بر روی یخ ریخته از آب بگذشت وحشم غز بعد از آن كه آفتاب بلند شده بود ویخ در ذوبان آمده ناچار باز گشتند منتصر بآمل شط فرود آمده نامهٔ بسلطان محمود نوشت واز حقوق اسلاف واجداد خود یاد داد واز شدت تمادی ایام محنت وتراكم ایام كربت ومقاسات وشدایـد غربت نالش كرد وگفت اگر در ظل عنایتم جای دهی چون سایه ملازم باشم واز خون مضرت تركان غز كوچ كرده بجانب مرو رفت ونزد ابو جعفر خواهر زاده

که درآن آوان درمرو اقامت داشت کسی فرستاده بسلاح وساز استعانتی نمود واین ابو جعفر از جمله ارذال بود در ایام دولت آل سامان بمکنت رسیده واز دنیا بحظی وافر محتظی گشته واز لوازم طبیعت ودناءت هت دست رد بر سینهٔ ملتمس منتصر نهاد بلکه از شهر بیرون آمد ودر مقابلهٔ او صف کشیده بایستاد وغلامان منتصر بیك جمله ملازمان اورا چون حرون تاجی پراکنده ساختند ومنتصر راه ابیورد پیش گرفت وسلطان محمود در قبول پیغام واکرام رسول او آثار کرم ولطف بظهور رسانیده تحفهٔ لایق فرستاد وبابو جعفر خواهر زاده مثال نوشت که در التزام خدمت وتحری مراضی او هیچ دقیقهٔ مهمل نگذارد وخواهر زاده از سر اضطرار بملازمت کمر بسته بتحصیل مرام او قیام نمود وابو نصر حاجب از امرای سلطان محمود در ابیورد بود چون منتصر بدان حدود رسید وظیفهٔ خدمتکاری بتقدیم رسانید واهل نسا منکرآن واقعه شده از اقامت منتصر در آن دیار محترز گشتند وبخوارزم شاه نامهٔ فرستاده مدد خواستند وخوارزم شاه ابو الفضل حاجب را که از مشاهیر جماهیر حضرت بود بمعاونت ایشان فرستاد وابو نصر حاجب در خدمت رایت منتصر باستقبال او رفت ودر آن زمان

HISTOIRE DES SAMANIDES. 95

که شب تاری وهوای تاری قوت باصره را از مشاهدهٔ
اشخاص ومطالعهٔ اجسام معزول کرده بود فریقین دست
بتیغ وتیر بردند وتا تباشیر صبح جنك کرده اکثر مردم
هردو فریق مقتول ومجروح شدند وازآن جمله ابو نصر
وسایر انصار منتصر را کشته یافتند ودیگران آواره شدند
ومنتصر باسفراین افتاده مردم آنجا از خون بممانعت
او کمر بستند ومنتصر ازین صوب عنان بر تافته بسرخس
رسید ودر آنجا چند روزی توقف کرد تا هزیمتیان یدو
ملحق شدند آنگاه از جیحون عبور نموده شحنهٔ بخارا
بجانب او لشکر کشید چون منتصر مهروی نداشت
بمقابله بایستاد واز جانبین کشش بسیار واقع شده
منتصر بجهد وسعی تمام جان از آن ورطه بیرون برد وتا
دربند بورجاسی توقف نمود شحنهٔ بخارا بجانب سغد
رفته بفراهم آوردن لشکری که در آنجا بود مشغول شد
ودرین اثنا ناگاه منتصر شبیخون برده سلك جمعیت
شحنهٔ بخارا به تشتت وتفرق مبدل کشت مقارن این
حال پسر علمدار سپهسالار سمرقند بانتصار منتصر در
حرکت آمده با سه هزار مرد به او پیوست وخواجگان
سمرقند سیصد غلام ترك با مالی وافر بخدمتش فرستادند
وجمعی از حشم غز نیز به او پیوستند وبار دیگر آتش

اقبال منتصر بالا گرفت وچون ایلك خان از انتظام حال منتصر خبر یافت بعزم محاربهٔ او روان شد ودر حدود سمرقند مصاف دادند وخان هزیمت یافت وحشم غز دیگر بار از لشکر ایلك غنایم موفور واموال نا محصور گرفتند واین واقعه در شعبان سنه اربع وتسعین وثلثمایه روی نمود چون ایلك خان بولایت خود رسید لشکرهای پراکنده جمع کرده بار دیگر روی بمنتصر نهاد ودرین حال حشم غز ازو جدا شده بودند وروی باوطان خود نهاده بقسمت غنایم مشغول شده چون نوبت دیگر هر دو فریق صف مقاتله راست کردند ابو الحسن طاق که پنجهزار مرد در ظل رایت او مجتمع بودند با منتصر غدر کرده پیش ایلك رفت ومنتصر باچار راه هزیمت پیش گرفت وایلك خان تیغ انتقام از نیام برکشیده جمعی کثیر از اتباع ولشکریان منتصر بقتل آورد ومنتصر بکنار آب آمده کشتی نیافت درختی چند برهم بسته از جیحون عبور نمود وکلهای اسپ که در آن نواحی یافت بر لشکر خود قسمت کرد واز راه بیابان به پل راغول آمد وسلطان محمودرا از وصول او خبر دادند وسلطان پیش از انتظام کار والتیام حال او از غزنین ببلخ آمد وفریغون بن محمدرا با چهل نفر از اعیان ولشکری بی

پایان بدفع فتنهٔ او نامرد کرد ومنتصر بی محاربه از ایشان روی گردان شده بجانب قهستان رفت ونصر بن ناصر الدّین وارسلان جاذب والی طوس وطغانجق حاکم سرخس از عقب او روان شدند واو از خون آن جماعت روی بکفند نهاد واز آنجا ببسطام آمد وقابوس بن وشمگیر دو هزار سوار فرستاد تا منتصررا از بسطام منزعج کردانیدند واو از بسطام بنسا رفت وپسر سرخک سامانی نامهٔ فرستاده منتصررا بمواعید زور واقاویل غرور بفریفت وباعانت ومساعدت او در مقاومت با ایلك خان وعده داد واو بامید آن وعده بر صوب بخارا رحلت کرد ودر آن یورش جمهور سپاه او از مقاسات سفر بتنك آمده بودند واز ایوار وشبگیر بجان رسیده لاجرم عاری وفائی را ملتزم شده پیش سلیمان وصافی حاجبان ایلك خان رفتند وایشانرا از ضعف حال منتصر خبر دادند وچون اورا خبر شد طایفه از اهل عدوان به پیرامن خیمهٔ اش در آمدند ومنتصر لحظه ممدافعت ایستاده روی بگریز نهاد وبرادران وخواص اورا گرفته به اورکند فرستادند ومنتصر بحلهٔ ابن بهیج اعرابی افتاد وماه روی نائی از قبل سلطان محمود سرور ایشان بود واو آن جماعت را بر تتل منتصر ترغیب نمود وچون شب

در آمد طایفهٔ از اجلاف عرب هجوم کردند وجان عزیز آن شاهزاده را بی مهل را برباد دادند وخون شریف اورا بر خاك ریختند واین حادثه در ربیع الاول سنه خمس وتسعین وثلثمایه روی نمود وچون خبر این مصیبت بسلطان رسید ماه روی سیاه روی را برسوائی هرچه تمامتر بکشت وحلهٔ ابن بهیج را بغارتید وبیکبارگی شعلهٔ آل سامان انطفا پذیرفت وکوکب اقبال وشرف ایشان بدرجهٔ هبوط رسید وکان الله علی کل شیئ مقتدراً

ذکر حال وبیان مآل شمس المعالی قابوس بن وشمگیر

چون در ضمن قضایای آل سامان ذکر قابوس مکرراً رقم زدهٔ کلك بیان گشت وحال آنکه او پادشاهی فاضل کریم النّفس هنر پرور بود مناسب چنان نمود که شمّهٔ از حالات او نیز بعد از ایراد قضایای سامانیه در سلك بیان منتظم گردد ومنه الاعانة والتوفیق در بعضی از تواریخ مسطورست که قابوس ابن وشمگیر هشتده سال در خراسان بماند وبر انقلاب حالات وتصاریف ایام وحوادث زمان مصابرت می نمود ودر آن مدّت شایبهٔ نقصان بعلو همّت او راه نیافت

واز رونق حال وطراوت جاه او چیزی کم نشد وهیچ کس از کبار امرای خراسان ومعارف دولت نماند که محظوظ احسان وممنون امتنان او نشد وکس بزوی سلامی نکرد که باکرای وانعامی محتنظی نگشت لباس شریف وخلعت او خاص وعام بپوشید وکاس عواید وعوارف او وضیع وشریف بنوشید وملوک سامانیه ی خواستند که اورا معاونت نموده بمستقر عزوجلالش برسانند وبسبب نوازل محن وعوارض فتن وعوایق ایام وعلایق روزگار تیر تمنای ایشان بهدف مقصود نمی رسید واو مانند جبل راسخ بر زحمت عواصف وصدمهٔ زلازل تحمل می نمود وچون امیر ناصر الدّین سبکتنگین بخراسان آمد ودست تصرف ابو علی را از آن ولایت کوتاه کرد بملاقات قابوس مسرت وارتیاح ظاهر ساخت وخواست که بنصرت ومعاونت واستخلاص مملکت او قیام نماید ناگاه سفر بلخ روی نمود وشواغل وموانع حایل شد وچون بار دیگر امیر ناصر الدّین جهت دفع ابو القاسم سیمجور بخراسان معاودت نمود با قابوس عهد ملاقات تازه کرده دربارهٔ یکدیگر الطاف بسیار بظهور رسانیدند ودر آن آوان فخر الدّوله دیلمی که والی جرجان بود لشکری فراوان داشت وبه بدر بن حسنویه وجمعی کثیر از حشم کرد

مستنظهر شده بود وامیر ناصر الدّین خواست که بمعاونت شمس المعالی ومقاومت او سپاهی از اتحاد ترک فراهم آورد وچون اندیشه در ضمیر ناصر الدّین استحکام یافت التون تاش حاجب را برسالت نزد ایلك خان فرستاد و ده هزار سوار مدد طلبید وخود ببلخ رفته مترقب ومنترصد جواب می بود اما پیش از عود رسول امیر ناصر الدّین بسرای خلد تحویل نمود وچون فخر الدّوله وفات یافت ابو القاسم سیمجور که در آن آوان بخطهٔ قومس اقامت داشت ایلچی نزد قابوس فرستاده از خلو عرصهٔ ولایت وفوت فخر الدّوله اعلام کرد والتماس نمود که بر فور متوجه گردد تا باتفاق یکدیگر بجرجان روند وحسن فیروزان که در آن نزدیکی با سپاهی عظیم از لشکر کرد و دیلم بدان ولایت بنابر فرمان مخلفهٔ فخر الدّوله سیده نام که متکفل امور سلطنت شده بود آمده در مهام حکومت وضبط مملکت قیام می نمود از آن دیار اخراج نمایند وچون قابوس وابو القاسم بجرجان نزدیك رسیدند ابو القاسم خلف وعده نموده بقهستان رفت چه در آن ولا نشانی از بخارا به او فرستادند که به آن ولایت رفته در رتق وفتق مهام آن دیار اهتمام نماید وشمس المعالی قابوس مراجعت نموده به نشابور

آمد ومنتظر مساعدت ایام وانتهاز فرصت بنشست وچون دانست که دولت آل سامان روی در تزلزل دارد بتدبیر کار خویش مشغول شد واصفهبد شهریار را بدفع رستم مرزبان خال مجد الدّوله بن فخر الدّوله که حاکم کوه شهریار بود فرستاد واصفهبد بموجب فرموده متوجه آن صوب شده با رستم جنك كرد ولشكر اورا منهزم ساخته غنیمت فراوان واموال بی پایان گرفت ودر آن نواحی خطبه بنام قابوس خواند وجمعی از امرای طبرستان نیز آمل را گرفته شعار دولت اورا ظاهر کردانیدند وقابوس باصفهبد نوشت که بآمل رود ومعاونت امرای مذکور قیام نماید واصفهبد بموجب فرموده بدان صوب رفت وچون حسن فیروزان از جمعیت ایشان خبر یافت از جرجان با لشکری جرار روی بآمل نهاد ومیان فریقین محاربهٔ قوی روی نموده حسن با بیست کس از وجوه ومعارن سپاه خویش اسیر ودستگیر گشت واین بشارت بقابوس رسیده دانست که ایام محنت بپایان رسید وروزگار شدت بنهایت انجامید وبا دلی فارغ وسینهٔ منشرح بر صوب جرجان نهضت فرمود ودر شعبان سنه ثمان وثمانین وثلثمایه بر مسند ملك متمكن گشت وبعد از آن میان قابوس ودیالمه که بر سلطنت مجد

الدّوله بن فخر الدّوله اتفاق نموده بودند محاربات واقع
شد و در اکثر اوقات نسیم نصرت و ظفر بر پرچم رایت
قابوس می وزید و عاقبت مجد الدّوله با قابوس صلح کرد
و روز بروز نهال اقبال شمس المعالی بالا می کشید تا مملکت
گیلان را باسرها با ولایت جرجان و طبرستان منضم
گردانید گیلان را به پسر خویش منوچهر داد و شمس
المعالی بتاسیس بنیان محبت و تاکید اسباب مودت سلطان
محمود مشغول شد و رسولان بخدمت او فرستاده بارسال
تحف و هدایا و تنسوقات و تبرکات بدو تقرب جست
تا از جانبین وحشت و بیگانگی بالغت و بیگانگی مبدل
گشت و بجموع بلاد طبرستان و دیلم تا ساحل دریای قلزم
در تحت امر و نهی و حل و عقد او انتظام یافت و شمس
المعالی در ایام حیات خویش از ملوک اطراف و اکابر آفاق
بشرف نفس و مکارم ذات و وفور عقل و محاسن شیم و کمال
فضل و جلال قدر مستثنی بود و بر منهاج حکمت و جادهٔ
شریعت مستقیم و از ارتکاب مناهی و ملاهی منزه و مبرا و
بزیور عدل و انصاف آراسته و در فنون علوم و آداب متبحر
و رسایل او در اطراف و اکناف عالم مشهور و کمال براعت
و بلاغت او در تالیف کلمات معروف و مذکور هر نقطهٔ
از نوک خامهٔ او که بر دیباجهٔ نامه می چکید خالی بود

بر روی فضل وهر گوهر که ذو القرنین قلم از ظلمات دوات بیرون می کشید دری بود در قلادهٔ روزگار صاحب ابن عباد هرگاه که سطری از سطور او دیدی گفتی که هذا خط قابوس امر جناح طاوس و با این همه فضایل نسبت با امرا و لشکریان درشت خوی بود و سیاستی بافراط داشت و از خشونت سطوت و مرارت کاس باس او هیچ کس آمن نبودی بکمتر ذلتی عقوبات عنیف کردی و از اراقت دما و افاتت دما باك نداشتی و تأدیب او جز بتحریك شمشیر قاطع بفیصل نرسیدی و حبس او جز در مطمورهٔ لحد نبودی و بدین سبب دلها از و رمیده و سینها بحقد او آغشته شد و نعیم حاجب او مردی سلیم صدر و بی غایلة بود و از جملهٔ حشم و خدم او بسلامت ذات موصوف و معروف و ضبط اموال استراباد و اعمال آن خطه بدو مفوض حاسدان و بد گویان تهمت گونهٔ به نسبت او کردند قابوس بی تأمل بقتل نعیم فرمان داد و او هرچند آن مقدار زمان مهلت خواست که ابرای ذمت خویش از آن تهمت کند مغید نیفتاد و بدان سبب کشتنی او نفرت لشکر زیاده شد و همگنان دل بر خلع او و استخلاص خویش نهادند و قابوس درین اثنا از جرجان بیرون رفته بود و در بعضی از منزهات

مملکت خویش خیمهٔ اقامت زده واز حوادث دوران
واندیشهای اهل عصیان وطغیان غافل وبیخبر ناگاه
شبی پیرامن قصر او فرو گرفتند ودست یغارت مضارب
ومراکب واسباب سلطنت او دراز کردند وخواص
حضرت او بمدافعت بایستادند وذات اورا از مضرت
عدوان نگاه داشتند وچون امرای عاصی بمقصود خود
فایز نشدند بجرجان رفته شهررا ضبط کردند وامیر
منوچهر بن قابوس را از طبرستان طلب داشتند واو
جهت مصلحت ملکی بر جناح استعجال روان شد وچون
بجرجان رسید لشکری دید آشفته ومهم از دست رفته
طبقات حشم بدو پیغام دادند که اگر در خلع وعزل
پدر خود باما موافقت نمائی هم از رغبت صادق خدمت
ترا کمر بندیم ومطیع باشیم والا با دیگری بیعت کنیم
ومنوچهر جز مدارا ومساهله چاره ندید واندیشید
که اگر ابا نماید مادهٔ فتنه وفساد متزاید گردد
وملک قدیم از دست رود وشمس المعالی چون اجتماع
ایشان بر طغیان وعناد مشاهده کرد با رحل وثقل
وخواص ممالیک وبقیهٔ اسباب ببسطام رفت ومنتظر
خاتمهٔ کار ومآل حال بنشست وچون امرا ولشکریان
ازین معنی خبر یافتند منوچهررا از انزعاج قابوس از آن

ناحیت تکلیف کردند واو از سر ضرورت متوجه بسطام گشت وچون بدانجا رسید قابوس اورا پیش خود طلبید پسر چون بمجلس پدر راه یافت زمین خدمت ببوسید وبتواضع هرچه تمامتر بایستاد واز آن حادثهٔ منکر با یکدیگر حکایت کردند ودر مصالح ملکی هر نوع سخنان گفتند امیر منوچهر با قابوس گفت که اگر رخصت فرمائی در مدافعت این مشتی عاصی سر در بازم وخویشتن‌را وقایهٔ ذات وفدای نفس نفیس تو کردانم شمس المعالی از روی شفقت پدری جواب داد که غایت کار ونهایت حال من اینست ورتق وفتق امور ملک بر تو مقرر است واین مهم در حال حیات وبعد از وفات من متعلق بتست آنگاه خاتم ملک بدو سپرد ومقالید خزاین بدو تسلیم نمود ومقرر شد که شمس المعالی در قلعهٔ جناشک رود وبعبادت قیام نماید وشمس المعالی در عماری بقلعه تحویل کرد وجمعی از خواص خدم که بترتیب مصالح او قیام می نمودند همراه رفتند آورده اند که یکی از امرای عاصی همراه قابوس بقلعه می رفت تا اورا بمقصد رسانیده باز گردد قابوس ازو پرسید که سبب این فتنه چه بود جواب داد که چون تو قتلی بافراط می کردی من وپنج کس دیگر از اعیان با هم

اتفاق كرديم وترا از مرتبهٔ سلطنت افكنده ديگرى بر
تخت بنشانديم واين محنت ترا بواسطهٔ كثرت اراقت
دم پيش آمد قابوس گفت اين سخن غلطست چه اين
بليت بواسطهٔ قلت خون ريختى روى نمود مصدق اين
مقال آنكه اگر ترا وآن پنج كس ديگرى مى كشتم هرگز
بهٔين روز گرفتار نمى گشتم فى الجمله چون منوچهر
بجرجان رسيد بسد خلل وتدارك زلل مشغول گشت
وبا طايفهٔ عصات بر سبيل مدارا وتطميع زندگانى مى كرد
ودر مزاعات شريف ووضيع بهيچ وجه اهمال را مجال نمى
داد اما عاصيان بنابر سابقهٔ زلت از سطوت قابوس نمى
خفتند وبگرد حيله ومكر برآمده طايفهٔ بقلعه در
رفتند وخاطر از مهم او فارغ ساختند واز صواعق
سيف وسنان او باز رستند واورا در قبهٔ كه بظاهر
جرجان بود دفن كردند وتا غايت آن گنبد بگنبد
قابوس در السنه وافواه داير وسايرست ومنوچهر بر
عادت ديم مدت سه روز بماتم اشتغال نموده بعد از آن
پرتو التفات بر احوال سپاهى ورعيت افكند

HISTOIRE DES SAMANIDES.

ذكر حكومت منوچهر بن شمس المعالى قابوس بن وشمگير

امير المومنين القادر بالله عباسى منشور حكومت طبرستان وساير بلادى را كه قابوس متصرف بود باسم منوچهر نوشته اورا فلك المعالى لقب داد وبارى سبحانه وتعالى در بارهٔ منوچهر عنايت ارزانى داشت تا بحبل ولا ومحبت سيف الدّوله محمود اعتصام نمود وبمتابعت ومشايعت دولت او استظهار جست وثلمهٔ حادثهٔ پدر بقوّت اشفاق واشبال آن خسرو غازى مسدود كردانيد وجمعى از معارف خويش را با رغايب ونفايس بى پايان ببارگاه سلطنت فرستاد واز صدق نيت وصفاى طويت در مطاوعت حضرت سلطانى اعلام داد وسلطان آن رسايل ودرابع را بنظر قبول ملاحظه فرمود ومساعى ومراضى اورا بايجاب مقرون داشت وعيار موالات خدمتش برمحك امتحان زده ابو محمد بن مهران را بسفارت جرجان فرستاد وپيغام داد كه اگر امير منوچهر در اخلاص ومحبت ما صادقست بايد كه سكه وخطبه بالقاب هايون ما مطرز ومزين گرداند وامير منوچهر فرمان

سلطان‌را بگوش هوش شنیده بر منابر ممالک جرجان و طبرستان و قومس و دامغان و غیر ذلک شعار دولت سلطان ظاهر گردانید و مقرر کرد که هر سال پنجاه هزار دینار سرخ بخزانهٔ عامره رساند و چون آثار مساعی جمیلهٔ او در حضرت سلطان بموقع اجابت رسید یکی از فضلای مملکت خودرا بغزنین فرستاده کریمهٔ از کرایم سلطان که حجله نشین تتق عصمت بود خطبه نمود و سلطان محمود سر رضا جنبانیده آن یگانهٔ آفاق مسرور و خوشدل بجرجان معاودت نمود و از انعام و اکرام سلطان آنچه دیده بود معروض داشت فلک المعالی بار دیگر اورا با قاضی جرجان که یگانهٔ آفاق و علامهٔ عصر بود جهت اتمام امر مواصلت بخدمت سلطان روانه کرد و تنسوقات لایق محبوب ایشان گردانید و سلطان جگر گوشهٔ خودرا که زهرهٔ آسمان سلطنت بود در سلک ازدواج فلک المعالی کشیده رسولان او مقضی المرام بجرجان بازگشتند و فلک المعالی طایفهٔ از خواص و معتمدان خودرا با اسباب و تجمل فراوان ارسال نمود تا درّ صدف عصمت‌را بعد از چند روز بجشمتی که دیدهٔ گردون پیر مثل آن ندیده بود باستراباد رسانیدند و چون کار فلک المعالی بمظاهرت آن مصاهرت و وسیلت

HISTOIRE DES SAMANIDES.

آن مواصلت قوام گرفت بتدبیر انتظام احوال لشکر
و انتقام جمعی که در خون پدرش شمس المعالی سعی کرده
بودند اشتغال نمود و بلطایف الحیل همه را از میان بر داشت
و سلطنتی بکام دل ی راند تا آن زمان که وعدهٔ حق
عز و علا در رسید

ذکر دارای بن شمس المعالی بن وشمگیر

دارا بعد از آنکه از مصاحبت ابو علی سیمجور اجتناب
نمود بموکب ملک نوح پیوست و ملازم خدمت
و مساهم نعمت او بود و چون قابوس بر مسند
حکمت تمکن یافت او بملازمت پدر شتافت و دارا بنظر
اشفاق و اشبال منظور و ملحوظ بود تا قابوس اورا بطبرستان
فرستاد و در آنجا مدتی بدارائی رعیت و جواب منازعان
مملکت قیام نمود و عاقبت قابوس اورا بنابر امری نالایق
که نسبت به او کردند طلب داشت و دارا بخدمت
پدر رسیده براءت ساحت خویش روشن گردانید
و قابوس بسر رضا آمده انواع عطوفت و نوازش بتقدیم
رسانید و بعد از چند روز اورا باز پیش خود خواند
و دارا توجه نموده در راه پشیمان گشت و متوجه

خراسان شده بخدمت سلطان محمود پیوست وبانواع الطاف واعطاف واصناف تعظیم وتبجیل وما بعد من هذا القبیل سرافراز گشت اما بنابر غرور جوانی وخفت ذات امری چند ازوی صادر شد که سلطان اورا از نظر عاطفت ومرحمت بینداخت واو از بیم تغییر مزاج سلطان مستشعر گشته در جون لیل راه گرجستان پیش گرفت چه میان او وشارشاه حاکم آن ولایت قاعدهٔ محبت ومودت موکد ومشید بود سلطان از فرار دارا خبر یافته جمعی را بتکامیشی او فرستاد وایشان بگرد مرکبش نرسیده بازگشتند وسلطان پیش شار فرستاده در استرجاع او وعد ووعید بتقدیم رسانید وشار از بیم سلطان دارا بخدمت فرستاد واو چندگاه بشدت ومحنت روزگار گذرانید ویکنوبت دیگر فرصت یافته از حبس بگریخت وطایفهٔ از عقبش رفته اورا بگرفتند واین نوبت در موضعی حصین‌تر اورا محبوس ساختند تا وحشت سلطان بزوال رسید وبروی ترحم نموده باطلاق وی مثال داد واو بار دیگر مشمول نظر عنایت واحسان سلطان گشته فرمان واجب الاذعان نفاذ یافت که ارسلان جاذب بمعاونت دارا متوجه طبرستان شده وآن مملکت را از منوچهر انتزاع نموده به

او سپارد ودرین اثنا بساط مصادقت ومواصلت میان سلطان ومنوچهر مهد گشت چنانچه مسطور شد وسلطان دارارا بازخواند و او بر حسب فرمان مراجعت کرده در زمرهٔ خواص وندما ومقربان سلطان منتظم گشت ودر مجالس انس وتماشای شکار واوقات خلوات وهنگام عشرت وطرب لحظهٔ از پیش چشم سلطان غایب نمی شد تا آن وقت که امیر ابو الفوارس بن عضد الدّوله بنابر مخاصمت برادر بامید امداد از کرمان بپایهٔ سریر سلطان رسید روزی که ابو الفوارس و دارا در خدمت آن حضرت مجتمع بودند و در باب شرف خاندان وتقدم دودمان سخنی می رفت دارا کلمهٔ چند که لایق حرمت وحشمت بساط سلطنت نبود برزبان آورد هر چند در آن باب بروی انکار کردند اصرار نمود تا مهم بجائی رسید که آن کاهل العقل را باهانت تمام از مجلس بیرون بردند وروز دیگر بموجب فرموده بقلعهٔ از قلاع اورا محبوس ساختند وضیاع وعقار اورا گماشتگان دیوان سلطان ضبط نمودند تا وزیر شفاعت کرده متملکات دارارا بوکلای او سپردند تا در مصالح او صرف می نمودند

تمّ

TRADUCTION FRANÇAISE.

MENTION DES ROIS SAMANIDES, ET RÉCIT DE LEUR PUISSANCE ET DE LEUR GOUVERNEMENT.

On dit, au sujet de la généalogie de Saman, que celui-ci était au nombre des descendants de Behram-Tchobin. Le commencement de la puissance de la dynastie samanide eut lieu pendant le khalifat de Mamoun. Voici le détail de cette exposition sommaire : lorsque le khalife Mamoun, à l'époque où il était à Merve, donna le gouvernement du Khoraçan et du Mavérannahr à Ghassan-ben-Abbad, cousin germain de Fadhl, fils de Sahl [1], il recommanda au nouveau gouverneur les enfants d'Açad, fils de Saman, qui étaient alors occupés au service du khalife. Dans cette occasion, Mamoun dit à Ghassan : « Ces hommes sont doués d'une origine illustre; confie-leur des emplois distingués. » Ghassan fit Nouh, fils d'Açad, vali de Samarcand; envoya Ahmed, fils d'Açad, gouverner Ferghanah; donna Chach et Osrouchnah à Iahia, et confia à Élias les rênes de l'autorité à Hérat [2]. Après que Mamoun eut destitué Ghassan et donné le gouvernement du Khoraçan à Thahir-Dou'l-Iémeïn (l'ambidextre), celui-ci laissa les enfants de Saman dans leur poste. Lorsque Thahir mourut et que son rang passa à son fils Thalhah, Mamoun envoya Ahmed, fils d'Abou-Khalid, le vizir, dans le Khoraçan et le Mavérannahr, afin qu'il s'efforçât d'administrer ces contrées et d'y régler l'ensemencement et la culture des terres, et qu'il s'informât aussi de l'état du gouvernement de Thalhah. Tous les fils d'Açad allèrent rendre leurs hommages à Ahmed, fils d'Abou-Khalid, et attirèrent sur eux ses regards bienveillants. Comme les ennemis avaient enlevé Ferghanah à Ahmed, fils d'Açad, Ahmed, fils d'Abou-Khalid, ayant conduit une armée vers cette localité, chassa de Ferghanah les adversaires de la religion. Il fit Ahmed, fils d'Açad, vali de cette contrée, comme auparavant, et s'en retourna.

Après la mort de Nouh, fils d'Açad, Thalhah, fils de Thahir, confia le gouvernement de Samarcande à ses frères Iahia et Ahmed. Celui-ci était très-chaste, miséricordieux, juste et bienfaisant. Il eut sept fils : Nasr, Iacoub, Iahia, Açad, Ismaïl, Ishac et Hamid [3]. Au bout de quelque temps, Ahmed, avec l'autorisation de Thalhah, accorda le gouvernement de Samarcand à son fils Nasr. En somme, pendant longtemps et durant la puissance des Thahirides, le gouvernement du Mavérannahr fut confié aux enfants d'Açad, fils de Saman, en qualité de lieutenants de ces princes. Lorsque Iacoub, fils de Leïs, se révolta, et que les Thahirides furent affaiblis, dans le courant de l'année 261 (874-5 de J. C.) [4], le khalife Mo'tamid envoya à Nasr, fils d'Ahmed, le diplôme de gouverneur du Mavérannahr. Nasr, ayant fixé sa résidence à Samarcand [5], fit partir pour Bokhara son frère Ismaïl, en qualité de son lieutenant. Sur ces entrefaites, les bases de l'amitié furent affermies et consolidées entre Rafi ben Harthemah [6], qui s'était rendu puissant dans le Khoraçan, et Ismaïl, fils d'Ahmed [7]; et tous deux s'envoyaient réciproquement des lettres. Ismaïl demanda à Rafi de lui donner le Kharezm. Rafi agréa la demande d'Ismaïl, et renonça à cette province. Plusieurs hommes vils (que mille malédictions de Dieu pèsent sur eux!), ayant trouvé une occasion favorable, dirent à Nasr : «Le motif de l'amitié d'Ismaïl avec Rafi ben Harthemah, est qu'il veut te chasser du Mavérannahr par le secours de celui-ci.» Nasr, ayant conçu de la haine contre Ismaïl, s'occupa des préparatifs d'une expédition contre Bokhara [8]. Ismaïl en eut connaissance, et envoya Hamouieh, fils d'Açad, fils d'Ali, dans le Khoraçan, afin qu'il demandât du secours à Rafi. Lorsque Hamouieh fut arrivé au terme de son ambassade, Rafi se dirigea en personne vers le Mavérannahr. Quand il eut passé P. 4. le fleuve Oxus [9], Hamouieh conçut quelques craintes et se dit : «Rafi, avec cette armée qui l'accompagne, pourra réduire sous sa puissance la totalité du Mavérannahr. Il est à présumer que, tandis qu'il repoussera Nasr, il s'emparera d'Ismaïl : et, de la manière dont il lui donnera la principauté, il faudra désormais qu'Ismaïl lui soit soumis; et ce sera une grande honte.» Hamouieh ayant consacré sa prudence à prévenir cet événement fâcheux, dit à Rafi : «O émir, ce qui convient, est que tu fasses des efforts afin que la paix soit conclue entre les frères; car, si tu persistes à combattre, il est possible que les deux frères fassent ensemble un accord, et que tu éprouves un sujet d'affliction sur la terre étrangère. » Le conseil d'Hamouieh se trouvant conforme aux dispositions de Rafi, celui-ci envoya des députés auprès de Nasr et d'Ismaïl, et leur fit dire : « L'avantage de chacun se trouve dans la paix. » Il montra tant d'insistance à ce sujet, que les deux frères conclurent un accommodement ; et Rafi retourna dans le Khoraçan. Hamouieh ayant raconté à Ismaïl ses réflexions et sa ruse, Ismaïl daigna louer sa conduite, et l'éleva à un rang illustre. Le tapis de l'amitié et de l'affection fut étendu pendant quelque temps entre Nasr et Ismaïl, jusqu'à ce qu'il fût reployé par suite des efforts des méchants. La haine parvint à un tel point que Nasr, ayant réuni une armée, se dirigea vers Bokhara [10]. Ismaïl s'occupa, de son côté, à équiper des troupes, et marcha au devant de son frère. Il obtint la victoire, et l'on amena devant lui Nasr prisonnier. Ismaïl fit asseoir son frère sur le trône, lui baisa la main, et s'acquitta avec tant de soin des devoirs du respect et de la considération, que Nasr pensa qu'Ismaïl voulait se railler. Alors Ismaïl renvoya à Samarcand, avec la plus grande pompe, son frère, accompagné de ses serviteurs. Au moment des adieux, il lui dit : « Je m'occuperai, à Bokhara, en qualité de ton lieutenant, des soins du gouvernement. »

Les chroniqueurs rapportent qu'Ismaïl était un

prince bon et d'un caractère généreux. Les savants et les hommes distingués furent honorés et considérés sous son règne. Ibn Athir [11] dit que, grâce à cette belle conduite, la souveraineté resta dans la famille d'Ismaïl pendant de longues années. Lorsque Nasr mourut, dans l'année 279 (892-3 de J. C.), toutes les contrées du Mavérannahr entrèrent sous la puissance des préposés d'Ismaïl, et celui-ci s'occupa des affaires de l'empire avec une indépendance absolue. Le premier des descendants de Saman que les chroniqueurs aient mis au rang des rois est Ismaïl; car, avant lui, les enfants de Saman exerçaient l'autorité dans le Mavérannahr, les uns en qualité de lieutenants des Thahirides, les autres en vertu d'un diplôme des khalifes, et ne jouissaient point d'une grande indépendance.

RÉCIT DU RÈGNE D'ISMAÏL, FILS D'AHMED, LE SAMANIDE.

Après la mort de son frère, en l'année 280 (893-4 de J. C.), Ismaïl conduisit une armée dans le Turkistan, fit prisonniers le père et la femme du monarque de cette contrée, avec dix mille personnes, et les ramena à Samarcand. Un butin si considérable tomba entre les mains des soldats d'Ismaïl, que, au moment du partage, mille dirhems échurent à chaque cavalier. Quant aux chevaux, aux moutons et aux chameaux, ils étaient innombrables [12]. Ensuite Ismaïl, ayant traversé le Djeïhoun, fit prisonnier Amr, fils de Leïs, ainsi que cela a été écrit dans l'histoire des Soffarides [13].

Il est rapporté dans le *Tarikhi Guzideh* que, après la prise d'Amr, fils de Leïs, Ismaïl, ayant envoyé un chambellan auprès de ce prince, lui fit dire: « Si Dieu le veut, je te délivrerai de la colère du khalife. » Amr répondit, après avoir béni le nom d'Ismaïl : « Je sais qu'il n'y a point de moyen de me délivrer du khalife, et qu'Ismaïl, *en parlant ainsi*, dit ce qui est commandé par l'humanité. » Après cela, Amr, ayant donné un bracelet au chambellan, lui dit : « Porte mes hommages à l'émir et répète-lui ces paroles *de ma part :* « J'apprends que tes soldats ont grand besoin d'argent. Le détail de mes trésors et de ceux de mon frère est consigné dans cet écrit. Il vaut mieux que ces richesses parviennent à tes serviteurs, et servent à leur pompe ainsi qu'à leur bien-être. Ce que j'ose espérer de la générosité innée de l'émir, est que ses actions seront d'accord avec ses discours; qu'il s'abstiendra de verser mon sang, et m'enverra auprès du khalife. » Le *hadjib* (chambellan) revint joyeux et riant, dans la pensée qu'il apportait un présent à l'émir Ismaïl; et exposa à ce prince qu'Amr-ben-Leïs avait dit telles et telles choses. L'émir Ismaïl, dans sa colère, lui dit en élevant la voix : « Va, rends-lui cet écrit et répète-lui ces paroles : Ismaïl dit : « D'où vous viennent ces trésors, à toi et à ton frère? Il est connu de tout l'univers que vous êtes les enfants d'un ouvrier en airain. Pendant deux ou trois jours, une félicité qui, en réalité, était l'essence même de l'infortune, vous ayant prêté assistance, vous avez obtenu une autorité indépendante dans le monde, et vous vous êtes procuré des richesses par l'oppression et l'injustice. L'origine injuste de ces trésors, qui pèse sur votre cou, vous voulez qu'elle soit attachée à moi; mais, je ne suis pas homme à me laisser séduire et tromper par vos paroles. Il n'a point été répandu de sang entre moi et toi, pour que je m'empresse de te tuer. » L'auteur de ces lignes dit ce qui suit : « Le récit d'Hamd-allah Mestoufi, auteur du *Tarikhi Guzideh*, n'est point dépourvu de faiblesse, car, lorsqu'il a rapporté qu'Amr répondit au chambellan : «Il n'y a point de moyen de me délivrer du khalife, » comment admettre qu'Amr ait demandé à Ismaïl de l'envoyer à la cour du khalife? La preuve que la version suivante est bien préférable, c'est que le khodjah Nizam el-Mulc Thousi, dont l'époque est rapprochée des temps de la dynastie des Samanides, l'a rapportée en ces termes, dans ses *Véçaia* (préceptes testamentaires) : «Lorsque l'émir Ismaïl Samani fut en présence de l'émir Amr-ben-Leïs, dans les environs de Balkh, et qu'il se fut emparé d'Amr, ainsi que cela est connu, il s'occupa de rechercher les trésors qui appartenaient à celui-ci. Quoiqu'il se livrât à de minutieuses investigations, il ne parvint pas même à connaître les vestiges de ces richesses, et on ne sut point qu'aucun soldat de l'armée en eût eu connaissance. Ismaïl ordonna de demander l'explication de cela à Amr, qui répondit :

P. 8.

« Il y avait, parmi mes proches, un homme, nommé
« Sam, qui avait soin de mes trésors. Il est possible
« qu'il les ait emportés à Hérat. »

« Lorsqu'au bout de quelques jours, l'émir Ismaïl arriva à Hérat, les habitants de cette ville implorèrent une capitulation. Ismaïl la leur accorda, et chercha à apprendre ce qui concernait Sam et le trésor d'Amr. Personne ne put l'en informer. Les hommes connus et les habitants de la ville se justifièrent sur ce point par des serments, des pactes et par tous les genres d'enquête et de vérification. Comme on ne trouvait point ces richesses, et que les troupes, depuis le commencement de l'expédition, n'avaient été réjouies par aucun butin, une détresse complète les gagna. Elles ne reçurent aucun secours des habitants de Hérat. Les grands de l'empire de l'émir Ismaïl se dirent les uns aux autres : « Ce qui approche le plus de ce qu'il con-
« vient de faire, est de mettre une imposition sur les
« habitants de la ville. » Ils représentèrent à l'émir Ismaïl qu'il y avait, sans contestation, cent mille hommes à Hérat et dans les environs de cette ville; que si chacun l'assistait de deux miscals d'or, cela ferait deux cent mille miscals; et que si on l'assistait seulement d'un miscal, cela produirait cent mille miscals, et qu'avec cette somme on pourrait améliorer la situation de l'armée. L'émir Ismaïl répondit : « J'ai donné une capitulation à tant de mil-
« liers d'hommes, vrais croyants, unitaires et musul-
« mans, et je l'ai confirmée par un pacte et des

P. 9.

« serments. On ne pourrait justifier, en aucune ma-
« nière, le contraire de ces actes. » Il partit de Hérat
en toute hâte, afin que l'on ne proférât point de
nouveau cette parole, et que Satan ne suggérât
point une action qui fût la cause d'un trouble et de
la rupture du pacte. Lorsqu'ils furent descendus à
une station de la ville, les principaux de l'état et
tous les autres ayant recommencé à tenir les mêmes
discours devant l'émir Ismaïl, lui dirent : « Il paraît
« contraire au bien du royaume de sortir ainsi, sans
« faire de préparatifs, d'une province où il n'est pas
« certain que notre puissance s'affermisse par la
« suite.(14) » L'émir Ismaïl donna la même réponse
qu'auparavant et ajouta : « Le même Dieu qui a fait
« courir devant moi le cheval d'Amr, avec le fouet
« du destin, et a rendu ce prince mon prisonnier,
« est assez puissant pour préparer les munitions de
« mon armée, sans l'injuste pillage d'une troupe
« d'hommes qui ont reçu leur pardon. » Ces individus
se retirèrent, frustrés dans leurs espérances. Au
même instant, une jeune fille, qui appartenait à
l'émir Ismaïl, ayant retiré de son cou un collier in-
crusté de rubis, l'avait placé au-dessus de sa robe,
et était entrée dans le lieu de la purification. Un milan descendit du haut des airs, s'imaginant que ce
collier était un morceau de viande, et l'enleva dans
ses serres. Les personnes voisines de cet endroit,
étant montées à cheval, coururent à la poursuite du
milan. Lorsque celui-ci voulut s'abattre sur la terre,
les cavaliers arrivèrent de tous côtés. Le milan

P. 10.

laissa tomber le collier de ses serres. Par hasard, il se trouvait au-dessus d'une fosse, et le bijou tomba dans cette fosse. On apporta des cordes et l'on fit descendre quelqu'un dans ce trou. Il y avait un chemin qui conduisait de la première citerne dans une autre, où l'on voyait des boîtes. Cette personne s'avança auprès de ces boîtes : c'était le trésor même d'Amr, fils de Leïs, que Sam, son parent et son trésorier, après s'être enfui de Balkh, avait apporté jusqu'aux confins d'Hérat, par un chemin non fréquenté, à travers les plaines et les montagnes, et qu'il avait caché dans ce lieu. En somme, on découvrit le quadruple de ce que l'on croyait être contenu dans le trésor d'Amr, fils de Leïs, et de ce que l'on voulait prendre aux habitants de Hérat. Le khodjah Nizam el-Mulc Thousi, après avoir rapporté cette histoire, ajoute les paroles suivantes : « Le but de ce récit est de montrer que l'observation rigide des pactes et des conventions procure de nombreux avantages et des récompenses infinies. »

P. 11. On dit qu'après l'envoi d'Amr, fils de Leïs, à Bagdad, le khalife Mo'tadhed envoya pour l'émir Ismaïl des khilats [15] d'un grand prix, des rescrits et des diplômes; qu'il lui confia le gouvernement du Seïstan, du Khoraçan, du Mazendéran, de Reï et d'Ispahan; qu'Ismaïl revêtait un à un les khilats du khalife, et, qu'après en avoir revêtu un, il s'acquittait d'une prière de deux *ricats* [16]. Lorsqu'il eut revêtu les khilats, il baisa les diplômes du khalife [17], s'acquitta du respect qu'il leur devait, et donna au porteur des khilats et des ordres cent mille dirhems. Sur ces entrefaites, la nouvelle de la marche de Mohammed, fils de Zeïd, l'Alide, prince du Thabaristan [18], parvint aux oreilles de l'émir Ismaïl. Celui-ci, lui ayant envoyé un député, lui fit des représentations; mais ce fut vainement. L'émir Ismaïl fit partir Mohammed, fils de Haroun, pour le combattre. Mohammed livra bataille au prince du Thabaristan et fut vainqueur; l'Alide reçut dans ce combat une blessure dont il mourut. Mohammed-ben-Haroun devint gouverneur du Djordjan et du Thabaristan, en qualité de lieutenant de l'émir Ismaïl. Celui-ci le manda dans la suite; mais Mohammed ne se rendit point à sa cour, se révolta ouvertement [19] et marcha vers Reï, d'après l'invitation des habitants de cette ville. Ayant livré bataille au préposé du khalife, il le tua, ainsi que son frère et ses enfants. Le khalife Moctafi envoya un courrier à l'émir Ismaïl et lui fit tenir ce message : « La garde de Reï t'est confiée, chasse de cette contrée le fils de Haroun. » L'émir Ismaïl, ayant rassemblé des troupes, marcha vers Reï. Lorsqu'il fut arrivé auprès de cette ville, Mohammed-ben-Haroun l'abandonna et se rendit à Cazouin et à Zendjan, d'où il passa dans le Thabaristan. L'émir Ismaïl, après s'être emparé de Reï, alla en toute hâte à Cazouin. A cette époque, les jardins étaient remplis de fruits et de raisins. L'émir défendit que personne ne rôdât autour des jardins et ne prît un men [20] de raisin ou de paille, sans le consentement du propriétaire. L'émir Ismaïl donna le gouvernement de Reï à son neveu, Abou-Salih-Mançour-ben-Ishac [21]. Mohammed, fils de Zakaria-Razi, le médecin, a appelé du nom de ce prince le livre intitulé *Kitab-Mançouri*. Mançour s'occupa, durant six ans, à gouverner cette contrée. Lorsque l'émir Ismaïl fut revenu de l'Irac, il conduisit son armée du côté du Turkistan, conquit beaucoup de localités, et revint avec d'innombrables dépouilles [22]. Au milieu du mois de séfer 295 (907 de J. C.), il mourut [23]; après sa mort, on l'appela Émir-Mazi (le feu roi). Le temps de la souveraineté de l'émir Ismaïl, depuis la fin de la puissance d'Amr, fils de Leïs, fut de sept ans et quelque chose.

Ce prince poussait la justice à un point dont l'histoire suivante donnera un exemple. Il vint un jour à sa connaissance qu'un poids, dont on se servait à Reï pour peser l'or du kharadj, pesait plus que les autres. L'émir Ismaïl fit aussitôt partir pour Reï un envoyé, afin qu'ayant scellé les poids, il les rapportât à Bokhara. Lorsque le député arriva près de Reï, les habitants de cette ville commencèrent à craindre qu'il ne vînt pour soulever quelque contestation. L'envoyé, étant entré tout à coup dans la ville, emporta avec lui vers Bokhara les poids scellés, et ferma la porte du lieu des séances du divan; de sorte que les employés de ce bureau furent *momentanément* privés de leurs fonctions. Lorsque l'envoyé eut apporté les poids à Bokhara, on les examina avec soin, et l'on trouva quelque chose de plus que le poids déterminé. Ismaïl ordonna de retrancher cet excédent, et ayant renvoyé à Reï ce poids, ainsi légalisé, il prescrivit de défalquer du tribut à venir tout ce qui avait été perçu illégalement auparavant.

On dit que l'émir Ahmed, fils de l'émir Ismaïl, avait un précepteur qui, s'étant mis un jour en colère contre son élève, dit à celui-ci, en présence de son père [24] : « Que Dieu n'accorde sa bénédiction, ni à toi, ni à celui dont tu es né. » L'émir Ismaïl sortit de la salle, fit un présent au précepteur, et calma ainsi la colère de ce dernier.

On discourait un jour, devant l'émir Ismaïl, touchant la race des hommes et leur généalogie ; il dit : « Sois *içami* et non *izami* [25]. » Celui auquel il avait adressé la parole ne comprit point ce jeu de mots. L'émir reprit : « Enorgueillis-toi de ton mérite et de ta capacité, et non de ce qu'il y a eu un grand personnage dans ta race et ta famille. »

Iahia, fils de Zacaria-Razi [26], raconte ce qui suit : « L'émir Ismaïl me demanda un jour pourquoi, lorsque la puissance des enfants de Maad [26 bis] parvint à son terme, quoique le mal qu'ils eussent fait fût plus considérable, le peu de bien qui avait été l'ouvrage de ces princes subsista-t-il, et leurs descendants passèrent-ils leur vie dans la tranquillité, tandis qu'après la chute des enfants de Thahir, qui étaient célèbres par leur justice et leur générosité, les bonnes actions qui avaient émané d'eux ont été effacées, et leurs descendants malheureux et sans postérité ? » Je répondis : « Lorsque le bonheur et la prospérité des enfants de Maad parvinrent à leur terme, les enfants de Thahir obtinrent la puissance. Comme ceux-ci étaient des rois justes et sages, ils voulurent donner leurs soins à réparer tous les dommages commis par les enfants de Maad, et désirèrent que toutes les bonnes actions qui avaient ceux-ci pour auteurs subsistassent après eux. Comme ils étaient doués d'un esprit ferme et droit, ils montraient du respect pour les familles anciennes. Lorsque la puissance des Thahirides fut transférée aux Soffarides, qui étaient dépourvus de noblesse et n'avaient que des sentiments bas, conformément à cette maxime, « l'origine ne se dément pas, » ils mirent tous leurs soins à changer les anciennes institutions, et à faire disparaître les descendants des princes, leurs prédécesseurs; de sorte que leurs traces furent détruites et leurs coutumes abolies. » Iahia ajoute ce qui suit : « Lorsque j'eus proféré ces paroles, l'émir Ismaïl les déclara vraies, et, m'ayant donné un présent, il me dit : « Mon esprit a été délivré de souci par cette « réponse convenable [27]. »

P. 15. On rapporte que lorsque Nasr fut mort, et que l'émir Ismaïl devint roi, il entretint, selon son ancienne coutume, des correspondances avec ses amis et ne retranchait rien des surnoms qu'il leur donnait précédemment. Ses conseillers lui firent les représentations suivantes : « Puisque tu es arrivé au rang de sultan, il n'est pas besoin de toutes ces marques d'humilité. » Il répondit : « Dans le temps de ma grandeur et de ma puissance, je regarde comme une chose nécessaire et même obligatoire pour moi, de ne point renverser mes amis de leur dignité; bien plus, d'augmenter leur puissance, afin que leur amitié pour moi devienne évidente et s'accroisse. En reconnaissance de ce que Dieu a élevé ma dignité, il faut que je m'efforce d'élever mes amis et mes compagnons. »

RÉCIT DU RÈGNE D'AHMED, FILS D'ISMAÏL, FILS D'AHMED, LE SAMANIDE.

Lorsque l'émir Ismaïl fut parti pour les jardins du paradis [28], son fils Ahmed se chargea du gouvernement. Le khalife Moctafi envoya pour lui le diplôme d'investiture et l'étendard. Ahmed, au commencement de sa souveraineté, voulut se diriger vers le Khoraçan. Ibrahim-ben-Zeïd lui dit : « Il faut d'abord aller à Samarcand, et délivrer votre esprit du souci que vous cause votre oncle paternel, Ishac-ben-Ahmed, qui est un ennemi domestique. » L'émir Abou-Nasr-Ahmed se dirigea, en toute hâte, vers Samarcand, conformément à ce qu'Ibrahim jugeait à propos de faire. Il s'empara d'Ishac, et, l'ayant amené à Bokhara, il l'emprisonna, et marcha du côté du Khoraçan. Lorsqu'il arriva à Nichabour, Pares-Kebir, auquel le gouvernement du Djordjan était confié, en qualité de lieutenant d'Ismaïl, ayant pris la fuite, se rendit à Bagdad. Voici le détail de cet événement : Pares avait ramassé une somme considérable, au moyen du tribut de Reï, du Tha-

P. 16.

baristan et du Djordjan, si bien qu'il se trouvait dans son trésor quatre-vingts charges d'âne d'or monnayé [29] et d'argent. Quant aux effets précieux et aux meubles, ils étaient innombrables. A la fin de la vie de l'émir Ismaïl, Pares, ayant fait charger ces richesses, se mit en marche pour aller lui rendre hommage. Sur la route, il apprit la nouvelle de sa mort. Il revint sur ses pas, et se rendit maître de ces trésors; la prétention à l'indépendance s'empara de son esprit. Lorsqu'il reçut la nouvelle de la marche d'Ahmed, fils d'Ismaïl, il envoya un député à Moctafi, et lui fit demander la permission de se rendre en hâte auprès de lui; Moctafi lui accorda cette permission. Pares partit pour Bagdad, avec quatre mille cavaliers et un trésor considérable. Au moment de son arrivée, Moctafi était mort, et Moctadir lui avait succédé dans le khalifat. Celui-ci, dès le principe, ayant regardé comme un butin complet l'arrivée de Pares, avec des richesses et des soldats, témoigna l'intention de lui accorder sa faveur. Les émirs du khalife, par crainte de la prééminence de Pares, séduisirent un jeune page du nombre de ses esclaves, qui, au moyen d'un poison mortel, délivra leur esprit de ce souci [30]. Ahmed, fils d'Ismaïl, après le départ de Pares pour Bagdad, confia le gouvernement du Thabaristan à Abou'l-Abbas-Abdallah-ben-Mohammed-ben-Nouh. Dans ce temps là, Haçan, fils d'Ali-el-Othrouch (le sourd) [31], l'Alide, s'étant emparé du pays des Deïlémites, excitait ceux-ci à faire la guerre à Abd-Allah. Mais les Deïlémites, à cause de la bonne conduite d'Abd-Allah, ne consentirent point à cela, jusqu'à ce qu'Ahmed, fils d'Ismaïl, destituât Abd-Allah du gouvernement du Thabaristan et élevât Sallam à sa place. Othrouch s'avança *alors* avec les Deïlémites pour combattre Sallam, et fut mis en déroute. Sallam demanda à être dispensé de gouverner le Thabaristan. Le gouvernement de cette province fut confié, pour la seconde fois, à Abd-Allah, qui s'occupa d'administrer les affaires de cette contrée, jusqu'à ce qu'il mourût. Ahmed, fils d'Ismaïl, nomma, pour lui succéder, Mohammed-ben-Sa'louc.

Dans l'année 298 (910-1), Ahmed conquit le Seïstan, ainsi qu'il a été rapporté dans l'histoire des Soffarides [32]. Dans la même année, Ahmed, ayant tiré de prison son oncle paternel, Ishac, lui donna Samarcand et Andedjan [33]. En l'année 300 (912-3), Ahmed envoya son cousin germain, Mançour, fils d'Ishac, pour gouverner Nichabour. Dans la même année, les habitants du Seïstan furent de nouveau rebelles [34]. Ahmed, ayant envoyé une seconde fois une armée de ce côté-là, les soumit.

Dans l'année 301, Ahmed étant allé à la chasse descendit dans une station. Lorsqu'il décampa de cet endroit, il ordonna de mettre le feu au camp. Au moment du retour on reçut du Djordjan la nouvelle qu'Othrouch s'était emparé du Thabaristan, et avait chassé Salouc [35] de cette province. Ahmed, fils d'Ismaïl, ayant été fort attristé par ces nouvelles, dit: « O mon Dieu, si ta providence veut que ce royaume soit entièrement enlevé de mes mains, donne-moi la mort.» Après cela il descendit dans cette station où il avait mis le feu, ce que les hommes de sa suite regardèrent comme un funeste présage. Dans ce même endroit, des pages, étant entrés dans sa tente pendant la nuit, le massacrèrent. Voici l'explication de ces paroles : Ahmed, fils d'Ismaïl, tenait des conférences avec des savants pendant la plupart de ses instants; pour ce motif, les pages, ayant été mécontents, formèrent le projet de le tuer. Chaque nuit on attachait deux lions à la porte de la tente du roi, afin qu'un ennemi ne pût s'introduire dans ce lieu [36]. Par hasard on n'observa point cette précaution une certaine nuit, et les pages, qui épiaient l'occasion favorable, étant entrés dans la tente du roi, lui firent goûter le breuvage de la mort [37]. Cet événement arriva dans la nuit du jeudi 23 du mois de djoumada premier de l'année 301. Le lendemain, on porta la bière d'Ahmed à Bokhara et on l'y ensevelit; après cela on l'appela Sultan-Chéhid (le sultan martyr). On trouva quelques-uns des pages meurtriers du roi, et on les massacra. On dit que l'émir Ahmed, fils d'Ismaïl, était un homme brave, entêté et d'un mauvais caractère. Le temps de sa souveraineté se prolongea durant six ans, quatre mois et sept jours.

RÉCIT DU RÈGNE DE NASR, FILS D'AHMED, FILS D'ISMAÏL, FILS D'AHMED.

Lorsque Ahmed, fils d'Ismaïl, eut été tué, Ahmed, fils de Mohammed, fils de Leïs, gouverneur de Bokhara, ayant pris sur ses épaules Abou'l-Haçan-Nasr, fils d'Ahmed, qui était encore dans l'enfance, l'emportait pour que les habitants de la ville lui prêtassent serment. Nasr, redoutant quelque péril, dit : « Voulez-vous donc me tuer comme mon père ? » On lui répondit : « Nous voulons te faire asseoir sur le trône de ton père. » Au commencement, le peuple n'avait aucune considération pour Nasr ; il regardait comme une chose évidente que cet enfant ne pourrait rien faire du vivant de l'oncle de son père, Ishac, qui était le plus âgé des Samanides et gouverneur de Samarcand. Tout le Mavérannahr, à l'exception des habitants de Bokhara, penchait pour Ishac le Samanide et ses enfants. Mais la fortune ayant prêté assistance à Nasr, et l'étoile de ce jeune prince lui ayant été propice, ou plutôt la volonté de Dieu ayant été attachée à sa cause, et le secours divin l'ayant aidé, Nasr, que l'on appelait Émir-Saïd (le prince fortuné), parvint à un rang élevé, et sa dignité dépassa celle de ses ancêtres. Quant au détail de ce sommaire, le voici : Abou-Abd-allah-Mohammed, fils d'Ahmed [38], le vizir, étant devenu l'ordonnateur des affaires du royaume, s'appliqua aux soins du gouvernement jusqu'à ce que Nasr parvînt à l'âge de la raison et du discernement. Grâce au bon accord du roi et du vizir, les affaires des provinces reçurent une excellente administration. Lorsque la nouvelle de la mort de l'émir Ahmed et de la reconnaissance de l'émir Saïd, en qualité de son successeur, parvint aux oreilles d'Ishac, ce prince équipa des troupes et se dirigea vers Bokhara, avec une armée considérable, laissant, en sa place, son fils à Samarcand [39]. L'émir Saïd envoya Hamouieh [40] pour le combattre. Les deux armées se rencontrèrent et un violent combat s'engagea. Ishac ayant été mis en déroute, Hamouieh retourna vainqueur vers Bokhara. Lorsque Ishac fut arrivé à Samarcand, il rassembla de nouveau une armée nombreuse et marcha vers Bokhara. L'émir Saïd désigna une seconde fois Hamouieh pour lui faire la guerre. Cette fois encore Hamouieh fut vainqueur et Ishac prit la fuite. Hamouieh le suivit à Samarcand et réduisit cette contrée sous son obéissance. Ishac se cacha dans la ville et son fils Elias partit pour Ferghanah [41]. Hamouieh, ayant parcouru les chemins, mit des espions à la recherche d'Ishac; celui-ci, saisi de crainte, sortit de sa retraite et demanda la vie sauve à Hamouieh, qui l'envoya à Bokhara. Ishac resta en prison dans cette ville jusqu'à sa mort.

RÉCIT DE LA REBELLION DE MANÇOUR, FILS D'ISHAC, CONTRE L'ÉMIR SAÏD NASR, FILS D'AHMED, ET DÉTAILS DE QUELQUES ÉVÉNEMENTS QUI ARRIVÈRENT DANS CE TEMPS-LÀ.

Pendant le règne de l'émir Saïd, Mançour, fils d'Ishac, leva l'étendard de l'hostilité et de la rébellion [42]. Comme Houcein, fils d'Ali, Mervroudi, sous le règne de l'émir Chéhid Ahmed, avait deux fois conquis le Seïstan, il espérait que le gouvernement de cette contrée lui serait confié. Ahmed, contrairement aux pensées d'Houcein, donna le gouvernement du Seïstan à Simdjour-Dévati. Houcein, mécontent de cela, s'enfuit d'auprès de l'émir Chéhid, et, commençant à susciter des troubles, il excitait et poussait Mançour, fils d'Ishac, à se révolter contre Ahmed. Sur ces entrefaites, on tua ce prince. Après sa mort, Houcein, ayant manifesté des intentions hostiles, se rendit de Hérat à Nichabour, et poussa Mançour à faire réciter la khotbah en son nom. L'émir Saïd, ayant été informé de cela, envoya Hamouieh, fils d'Ali, dans le Khoraçan, pour réprimer ces troubles. Lorsque Hamouieh arriva près de Nichabour, Mançour mourut [43], et Houcein, fils d'Ali, Mervroudi, ayant abandonné Nichabour, alla à Hérat. Mohammed, fils de Djoncïd, gouverneur de Bokhara, à cause de la crainte que lui inspirait l'émir Nasr, se joignit à Houcein. Celui-ci, ayant laissé à Hérat son frère Mançour, se rendit de nouveau à Nichabour. Lorsque l'émir Nasr fut informé de cet événement, après avoir fait des promesses à Ahmed, fils de Sahl, descendant d'Iezddjerd, fils de Chehriar, qui était au nombre des principaux émirs, et d'après les avis duquel l'émir Ismaïl agissait toujours dans les affaires de l'état [44], il l'envoya dans le Khoraçan. Ahmed, fils de Sahl, après de grands efforts, fit prisonnier Houcein, fils d'Ali, et Mohammed, fils de Djoneïd, et les envoya tous deux à Bokhara [45]. L'émir Nasr, ayant fait partir pour le Kharezm Mohammed, fils de Djoneïd, ce personnage mourut dans cette contrée. Conformément aux ordres de Nasr, on retint Houcein, fils d'Ali, dans la prison de Bokhara.

Comme l'émir Nasr ne fut point fidèle à ses promesses, Ahmed, fils de Sahl, se révolta, et, ayant envoyé un député auprès du khalife Moctadir, il demanda le gouvernement du Khoraçan [46]. Sa demande fut agréée, et, après que sa puissance fut affermie dans Nichabour, il se dirigea vers le Djordjan. Ayant combattu Caratéguin, gouverneur de cette contrée, il l'en chassa; puis il se rendit de là à Merve et y jeta les fondements d'un mur extrêmement solide. L'émir Saïd fit partir Hamouieh pour le combattre. Hamouieh, après un siége, s'étant emparé d'Ahmed, fils de Sahl, l'envoya à Bokhara. Ahmed mourut en prison.

Sur ces entrefaites, Leïlè, fils de Noman, qui était au nombre des émirs d'Othrouch, se rendit dans le Djordjan, au nom d'Haçan, fils de Cacim, le daï, *vali* du Thabaristan [47]. Les enfants d'Othrouch l'Alide écrivaient, parmi les épithètes de Leïlè : El-Mouveïid-lidin-Illahi-el-Mountacir-Liâli-Reçoul-Illahi (celui qui fortifie la religion de Dieu, le vainqueur au nom des enfants du prophète de Dieu, Leïlè-ben-Noman). Et ils mentionnaient ainsi son nom dans la *khotbah*, après les noms et les surnoms des souverains.

Après s'être emparé du Djordjan, Leïlè se dirigea vers Daméghan. Les habitants de cette contrée lui ayant livré bataille, un grand nombre d'entre eux furent tués. Comme Leïlè était doué de libéralité et de bravoure, les émirs de différentes provinces se retirèrent à sa cour. Comme ses revenus ne suffisaient pas à ses dépenses, il se dirigea vers le Khoraçan, par l'ordre d'Haçan [48], fils de Cacim, alla à Nichabour [49] et fit faire la khotbah, dans cette contrée, au nom d'Haçan, fils de Cacim, le daï [50]. L'émir Nasr, ayant été informé de cet événement, désigna Hamouieh pour repousser Leïlè, avec une armée considérable. La rencontre des deux partis eut lieu à Noucan [51], une des dépendances de Thous. Au commencement du combat, l'armée de Bokhara fut mise en déroute; mais Hamouieh, Mohammed, fils d'Abd-Allah-Belami, Abou-Djafer-Salouc, le Kharezm-Chah et Simdjour-Dévati, ayant tenu ferme, combattirent en hommes de cœur, et remportèrent la victoire sur l'armée de Leïlè, dont la plus grande partie était occupée à piller. Quant à Leïlè, bien qu'il se fût enfui du champ de bataille, il fut fait prisonnier et mis à mort [52].

On rapporte que Houcein, fils d'Ali, resta quelque temps en prison à Bokhara. Ensuite, l'émir Nasr, l'ayant relâché, sur l'intercession d'un de ses courtisans, pour lequel il avait de la considération [53], l'attacha à sa cour. Un jour, l'émir Nasr demanda de l'eau; on lui en apporta dans une jarre qui n'était point fort belle [54]; Houcein, fils d'Ali, Mervroudi, dit à Ali, fils d'Hamouieh : «Ton père est gouverneur de Nichabour; on fabrique dans cet endroit de belles jarres, pourquoi donc n'en envoie-t-il pas ici?» Ali, fils d'Hamouieh, répondit : «Il faut que les présents [55] du Khoraçan, que mon père envoie de ce côté-ci, soient semblables à toi, à Ahmed, fils de Sahl, et à Leïlè, fils de Noman. Qui parlerait de jarres et de choses pareilles?» Houcein-Mervroudi fut très-honteux de cette réponse.

RÉCIT DE LA CONQUÊTE DE REÏ ET DES ENVIRONS DE CETTE VILLE, PAR L'ÉMIR SAÏD-NASR-BEN-AHMED.

P. 25.	Dans le courant de l'année 313 (925), Fatic, esclave d'Ioucef, fils d'Abou'ssadj [56], s'étant emparé de Reï, devint l'ennemi du khalife Moctadir-Billah. Moctadir fit dire à l'émir Nasr : «Nous t'accordons Reï; il faut donc que tu te diriges en personne de ce côté-là.» L'émir Nasr, conduisant avec lui l'armée, se mit en marche vers Reï; lorsqu'il fut arrivé près de cette ville, Fatic l'abandonna et se réfugia dans quelque endroit retiré. L'émir Saïd, après avoir séjourné deux mois dans cette contrée (57), en donna le gouvernement à Simdjour-Dévati, et retourna de là dans le Khoraçan et le Mavérannahr. Dans la suite, ayant mandé Simdjour, il accorda sa place à Mohammed ben-Şalouc (58). Salouc (sic) s'occupa du gouvernement de Reï, jusqu'à ce qu'il tombât malade, dans l'année 316 (59). Pendant sa maladie, il manda, du Thabaristan, Haçan, fils de Cacim, fils d'Haçan (60), le daï, et Macan, fils de Cali (61), pour leur livrer Reï. On écrivit après le nom de Macan (62) les surnoms suivants : El-Mouvaffec-bithaati'llahi-el-Mouterif-bihakki-Ali-Reçoul-Illahi (celui qui est secondé par son obéissance aux ordres de Dieu, et qui reconnaît les droits des descendants du prophète de Dieu); et on le nommait aussi dans la khotbah avec ces épithètes. Ces deux personnages s'étant rendus à Reï, Salouc fut fidèle à sa promesse; puis il se dirigea vers le Khoraçan, et mourut en arrivant à Daméghan. Au bout de quelques jours, le daï fut tué (63); et, après sa mort, Asfar, fils de Chirwaïh (64), s'empara de Reï, du Thabaristan, de Cazouin, de Coum, de Cachan et du Petit-Lour (65), et fit réciter la khotbah au nom de l'émir Nasr. Asfar commettait de nombreuses injustices dans ces contrées ; il confisquait les biens des habitants et agissait en rebelle à l'égard du khalife Moctadir. L'émir Saïd lui écrivit une lettre, afin qu'il s'abstînt de commettre

P. 26.

des actions blâmables. Asfar, craignant l'émir Nasr, manifesta aussi son inimitié contre lui. Le khalife, ayant envoyé une armée pour faire la guerre à Asfar, celui-ci la mit en déroute. Dans le courant de l'année 317 (929), l'émir Saïd-Nasr, fils d'Ahmed, sortit de Bokhara et se dirigea vers Reï. Lorsqu'il fut arrivé à Nichabour, il s'arrêta quelques jours en cet endroit pour le bien de l'état. Asfar, ayant appris cette nouvelle, se disposa également à la guerre. Sur ces entrefaites, Motharref, fils d'Ahmed, Djordjani, visir d'Asfar, dit à ce dernier : « Ce qui convient à l'émir est d'envoyer un député auprès de l'émir Nasr et de manifester de l'amitié pour celui-ci ; si même il faut qu'il s'engage à payer une somme d'argent, qu'il le fasse ; car je suis inquiet à cause de la troupe des Turcs qui se trouvent dans cette armée : il est à craindre qu'ils ne nous trahissent. » Asfar, ayant écouté les discours du visir, envoya un député auprès de l'émir Saïd. Celui-ci refusa d'abord la paix; mais ses compagnons lui dirent, en lui donnant des conseils : « La guerre n'est pas ce qu'il convient de faire, car personne, si ce n'est Dieu, n'en connaît l'issue. » L'émir Saïd, ayant accueilli ces conseils sincères, confia cette contrée à Asfar, et fixa le montant du tribut que ce dernier enverrait chaque année au trésor royal. Pendant l'absence de l'émir Nasr, ses frères, étant sortis de captivité, suscitèrent des troubles. L'émir retourna dans ses états et apaisa ce tumulte [60]. Les hommes intelligents n'ignorent pas que, sous le règne de l'émir Saïd, des événements considérables arrivèrent dans le Thabaristan, dans le Khoraçan et dans le Mavérannahr. Si la totalité de ces faits était ici rapportée, ce livre finirait par devenir prolixe [67].

RÉCIT DE LA MORT DE L'ÉMIR SAÏD-NASR, FILS D'AHMED.

Une phthisie ayant attaqué l'émir Saïd, il fut alité durant trois mois [68]. Dans le mois de redjeb de l'année 331 (943), il mourut. Le temps de sa vie fut de trente-huit ans, et celui de son autorité, de vingt-huit [69]. Il était extrêmement miséricordieux, généreux, juste et intelligent. On rapporte que l'on raconta en sa présence qu'un tel marchand avait acheté une pierre précieuse pour 13,000 dirhems, et que cette pierre était digne du trésor de l'émir. Il ordonna d'amener le marchand avec le joyau. L'émir Nasr reconnut ce bijou, qui avait été dérobé de son trésor. On demanda au marchand : « A qui as-tu acheté cette pierre précieuse? » Il répondit : « A tel page. » L'émir commanda d'amener le page dans le *medjlis*, et de lui réclamer la valeur du joyau. On sut alors qu'il en avait dissipé la plus grande partie. L'émir Nasr, ayant pris la pierre précieuse au marchand, donna à celui-ci la somme de 14,000 dirhems. Le marchand, implorant la grâce du page, l'émir lui dit : « Je t'abandonne sa vie [70], *mais* emmène-le avec toi. » Et il accorda aussi le page à ce marchand.

On dit que, au moment de la revue de l'armée, on amena auprès de Nasr une personne qui avait nom Nasr-ben-Ahmed. L'émir lui ayant demandé son nom, cet homme resta silencieux. Nasr eut beau l'interroger une seconde fois, il ne donna point de réponse. Un des serviteurs du prince dit : « Il se nomme Nasr-ben-Ahmed ; *mais,* par respect pour l'émir, et pour observer les règles de la politesse, il ne dit point son nom. » L'émir Nasr répondit : « Il a donc acquis sur nous un droit obligatoire. » Et il ordonna de doubler la solde de cet homme.

On raconte que, à l'époque où les frères de Nasr se révoltèrent, ils étendirent leurs mains sur les trésors de ce prince. Lorsque l'émir Nasr fut affermi de nouveau sur le trône, on lui dit : « Tels et tels ont emporté du trésor une somme considérable ; maintenant, on peut leur reprendre ces richesses, avec quelque chose de plus. » L'émir Saïd répondit : « Tout ce qui formait la portion assignée à chacun par le destin lui est parvenu. Il faut que personne n'entreprenne rien contre cette troupe d'hommes. » Un jour on présenta à l'émir un couteau précieux, que quelqu'un avait emporté de son trésor, et vendu pour 200 dinars. Nasr commanda de donner cette somme au possesseur du couteau. Cette personne dit : « Je ne prendrai point moins de mille dinars. » Les serviteurs du prince dirent à l'individu en question : « C'est vraiment une chose étonnante ; l'émir te rachète son couteau pour ce que tu l'as payé, et tu fais des difficultés ! » Après cela on voulut lui prendre le couteau de vive force; mais l'émir Nasr dit : « Respectez le contentement de cet homme, et ne le vexez point. »

On rapporte que, durant sa maladie, Nasr ordonna d'élever une maison à la porte de son palais, et la nomma maison d'adoration. Le plus souvent, revêtu d'habits purs de toute souillure, il s'occupait dans ce lieu à des exercices de dévotion, jusqu'à ce que sa vie parvînt à son terme. Après lui, on reconnut, en qualité de souverain, son fils, l'émir Nouh, qui était surnommé Émir-Hamid (le prince digne d'éloges).

RÉCIT DE LA SOUVERAINETÉ DE NOUH, FILS DE NASR.

L'émir Nasr durant son règne avait fait son fils aîné, Ismaïl, son héritier présomptif. La volonté divine exigea que le fils mourût avant le père. Après la mort de l'émir Nasr [71], les émirs et les soutiens de l'état tombèrent d'accord sur l'avénement de son autre fils Nouh. L'administration des affaires de l'état fut confiée à Abou'l-Fadhl-Mohammed-ben-Ahmed. Abou'l-Fadhl-Ahmed-ben-Hamouieh, qui était au nombre des personnes considérées par l'émir Nasr, prit la fuite. Le motif de cette fuite était le suivant : lorsque l'émir Saïd avait fait Ismaïl, son fils, héritier présomptif du trône, il avait désigné Abou'l-Fadhl pour lui servir de lieutenant; celui-ci montra du mépris pour Nouh. L'émir Nasr, en ayant

142 HISTOIRE DES SAMANIDES.

été informé, dit à Abou'l-Fadhl : « Quand ma mort arrivera, mets ta vie à couvert *de la haine* de Nouh. » Lorsque l'émir Nasr mourut, Abou'l-Fadhl, ayant passé l'Oxus, se dirigea vers Amol. Nouh lui envoya une lettre remplie d'expressions flatteuses. Abou'l-Fadhl revint d'Amol et se rendit à Bokhara. Nouh, lui ayant pardonné, lui accorda sa bienveillance, et lui donna *le gouvernement de* Samarcand [72].

A la fin de l'année 332, l'émir Nouh envoya à Reï Abou-Ali-Mohammed, fils de Mouhtadj [73], attendu que Rocn-Eddaulah, le Déïlémite, s'était emparé de cette contrée. Abou-Ali se dirigea vers Reï, avec une armée considérable. Lorsqu'il arriva à Sebzévar, Vachméguir, étant venu du Thabaristan pour rendre hommage à l'émir Nouh, se joignit à ce

P. 31.   prince dans la ville de Merve. Nouh, regardant son arrivée comme un événement important, s'acquitta des règles de la considération et du respect, ainsi qu'il était convenable et nécessaire. Lorsque Abou-Ali eut dépassé les limites du territoire de Sebzévar et fut arrivé à Daméghan [74], Mançour, fils de Caratéguin, qui était au nombre des personnes considérées de l'émir Nouh, resta en arrière avec une troupe de soldats et se dirigea vers le Djordjan. Haçan-ben-Firouzan [75] était gouverneur de cette contrée. Il livra bataille à Mançour; celui-ci, ayant été vaincu, retourna à Nichabour.

Abou-Ali se dirigea vers Reï avec le reste de l'armée. Rocn-Eddaulah sortit de la ville, et les deux partis se rencontrèrent à trois parasanges de Reï.

Une troupe de Courdes, qui se trouvaient dans l'armée d'Abou-Ali, se rendirent auprès de Rocn-Eddaulah. Abou-Ali, ayant été mis en déroute, tourna bride du côté de Nichabour, et ses bagages tombèrent entre les mains des Deïlémites. Lorsque Abou-Ali fut arrivé à Nichabour, Vachméguir vint le rejoindre, après avoir quitté l'émir Nouh, et lui remit un ordre qui lui enjoignait d'aider Vachméguir à enlever le Djordjan des mains d'Haçan-ben-Firouzan. Abou-Ali, s'étant soumis à cet ordre, partit pour le Djordjan, accompagné de Vachméguir et d'une troupe de soldats que Nouh avait envoyée avec celui-ci. Haçan-ben-Firouzan marcha à leur rencontre, et un violent combat s'engagea entre les deux armées. Haçan ayant été mis en déroute, Vachméguir s'empara du Djordjan.

Dans le mois de séfer de l'année 333 (944), Abou-Ali retourna dans le Khoraçan. L'émir Nouh, s'étant également rendu à Nichabour, équipa une armée considérable et envoya, une seconde fois, Abou-Ali à Reï. Abou-Ali arriva au but de son expédition dans le mois de djoumada premier de cette année; et Rocn-Eddaulah abandonna la ville. Abou-Ali s'étant emparé de Reï et de ses dépendances, envoya des lieutenants dans tous les cantons du Djebal. L'émir Nouh séjourna pendant quelque temps à Nichabour. Durant ce séjour, une partie de la population du Khoraçan se plaignit d'Abou-Ali et de ses préposés. L'émir Nouh ayant nommé gouverneur du Khoraçan Ibrahim, fils de Simdjour, se dirigea vers

Bokhara, dans le mois de ramadhan de la même année. La nomination d'Ibrahim en qualité de gouverneur déplut vivement à Abou-Ali, car il espérait que sa dignité serait élevée, grâce à l'expulsion de Rocn-Eddaulah de Reï. Abou-Ali envoya dans le Djébal son frère Abou'l-Abbas-Fadhl, fils de Mohammed, lui donna en fief Hamadan, et le fit son lieutenant. Fadhl, étant allé à Néhavend et à Dinaver, réduisit la totalité des Courdes sous son obéissance.

MENTION DE LA RÉBELLION D'ABOU-ALI, FILS DE MOHAMMED, FILS DE MOUHTADJ, CONTRE L'ÉMIR NOUH.

Dans le courant de l'année 334, Abou-Ali, fils de Mohammed, fils de Mouhtadj, manifesta son inimitié contre l'émir Nouh. Voici quel en était le motif: lorsque Abou-Ali s'occupa d'équiper une armée pour aller du Khoraçan à Reï, l'émir Nouh envoya un inspecteur, qui, après avoir passé les troupes en revue, devait leur remettre leur solde. L'inspecteur ayant eu de nombreuses contestations avec Abou-Ali, enleva des rôles les noms de plusieurs des adhérents de celui-ci. Abou-Ali fut mécontent de cela. Après qu'il eût conquis Reï et les environs de cette ville, Nouh envoya quelqu'un pour recueillir les tributs de ce pays, et écrivit à Abou-Ali de ne point s'immiscer dans leur perception. Pour ce motif, le mécontentement d'Abou-Ali s'étant accru, la nomination de Simdjour au poste de gouverneur du Khoraçan devint une nouvelle cause d'irritation. Abou-Ali, résolu de se révolter contre l'émir Nouh, fit mander Ibrahim-ben-Ahmed-ben-Ismaïl, le Samanide, qui, vers cette époque, s'était retiré à Mouçoul, pour un motif quelconque [76], et était au service de l'émir Nacir-Eddaulah. Ibrahim, s'étant dirigé vers l'Irac avec quatre-vingt-dix cavaliers [77], se joignit à Abou-Ali, dans la ville d'Hamadan. Ils allèrent de concert à Reï. Après avoir envoyé des lieutenants dans les différents cantons de toute la partie de l'Irac qui était en leur puissance, ils se mirent en marche vers le Khoraçan.

L'émir Nouh, ayant eu connaissance de cet événement, traversa le fleuve [78] avec les troupes du Mavérannahr, et se rendit à Merve. Dans ce moment, les chefs de l'armée et tous les soldats, qui étaient mécontents du vizir Mohammed, fils d'Ahmed, représentèrent à l'émir Nouh ce qui suit : «A cause des actions inconvenantes du vizir, Abou-Ali a attaché sur son front le turban de la rébellion. Le vizir s'est aussi emparé d'une partie de notre solde. Si le roi consent à nous livrer son ministre, nous le servirons fidèlement [79]; sinon, nous nous rendrons auprès de son oncle paternel Ibrahim.» L'émir Nouh, contraint par la nécessité, livra le vizir aux émirs; ils le mirent à mort dans le mois de djoumada premier 335 (946).

Lorsque les ennemis arrivèrent auprès de Merve, la plus grande partie de l'armée de Nouh, ayant trahi ce prince, se joignit à eux. Nouh, se trouvant hors d'état de résister, monta sur une barque, et, après avoir passé le fleuve, il se rendit à Bokhara. Ibrahim et Abou-Ali s'emparèrent du Khoraçan et se dirigèrent ensuite vers Bokhara. Nouh marcha de cet endroit vers Samarcand. Abou-Ali, étant entré à Bokhara, ordonna de réciter la khotbah au nom d'Ibrahim. Sur ces entrefaites, Abou-Ali conçut quelque défiance à l'égard d'Ibrahim, et se rendit dans le Turkistan; car des hommes malintentionnés lui dirent : « Ibrahim a de mauvais desseins contre toi. » L'émir Ibrahim, étant resté seul à Bokhara, mit en liberté Mançour-ben-Caratéguin [80], qui était au nombre des émirs de Nouh, et qu'Abou-Ali avait fait prisonnier et charger de liens dans Nichabour. Mançour prit la fuite et se rendit à Samarcand, auprès de l'émir Nouh.

P. 35. Ibrahim ne pouvant administrer les affaires de l'état, il fut déterminé que Nouh serait roi et Ibrahim, généralissime de l'armée; et que tous deux, d'un commun accord, feraient des efforts pour détruire Abou-Ali. Tous les habitants de Bokhara ayant approuvé cette convention, envoyèrent des courriers à l'émir Nouh. Celui-ci sortit de Samarcand. Ibrahim marcha à sa rencontre avec l'armée de Bokhara, et se joignit à lui. Tous deux, de concert, attaquèrent Abou-Ali. Ce général les ayant mis en déroute, l'émir Nouh se réfugia sur une montagne. Abou-Ali fondit une seconde fois sur les ennemis, et mit en fuite les soldats de Bokhara. Les fuyards arrivèrent à Bokhara de la manière la plus honteuse. Abou-Ali, les ayant poursuivis, entra dans la ville et voulut y mettre le feu; mais plusieurs des cheïkhs intercédèrent en faveur de Bokhara, de telle sorte qu'il renonça à son projet. Il manda le frère de l'émir Nouh, Abou-Djafer-Mohammed, fils de Nasr, et lui prêta serment. Dans toute la contrée, on récita la khotbah au nom de ce prince.

Sur ces entrefaites, Abou-Ali crut reconnaître chez plusieurs des principaux de l'armée, des projets hostiles à sa personne. Il sortit de Bokhara, sous prétexte d'aller à Samarcand, et se dirigea vers Djéghanian. Pendant son absence, plusieurs personnes écrivirent à l'émir Nouh: «La province est vide d'*ennemis*, et le motif de ton retard n'est point connu.» L'émir Nouh se dirigea vers Bokhara. L'émir Ibrahim et Abou-Djafer marchèrent en toute hâte à sa rencontre, se joignirent à lui, lui firent des excuses, implorèrent leur pardon et manifestèrent du repentir de leur audace. Nouh, après avoir écouté leurs excuses, entra à Bokhara. Lorsqu'il fut affermi sur le trône, il fit périr Thoghan, le hadjib (chambellan), un des émirs, et priva de la vue [81] son oncle l'émir Ibrahim et ses deux frères Abou-Djafer et Ahmed; puis il envoya, pour gouverner le Khoraçan, Mançour, fils de Caratéguin.

P. 36.

Sur ces entrefaites, Vachméguir, fuyant devant Haçan-ben-Firouzan, vint dans le Khoraçan [82]. Après que Mançour se fut mis en possession de cette contrée, il reçut de l'émir Nouh l'ordre d'aider Vachméguir, d'enlever le Djordjan à Haçan et de le donner au premier de ces princes. Conformément à cet ordre, Mançour se dirigea vers le Djordjan avec des troupes.

La paix ayant été conclue entre lui et Haçan, celui-ci sortit du Djordjan; Vachméguir fut affermi dans le siége de son autorité, et Mançour revint de cette contrée [83]. Après le départ de Mançour, Rocn-Eddaulah, le Deïlémite, se mit en mouvement vers le Djordjan. Vachméguir lui ayant livré bataille, retourna vaincu dans le Khoraçan, et cent treize des principaux de son armée tombèrent entre les mains de Rocn-Eddaulah. Dans l'année 338 (949-50), Imad-Eddaulah, le Deïlémite, mourut.

P. 37. Dans l'année 339, Mançour, fils de Caratéguin, se dirigea vers Reï avec les troupes du Khoraçan. Dans ce temps-là, Rocn-Eddaulah se trouvait à Chiraz; et Ali-ben-Camé, qui était chargé de gouverner Reï, en qualité de lieutenant, étant sorti de la ville, marcha vers Ispahan [84]. Mançour s'empara du pays, et envoya ses lieutenants de différents côtés. Moizz-Eddaulah, le Deïlémite, frère de Rocn-Eddaulah, se prépara à la guerre contre Mançour, et plusieurs combats furent livrés entre eux. Dans l'année 340, Mançour étant mort à Reï, les Khoraçaniens retournèrent dans leurs demeures. Sur ces entrefaites, des ambassadeurs et des messages furent échangés successivement entre Abou-Ali et l'émir Nouh. Celui-ci se montra satisfait *des actes de soumission d'A-bou-Ali* [85]; et après la mort de Mançour, Abou-Ali s'occupa de gouverner le Khoraçan, par l'ordre de Nouh.

Dans le courant de l'année 342 (953), Nouh fit partir Abou-Ali pour Reï. Vachméguir vint le joindre du Djordjan. Lorsqu'ils arrivèrent auprès de Reï, Rocn-Eddaulah vit qu'il n'avait point la force nécessaire pour leur résister. Il se réfugia dans le château de Thabrec [86]. Abou-Ali assiégea cette forteresse. La durée du siége s'étant prolongée, l'hiver survint; la plupart des bêtes de somme des Khoraçaniens périrent, et les deux partis furent également las de la guerre. Abd-Errahman, le trésorier, qui est auteur de plusieurs ouvrages sur les sciences mathématiques, entre autres du *Zidji-Séfaïh*, ayant posé le pied dans l'hippodrome de la négociation, il fut stipulé que Rocn-Eddaulah enverrait chaque année la somme de 200,000 dinars au trésor de l'émir Nouh. Abou-Ali abandonna les environs de Thabrec. Vachméguir envoya à l'émir Nouh une lettre contenant ces paroles : « Abou-Ali, à cause de l'amitié qu'il a pour Rocn-Eddaulah, a montré de la faiblesse dans la guerre. » Pour ce motif, l'émir Nouh fut irrité contre Abou-Ali. Lorsque celui-ci fut de retour à Nichabour, Rocn-Eddaulah conduisit une armée dans le Djordjan. Vachméguir, ayant pris la fuite, se rendit dans le Khoraçan.

Lorsque cet événement fut connu de Nouh, il destitua Abou-Ali du gouvernement du Khoraçan, et l'accorda à Abou-Saïd-Becr-ben-Malic, de Ferghanah. Abou-Ali, voulant s'excuser, envoya des ambassadeurs auprès de l'émir Nouh; mais ses excuses ne furent point écoutées. Nouh ordonna à Vachméguir, à Haçan, fils de Firouzan, et aux émirs du Khoraçan, de s'appliquer, d'un commun accord, à combattre Abou-Ali. Celui-ci, ayant perdu tout espoir du côté de Nouh, envoya des lettres à Rocn-Eddaulah, pour lui demander la permission de l'aller joindre. Rocn-Eddaulah renvoya son ambassadeur avec de grandes marques de bienveillance, et Abou-Ali se dirigea vers Reï. Lorsqu'il arriva à la cour de Rocn-Eddaulah, celui-ci lui témoigna encore plus de considération qu'il ne l'espérait.

P. 39. Abou-Ali le pria d'obtenir pour lui, du khalife, le diplôme de gouverneur du Khoraçan. Rocn-Eddaulah envoya, dans ce but, un député à son frère Moïzz-Eddaulah, qui jouissait du pouvoir souverain à Bagdad. Moizz-Eddaulah ayant obtenu du khalife le diplôme en question l'envoya à son frère. Abou-Ali étant entré dans le Khoraçan, au commencement de l'année 343, fit prononcer le nom et le surnom du khalife Mothi', sur le faîte des *minbers*[87]. Sur ces entrefaites, l'émir Hamid (digne d'éloges) Nouh[88], fils de Nasr, mourut. La durée de son règne avait été de treize ans.

RÉCIT DE LA MORT DE NOUH, FILS DE NASR, ET DE L'AVÉNEMENT DE SON FILS ABD-EL-MÉLIC.

Dans le mois de rébi second de cette année, Nouh, fils de Nasr, mourut. Il tenait une conduite digne d'approbation, et était doué de qualités estimables. Après sa mort, Becr-ben-Malic, qui avait été désigné pour le gouvernement du Khoraçan, et ne s'était point encore rendu dans cet endroit, fit de nombreux efforts, grâces auxquels la dignité souveraine fut affermie en la personne d'Abd-el-Mélic. Après cela, Abd-el-Mélic envoya Becr dans le Khoraçan.

Dans cette année, une grande contagion eut lieu dans le Khoraçan et le Couhistan [89], de telle sorte que la plupart des habitants de ces provinces furent P. 40. anéantis.

Dans l'année 344, une armée se dirigea du Khoraçan vers Reï [90]. Lorsque, dans le mois de moharrem de cette année, Rocn-Eddaulah, qui était revenu du Djordjan et s'était rendu à Reï, apprit que l'armée étrangère marchait de ce côté, il écrivit à Moezz-Eddaulah de lui envoyer du renfort. Celui-ci choisit le chambellan Sébuctéguin, pour aller au secours de son frère, avec un détachement. Dans cette même année, Mohammed-ben-Macan marcha du Khoraçan vers Ispahan, avec une armée. Abou-Mançour-Bouvaïh [91], fils de Rocn-Eddaulah, après avoir appris cette nouvelle, partit pour Reï, non sans enlever les trésors de son père et emmener ses enfants et ceux de Rocn-Eddaulah. Mohammed-ben-Macan, après s'être emparé d'Ispahan, poursuivit Bouvaïh et l'atteignit. Par hasard, le vizir de Rocn-Eddaulah, Abou'l-Fadhl-ben-Amid [92], se joignit, vers ce temps-là, à Bouvaïh. L'armée du vizir fut mise en déroute par les Khoraçaniens, et les trésors et le harem de Rocn-Eddaulah tombèrent entre les mains des compagnons de Mohammed, fils de Macan. L'armée du Khoraçan s'occupa du pillage de ces richesses. Sur ces entrefaites, le vizir réfléchit en lui-même et se dit : « Puisque le trésor, les femmes et les enfants de Rocn-Eddaulah sont tombés entre les mains des ennemis, comment pourrait-on se présenter devant lui avec honneur, et de quel œil pourrait-on regarder son visage?»

P. 41. En conséquence, ayant renoncé à la vie, il fit une charge sur l'armée de Mohammed [93]. Lorsque les fuyards surent que le visir tenait ferme sur le champ de bataille et combattait en personne, ils revinrent sur leurs pas, et, semblables à des *fedaïs* [94], ils fondirent sur l'armée du Khoraçan, la culbutèrent, et firent prisonnier le fils de Macan. Abou'l-Fadhl-ben-Amid étant allé à Ispahan, chassa les Khoraçaniens de cette ville [95]. A la fin, l'affaire aboutit à la paix entre Rocn-Eddaulah et Abd-el-Mélic [96].

Dans l'année 350 (961), Abd-el-Mélik tomba de cheval, en jouant à la paume [97], et mourut *de cette chute*. La durée de son règne fut d'un peu plus de sept ans. Son sobriquet était Abou'l-Févaris (le père des cavaliers); son surnom durant sa vie, Mouveiyed (aidé de Dieu); après sa mort, on l'appela Mouvaffec (secondé de Dieu). Pendant son règne, il observa les règles de l'équité, de l'humanité et d'une bonne administration, et il laissa dans le monde une excellente réputation.

HISTOIRE DES SAMANIDES. 153

RÉCIT DU RÈGNE DE MANÇOUR, FILS DE NOUH, FILS DE NASR.

Lorsqu'Abd-el-Mélik fut mort, son frère, Abou-Salih-Mançour, fils de Nouh, devint prince du Khoraçan et du Mavérannahr. Avant qu'il fût reconnu pour souverain, les émirs et les grands de l'état envoyèrent un courrier auprès d'Alptéguin, qui était parvenu du rang d'esclave à la dignité d'émir, et P. 42. qui, de plus, était devenu leur exemple et leur conseil, afin de sonder ses dispositions et de savoir lequel des membres de la famille de Saman était digne de la royauté. Alptéguin dit à l'envoyé des émirs : « Mançour est un tout jeune homme; la seule personne digne de ce poste important est son oncle paternel. » Avant que ce message parvînt aux émirs, ceux-ci placèrent Mançour sur le trône. Alptéguin, craignant ce prince, voulut se concilier sa bienveillance par des dons et des présents. Mais il eut beau envoyer des objets précieux, ils ne lui furent d'aucune utilité. Lorsque la puissance de Mançour fut affermie, il envoya des courriers pour mander Alptéguin. Celui-ci comprit qu'il n'y avait pour lui aucun avantage à partir pour la cour; en conséquence, il se dirigea vers Ghiznin. Durant la route, il tint conseil avec les émirs, pour les éprouver, et leur demanda s'ils se révolteraient contre Mançour. Ils répondirent d'une voix unanime : « Nous tous, nous obéissons à l'émir, et nous lui sommes soumis. » Alptéguin, leur ayant accordé des éloges, leur permit de se rendre à Bokhara, et lui-même partit pour Ghiznin, avec trois mille de ses propres serviteurs. Mançour donna sa place à Abou'l-Houcein-*ben*-Simdjour [98]. Celui-ci se rendit dans le Khoraçan et s'occupa de l'administration et du gouvernement de cette province. Mançour envoya quinze mille cavaliers sur les traces d'Alptéguin. Alptéguin, ayant combattu les Bokhariens, dans les environs de Balkh, les mit en déroute. Lorsqu'il fut allé de Balkh à Ghiznin, le *vali* de cette dernière ville ne voulut point lui livrer passage. Alptéguin, ayant fait le siége de la place, la prit de vive force. Mançour désigna une seconde fois une armée considérable pour le combattre. Mais, cette fois encore, Alptéguin fut vainqueur.

Dans l'année 356 (967), Abou-Ali, fils d'Élias, prince du Kerman [99], ayant pris la fuite, se rendit à Bokhara et représenta à Mançour que, par le moyen d'une expédition, le royaume des Deïlémites serait facilement réduit sous la puissance du divan auguste. Avant lui, Vachméguir avait représenté la même chose [100]. En somme, Mançour écrivit à Vachméguir et à Haçan-*ben*-Firouzan une lettre contenant ce qui suit : « J'ai l'intention de faire partir une armée pour Reï : votre devoir est de vous apprêter à vous diriger de ce côté-là, dans la compagnie de mes troupes. » Après cela, il désigna, pour marcher vers Reï, l'*émir-el-djoiouch* (commandant des troupes) du Khoraçan, Abou'l-Houcein-*ben*-Simdjour, et lui prescrivit de ne point se détourner de ce qui serait jugé convenable par Vachméguir. Lorsque cette nouvelle parvint à Rocn-Eddaulah, il envoya ses enfants de Reï à Ispahan, et dit en public à son fils Adhed-Eddaulah et à plusieurs soldats : « Allez dans le Khoraçan, car l'*émir-el-djoiouch*, Mohammed-ben-Ibrahim-ben-Simdjour se dirige vers Reï, et le Khoraçan est resté vide *de soldats.* » Adhed-Eddaulah s'étant dirigé vers ce côté, se détourna bientôt des frontières du Khoraçan, se mit en marche sur les traces de Vachméguir et d'Abou'l-Houcein-Mohammed-ben-Ibrahim-ben-Simdjour, et alla à Daméghan. *De son côté*, Rocn-Eddaulah, étant sorti de Reï, marcha contre les Khoraçaniens. Sur ces entrefaites, Vachméguir, mourut [101], et Abou'l-Houcein-ben-Simdjour fit de nombreux efforts, de telle sorte que la paix fut conclue entre l'émir Mançour et Rocn-Eddaulah [102]. Il fut stipulé que celui-ci enverrait chaque année au trésor de Mançour la somme de 150,000 dinars [103]. Pour consolider les fondements de la paix, Mançour épousa la fille d'Adhed-Eddaulah.

Le 11 de redjeb de l'année 365 (976), l'émir Mançour mourut [104]. Le temps de son règne fut de quinze ans. Durant sa vie, on l'appelait émir Mouveiyed [105]; après sa mort, on le désigna sous le nom d'Émir-Sédid (le prince qui agit avec rectitude).

RÉCIT DU RÈGNE DE L'ÉMIR NOUH, FILS DE MANÇOUR.

Abou'l-Cacim-Nouh, fils de Mançour, succéda à

son père [106]. Dans le commencement du règne de ce prince, lorsque Alptéguin mourut [107], ses compagnons tombèrent d'accord pour nommer Sébuctéguin, leur chef. L'année 366, Bisutoun, fils de Vachméguir, étant mort dans le Djordjan, Chems-el-Maali-Cabous [108], son frère, s'empara de cette province et du Thabaristan. Dans l'année 367, Adhed-Eddaulah, après la mort de Rocn-Eddaulah, son père, se rendit maître de la totalité des deux Iracs. Dans l'année 369 (979-80), il marcha contre son frère, Fakhr-Eddaulah. Celui-ci, ayant pris la fuite, se retira auprès de Cabous, qui montra le plus grand empressement pour le recevoir avec honneur. Bien plus, il l'associa à son autorité.

Dans l'année 371, l'émir Nouh, ayant destitué Mohammed-ben-Ibrahim-ben-Simdjour du gouvernement du Khoraçan, mit à sa place Houçam-Eddaulah-Abou'l-Abbas-Tach. Dans cette même année, Adhed-Eddaulah envoya son frère, Mouveiyd-Eddaulah, pour faire la guerre à Fakhr-Eddaulah. Cabous et Fakhr-Eddaulah combattirent Mouveiyd-Eddaulah dans les environs d'Astérabad, furent mis en déroute, et se rendirent dans le Khoraçan, auprès d'Houçam-Eddaulah-Tach. Ils écrivirent une relation abrégée des événements qui venaient de leur arriver et de la conquête de leurs états par l'ennemi, et l'envoyèrent à Bokhara, à l'émir Nouh. Celui-ci leur fit une réponse remplie de toutes sortes de témoignages de considération, écrivit à Houçam-Eddaulah-Tach de les traiter avec honneur et avec respect, de les rétablir dans leurs capitales respectives, et de consacrer ses soins à repousser leurs ennemis. Houçam-Eddaulah, ayant P. 46. obéi aux ordres de Nouh, rassembla les troupes dispersées en divers endroits, et se mit en marche, de Nichabour vers le Djordjan, afin de conquérir d'abord la capitale de Cabous et de s'occuper ensuite de l'affaire de Fakhr-Eddaulah. Lorsque Houçam-Eddaulah, Fakhr-Eddaulah, et Faïc, qui était une des personnes considérées par Nouh-ben-Mançour [109], arrivèrent aux environs de Djordjan, Mouveiyd-Eddaulah se fortifia dans la ville et déploya le plus grand zèle pour consolider les tours et les murailles. Il persévéra pendant deux mois à se défendre; les Deïlémites tinrent ferme, *à son exemple*, et, ayant joué leur vie avec audace, ils remportèrent divers avantages. Dans ces rencontres, ils ne détournaient point le visage devant le choc du cimeterre.

Comme le temps du séjour de l'armée *deïlémite* dans Djordjan traîna en longueur, une grande disette se manifesta dans cette ville. La famine parvint à un tel point que les habitants, ayant pétri de misérables restes d'orge avec de l'argile, dévoraient ce mélange. Abou'l-Fadhl-Mounedjdjim (l'astrologue) avait dit à Mouveiyd-Eddaulah d'adopter la patience pour sa marque distinctive [110] dans cette occurrence; jusqu'à ce que la planète de Mars parvînt au point de la *descension*; puis, de se préparer à combattre, et de déployer la plus grande activité. Si (ajoutait-il) la victoire est obtenue par toi, rien de mieux; sinon, jette-toi dans la plaine avec tes soldats, et soumets-toi au destin [111]. Mouveiyd-Eddaulah tenait ce conseil secret, et songeait à préparer toutes les choses nécessaires pour le combat. Enfin, dans le mois de ramadhan de l'année 371, il sortit de la ville avec toute l'armée. Les Khoraçaniens pensèrent que lui et ses troupes s'en retourneraient, selon leur coutume, après avoir fait caracoler leurs chevaux. Mais, contrairement à ce qu'ils s'imaginaient, les Deïlémites firent plusieurs charges consécutives. Dans la première, Faïc, qui avait été soupçonné d'avoir reçu un présent de Mouveiyd-Eddaulah, afin de montrer de la faiblesse le jour du combat, tourna bride. Houçam-Eddaulah-Tach et Fakhr-Eddaulah déployèrent une grande constance, jusqu'à ce que la majeure partie de l'armée fût dispersée, que la nuit approchât, et que l'ennemi devînt plus fort et plus pressant. Cédant alors à la nécessité, les deux chefs abandonnèrent leur camp avec de grandes richesses, une quantité innombrable d'effets précieux et de bêtes de somme, et prirent la fuite. Cabous, Fakhr-Eddaulah et Houçam-Eddaulah ne s'arrêtèrent en aucun lieu jusqu'à Nichabour; et, ayant envoyé un député à Bokhara, ils informèrent Nouh de ce fâcheux événement. L'émir Nouh leur donna des consolations, et promit de les aider une seconde fois avec des sommes considérables et des troupes sans nombre. Conformément aux ordres du prince, Abou'l-Houcein-Otbi [112] envoya des courriers dans les différentes provinces de l'empire, afin que les troupes se rassemblassent à Merve; que lui-même se mît en marche à leur tête, et consacrât tous ses soins à réparer cet échec. Nouh donna un khilat de grand prix au vizir Abou'l-Houcein, et celui-ci réunit le commandement de l'armée aux insignes du vizirat. P. 48.

Lorsque la situation d'Abou'l-Houcein eut atteint le comble de l'élévation, de l'autorité et de la prospérité, d'après cette maxime (arabe) : « Lorsqu'une chose est parvenue à son terme le plus élevé, elle penche vers son déclin, » la mort du vizir suivit de près le don de ce khilat. En effet, Abou'l-Houcein-Simdjour imputait aux calomnies d'Otbi sa destitution du gouvernement du Khoraçan, et écrivait continuellement des lettres à Faïc, dans le but de lui inspirer du mépris pour le vizir; enfin Faïc poussa plusieurs pages de Mançour [113] à tuer Abou'l-Houcein-Otbi. Ces hommes, étant tombés d'accord à ce sujet, épiaient une occasion favorable d'exécuter leur dessein. Abou'l-Houcein ayant été informé de cela, en fut effrayé et en avertit Nouh, fils de Mançour. Celui-ci préposa une troupe de ses principaux serviteurs à la garde du vizir, s'imaginant que l'on pouvait prévenir les décrets de la Providence divine par des moyens humains. Par hasard, le vizir sortit une certaine nuit pour se rendre au palais de l'émir. Quelques-uns des pages déjà cités le suivirent et le renversèrent par plusieurs blessures consécutives. Les gardes prirent la fuite. Sans contredit, à aucune époque, personne n'a donné le signalement d'un tel vizir et ne le donnera.

Houçam-Eddaulah-Tach, Fakhr-Eddaulah et Cabous attendaient l'arrivée du vizir à Nichabour, lorsque tout à coup cette fâcheuse nouvelle leur arriva. Leur réunion fut rompue; le souci et la tristesse s'emparèrent de leur esprit. On manda de Bokhara Houçam-Eddaulah, afin qu'il s'appliquât à remédier à cet événement. Il se sépara de Chems-el-Maali-Cabous et de Fakhr-Eddaulah, et se dirigea vers Bokhara. Ayant découvert quelques-uns des meurtriers d'Abou'l-Houcein-Otbi, il leur infligea un châtiment exemplaire; les autres se dispersèrent dans divers pays. Le vizirat fut confié à Abou'l-Houcein-Mouzni [114].

Sur ces entrefaites, Aboul-Houcein-*ben*-Simdjour était revenu du Seïstan [115], et était entré dans le Khoraçan sans la permission du souverain. Il épiait la discorde et le trouble, et espérait que les événements du Djordjan et l'échec arrivé à l'armée de Bokhara, lui fourniraient l'occasion de faire une brillante fortune. Abou'l-Houcein-Mouzni, lui ayant reproché cette conduite, lui dit, par manière de conseil : « Après être sorti du Khoraçan, il faut te rendre dans le Couhistan, qui est ton fief. » Abou'l-Houcein-Simdjour ayant accueilli l'invitation du vizir, celui-ci ajouta à son fief Badghis et Kendj-Roustac [116], et lui dit : « Si tu montres de la sincérité dans tes promesses, de la soumission, de la fidélité au service *du prince* et de la constance dans ton affection pour l'état, tu seras récompensé d'une manière particulière par toutes sortes de bienfaits et par de nouveaux fiefs. »

Il est rapporté dans quelques chroniques que, lors- P. 5o. que Houçam-Eddaulah-Tach se fut rendu à Bokhara, Abou-Ali-*ibn*-Simdjour trouva tout le Khoraçan dégarni *de troupes*. Il entretint une correspondance avec Faïc, et l'excita à agir hostilement envers Tach. Il lui reprocha de se soumettre à la prééminence de celui-ci, malgré son grand âge et les droits qu'il s'était précédemment acquis à la reconnaissance des Samanides; *puis* il l'invita à se réconcilier avec lui et à se joindre à lui, et le trouva dans les mêmes dispositions où il était lui-même à cet égard. Des conventions et des pactes furent fermement conclus entre eux. Abou-Ali s'empara des préposés de Tach, qui s'étaient chargés du gouvernement des districts du Khoraçan, et leur imposa des amendes [117]. Ensuite, les deux chefs se dirigèrent de concert vers Merve et s'empressèrent de publier leurs projets de révolte. Lorsque cette nouvelle parvint à Tach, il se dirigea vers le Khoraçan, après avoir réuni des troupes. Des ambassadeurs [118] s'étant entremis, une espèce de paix fut conclue aux conditions suivantes : le commandement de l'armée et Nichabour appartiendront à Tach; Balkh sera à Faïc; Hérat, à Abou-Ali. Chacun d'eux se rendit dans le pays qui lui était accordé.

Au moment du retour d'Houçam-Eddaulah de Bokhara, ce général avait destitué Mouzni de la dignité de vizir, et avait donné cette place à un de ses propres serviteurs, que l'on appelait Abd-Errahman-Farci. Après que Tach se fut rendu dans le Khoraçan, Nouh, fils de Mançour, ayant destitué Farci, confia le poste de vizir à Abd-Allah-Aziz [119]. Lorsque Abd-Allah fut investi de cette dignité, conformément à une inimitié qu'il nourrissait contre Houçam-Eddaulah-Tach, il le dépouilla du commandement des troupes et du gouvernement du Khoraçan, et rendit Abou'l-Houcein-*ben*-Simdjour joyeux et satisfait en l'élevant à ces deux postes. Houçam-Eddaulah eut beau faire de nombreux efforts pour se concilier la bienveillance du roi et du vizir, tout fut inutile. Abd-Allah-*ben*-Aziz représenta à l'émir Nouh que l'affaiblissement et la perte de la splendeur de l'empire avaient eu pour causes l'imprudence et les mauvaises mesures des vizirs ses prédécesseurs, et qu'on ne pouvait espérer de remédier à ce dommage que par le changement de Tach.

Sur ces entrefaites, Fakhr-Eddaulah, qui, après la mort de ses frères, Adhed-Eddaulah et Mouveiyd-Eddaulah, était monté sur le trône (ainsi qu'une portion de ces événements sera, s'il plaît à Dieu, retracée dans l'histoire des Deïlémites [120]), envoya à Tach une lettre ainsi conçue : « Les jours de l'affliction et le temps de la peine sont parvenus à leur terme; mes affaires se sont arrangées conformément à mes désirs, et mon royaume héréditaire a été purifié des impuretés et de l'oppression de mes ennemis. » Tach, ayant répondu à Fakhr-Eddaulah, félicita ce prince d'être devenu le maître du royaume [121], et ajouta à ces paroles un récit succinct des ruses de ses envieux et des dispositions peu bienveillantes du roi à son égard. Fakhr-Eddaulah écrivit, en réponse à Houçam-Eddaulah, une lettre dans laquelle il disait : « Ce que Dieu m'a accordé par la grâce de sa bienveillance, en fait de provinces, de trésors et autres choses, t'est commun avec moi; tout ce que tu réclameras de moi, soit en argent, soit en troupes, soit en munitions, ne te sera point refusé. » Il ajouta : « Nous n'avons point oublié les actions généreuses, les bienfaits et les dons d'Houçam-Eddaulah-Tach, pendant le temps de notre séjour dans le Khoraçan. Si, en reconnaissance de cela, nous dépensions nos biens meubles ou immeubles [122], nous nous reconnaîtrions encore coupables de nous être imparfaitement acquitté envers toi. » Fakhr-Eddaulah accorda à l'envoyé de Tach, avec la plus parfaite considération, la permission de s'en retourner, et envoya au secours de celui-ci deux mille cavaliers avec des bagages convenables.

Tach se dirigea contre Abou'l-Houcein-Simdjour. Celui-ci s'étant fortifié dans Nichabour, Tach s'occupa de l'assiéger. Sur ces entrefaites, deux mille autres cavaliers deïlémites arrivèrent au secours de Tach. Lorsque Abou'l-Houcein fut instruit de cet événement, il prit la fuite à la faveur des ombres de la nuit. L'armée de Tach, en ayant été informée, se mit à sa poursuite, et fit un butin considérable en s'emparant des bagages des Khoraçaniens. Tach, après s'être affermi dans la possession de Nichabour, envoya des lettres remplies d'humbles excuses à la cour de Nouh. Après avoir déployé la plus grande humilité pour accommoder ses affaires, demander son pardon, faire des excuses et implorer la rémission de ses fautes, il ajouta : «Si (ce qu'à Dieu ne plaise!) j'ai vraiment commis une trahison, pourquoi la voie du pardon me serait-elle fermée?» Mais, par suite des calomnies et des discours malveillants d'Abd-Allah-*ben*-Aziz, l'émir Nouh ne daigna prêter aucune attention aux paroles d'Abou'l-Abbas-Tach. Sur ces entrefaites, Abou'l-Houcein-Simdjour, ayant envoyé un député dans le Kerman, demanda du secours à l'émir Abou'l-Févaris, fils d'Adhed-Eddaulah. Ce prince envoya à son aide deux mille cavaliers. Faïc se joignit aussi à Abou'l-Houcein, avec des troupes nombreuses; et une armée si considérable fut rassemblée, que l'on ne distinguait plus les montagnes ni les plaines. D'un commun accord, les confédérés se dirigèrent vers Nichabour. Abou'l-Abbas-Tach étant sorti de cette ville, rangea ses troupes en bataille vis-à-vis des ennemis. Après de nombreux efforts, il fut mis en fuite, et les Deïlémites furent séparés de lui. Les Khoraçaniens, les ayant entourés, en firent un immense massacre. Quelques-uns des Deïlémites et des Khoraçaniens qui s'étaient réunis à Tach furent faits prisonniers et envoyés à Bokhara. On les amena dans la ville de la manière la plus honteuse. Les efféminés [123] de Bokhara se rendirent en hâte à leur rencontre, avec des tambours de basque et d'autres instruments de ce genre; placèrent dans leurs mains des fuseaux semblables à ceux dont se servent les femmes, et ouvrirent la bouche pour les plaisanter et les tourner en dérision; puis on les enferma tous dans le château de Kuhundiz [124]. Enfin, plusieurs d'entre eux moururent dans l'état le plus misérable, et les autres furent mis en liberté.

RÉCIT DE L'ARRIVÉE D'ABOU'L ABBAS HOUÇAM-EDDAULAH-TACH DANS LE DJORDJAN ET DE SA MORT.

Lorsque Tach, après avoir pris la fuite devant Abou'l Houcein Simdjour, se rendit à Djordjan, Fakhr-Eddaulah lui ayant abandonné le palais de l'émirat, décoré de magnifiques tapis, de meubles nombreux, de vases d'or et d'argent, pourvu d'ustensiles de cuisine, d'un cellier et d'autres richesses, se dirigea vers Reï. De cet endroit, il lui envoya, à titre de présent, cinquante chevaux arabes et des mulets avec des brides et des selles dorées, des meubles, des armes, des caparaçons de cheval, des casques et des boucliers incrustés d'or, des cimeterres indiens et toutes sortes d'armes ornées d'or et d'argent [125]; de plus, il lui abandonna le tribut du Djordjan, de Dahistan et d'Abescoun [126]. Il lui envoyait successivement tant de dons et de présents, que le sahib Ibn-Abbad [127], malgré toute l'élévation de ses sentiments, lui fit des représentations, imputant sa conduite à la prodigalité et à une générosité excessive. Fakhr-Eddaulah répondit un jour au

P. 54.

sabib *Ibn*-Abbad : « Les droits des grâces et des bienfaits que Tach m'a précédemment accordés sont tels, que si je dissipais la totalité de mes possessions héréditaires ou autres, avec cette chemise dont je suis revêtu, et cela dans l'intérêt d'une des affaires de Tach, je ne m'acquitterais point encore de l'obligation *que m'impose* une seule de ses actions généreuses [128]. Du nombre de ces dernières est la suivante : dans le temps que, par suite de l'injustice et des mauvais desseins de mes frères, je séjournais dans le Khoraçan, auprès d'Houçam-Eddaulah-Tach, mes frères lui envoyèrent des lettres et s'engagèrent, dans le cas où il voudrait bien me livrer entre leurs mains, à faire remettre chaque année une somme considérable au trésor de l'émir Nouh, et à en donner une semblable à Tach, avec des choses précieuses de l'Irac, robes magnifiques, chevaux arabes et autres richesses de la même contrée. En s'engageant à de pareils actes d'hommage, ils amenèrent les choses à un tel point que toute excuse devint impossible. Lorsque le contenu de leur message parvint à mes oreilles, le jour brillant s'obscurcit à mes yeux, et je renonçai à l'espoir de conserver la vie. Le moyen de me préserver de ce danger n'était guère facile et la fuite était impossible. Un jour, pendant que j'étais plongé dans ces tristes réflexions, le chambellan de Tach s'étant présenté à la porte de ma demeure, demanda à être introduit. Lorsqu'il fut entré dans mon *medjlis*, il m'invita à un festin [129]. Je fus incertain sur la question de savoir si c'était *vraiment* un festin ou un malheur et une calamité épouvantable. Je dis en moi-même : « Certainement la flèche de la perfidie de mes frères est parvenue au but de leurs désirs ; une grande machination est enveloppée dans cette invitation. » Je montai à cheval dans une agitation et un trouble complets ; mes doigts ne pouvaient serrer les rênes, et il ne restait pas à ma main la force de tenir le fouet. Lorsque j'arrivai au *medjlis* de Tach, celui-ci me témoigna une considération infinie et un respect plus grand encore que de coutume. Par la grâce de sa conversation et ses manières tout à fait amicales, la crainte que j'éprouvais disparut. Il me remit alors la lettre de mes frères et me dit : « Je voulais tenir cette lettre cachée, afin que ton cœur n'en éprouvât point un sentiment de tristesse, mais j'ai jugé plus éloigné de tout soupçon d'enlever le voile de dessus cette affaire ; et cela m'a paru plus proche du repos de ton cœur et de la tranquillité de ton esprit. » Puis il proféra les serments les plus solennels, en disant : «Je ne donnerai point un seul de tes cheveux, ni même un fil de ton vêtement, pour tous les tributs de l'Irac. Quand bien même j'anéantirais pièce à pièce ce qui est en ma puissance, biens meubles ou immeubles, afin de tranquilliser l'esprit d'un de tes humbles esclaves, je n'arriverais point encore à la dixième partie de ce qui est dans ma pensée, en fait d'amitié sincère et d'affection véritable, pour honorer ton arrivée ; si je sacrifiais cette chemise que je porte, pour défendre tes intérêts, éloigner tout

P. 56.

accident de ta gloire, et tirer vengeance des ennemis de ton royaume héréditaire, je ne m'acquitterais point de ce que je dois à ta bienvenue. Jamais je ne détournerai les rênes de la sollicitude, lorsqu'il s'agira de te prêter assistance, jusqu'à ce que Dieu t'ait rétabli dans ta capitale. Maintenant, continua Fakhr-Eddaulah, en s'adressant à son vizir, comment me permettrai-je de regarder comme licites, l'indifférence et la négligence en retour des grâces et des bienfaits d'un homme qui a été mon ami au point de tenir cette conduite généreuse, sans y être poussé par un ancien service, ni par aucune considération d'intérêt? J'en jure par Dieu, par les droits de la Caabah et par l'âme de Rocn-Eddaulah, je ne serai point accusé d'oublier ces efforts et d'être ingrat envers ces bienfaits; et je ne me marquerai point moi-même du stigmate de l'imperfection et du péché; surtout puisque j'ai obtenu le moyen de montrer de la reconnaissance, et le pouvoir de rendre la pareille, et que le Créateur tout-puissant a daigné m'accorder la puissance de secourir Tach et la faculté de pourvoir à ses besoins. »

Tach séjourna quelque temps à Djordjan [130], jusqu'à ce que, dans l'année 379 (989-90), une violente maladie contagieuse survînt dans cette contrée. La plupart de ses soldats, de ses officiers, de ses principaux chambellans et de ses *catibs* (écrivains) périrent. Tach, dans le même temps, fut atteint d'une maladie mortelle et mourut dans son exil, le cœur plein de regrets.

RÉCIT DE LA MORT D'ABOU'L-HOUCEIN-*IBN*-SIM-DJOUR, DE L'ÉLÉVATION DE SON FILS ABOU-ALI À SA DIGNITÉ, ET DE L'INIMITIÉ D'ABOU-ALI CONTRE L'ÉMIR NOUH, FILS DE MANÇOUR; DÉTAILS DE CE QUI REGARDE BOGHRA-KHAN.

Abou'l-Houcein-*ibn*-Simdjour, étant un jour allé dans une de ses maisons de plaisance, avait emmené avec lui une jeune fille d'entre ses concubines...... Au milieu de leur tête-à-tête l'âme d'Abou'l-Hou- P. 58. cein abandonna son corps[131].... Son fils, Abou-Ali osa se charger des fonctions d'émir du Khoraçan, auxquelles sa naissance et son mérite lui donnaient des droits. A Bokhara, on accorda le gouvernement de Nichabour à Abou-Ali, et celui de Hérat à Faïc. La discorde s'étant élevée entre Abou-Ali et Faïc, l'affaire aboutit à la guerre. Faïc fut mis en déroute par Abou-Ali et se rendit à Merv-Erroud. Ayant préparé et équipé son armée dans cet endroit, il se dirigea vers Bokhara, sans en avoir obtenu la permission de Nouh-ben-Mançour. L'émir Nouh se défiant de Faïc, désigna, pour le repousser, Inanedj et Bectouzoun[132]. Ces deux généraux livrèrent un combat à Faïc, qui se rendit à Balkh, après avoir essuyé une défaite. Il marcha de cet endroit vers Termed, et, ayant envoyé des lettres à Boghra-Khan, il l'excita à la guerre contre l'émir Nouh.

Sur ces entrefaites, Abou-Ali-ibn-Simdjour envoya une requête à Bokhara, et demanda que l'émirat du Khoraçan lui fût confié sans partage. Dans cette requête, il inséra la mention des services que la famille de Simdjour avait rendus aux sultans Samanides. La demande d'Abou-Ali fut agréée; par l'ordre de l'émir Nouh, les secrétaires, aussi intelligents que Mercure (Outharid) [133], écrivirent le nom du descendant de Simdjour avec les surnoms suivants : « L'émir des émirs, assisté du ciel [134]. » Lorsque la position d'Abou-Ali parvint au comble

P. 59. de l'élévation et du pouvoir, il étendit la main de la tyrannie sur toutes les contrées du Khoraçan, commença à se livrer à des exactions, et partagea entre ses serviteurs les richesses de la province. Nouh, fils de Mançour, lui demanda de laisser une portion du Khoraçan aux préposés du *divan* royal. Abou-Ali ne daigna faire aucune attention à cette parole, et répondit ainsi : « Un grand nombre de soldats sont rassemblés dans ce pays; les tributs du Khoraçan ne suffisent point pour acquitter leur solde. Si l'on ajoute au fief de cet humble serviteur une autre des provinces de l'empire, cela sera convenable. » Dans la suite, Abou-Ali passait ses jours, flottant entre l'obéissance et la rébellion, et montrait de l'hostilité sous le voile de l'amitié. Il en fut ainsi jusqu'à ce qu'il envoyât des lettres et des présents [135] au roi des Turcs, Boghra-Khan [136], et lui fît tenir ce message : « Si le Khan se dirige vers le Mavérannahr, je me mettrai aussi en mouvement de ce côté-ci et me joindrai à lui, à condition que, après la défaite et l'extermination de l'émir Nouh, le royaume de ce prince sera partagé en deux portions : le Mavérannahr appartiendra au Khan, et le Khoraçan deviendra ma propriété. »

Boghra-Khan, mû par la convoitise [137], conduisit une armée contre l'émir Nouh. Celui-ci envoya à sa rencontre Inanedj-Hadjib (le chambellan), avec des troupes. Boghra-Khan fit Inanedj prisonnier, et le fit conduire dans le Turkistan. Pour cette raison, un affaiblissement complet se manifesta dans la puissance de Nouh, fils de Mançour. Nouh, cédant à la nécessité, manda Faïc, le traita avec faveur, et, lui ayant confié une armée, l'éleva au gouvernement de Samarcand, pour qu'il défendît cette province contre les entreprises des Turcs. Lorsque Faïc arriva à Samarcand, il apprit que Boghra-Khan approchait. Il sortit de la ville avec l'armée qu'il avait amenée; mais, avant *même* de ranger les troupes en bataille et de tirer l'épée, il prit la fuite et se rendit à Bokhara. Personne ne douta que la fuite de Faïc ne fût le résultat de la trahison et de l'ingratitude. Nouh fut troublé et rempli de crainte par cet événement; il renonça au gouvernement, abandonna l'exercice de son autorité et se cacha avec soin.

Boghra-Khan, après s'être emparé de Samarcand, se rendit à Bokhara. Faïc marcha en toute hâte à sa rencontre, et fut compris au nombre de ses familiers. Lorsque Boghra-Khan fut affermi sur le trône, Faïc demanda la permission d'aller à Balkh, d'y recevoir le tribut des habitants de la province, de faire réciter la khotbah et frapper la monnaie au nom du khan, dans toute l'étendue du pays. Boghra-Khan lui accorda cette permission, et Faïc se dirigea de ce côté-là. Nouh, fils de Mançour, ayant trouvé une occasion favorable, sortit de sa capitale sous un déguisement, passa le Djeïhoun et s'arrêta à Amol-Chatt [138]. Plusieurs de ses serviteurs et de ses esclaves qui s'étaient rendus dans ce lieu, et qui étaient restés stupéfaits et comme pris de vertiges, furent joyeux de son arrivée; bien plus, une nouvelle vie se montra dans les corps flétris de ces hommes [139]. De différents côtés, les troupes dispersées se rassemblèrent à l'ombre des étendards victorieux de Nouh.

Depuis le commencement des troubles, Nouh envoyait des lettres à Abou-Ali-ibn-Simdjour, et l'invitait à le secourir, à acquitter la dette de la reconnaissance et à s'appliquer à défendre l'empire. Mais Abou-Ali trompait Nouh par des paroles mensongères et des promesses d'Orkoub [140]. Lorsque Nouh s'arrêta à Amol-Chatt, il envoya un ambassadeur à Abou-Ali et lui fit dire : « L'attente a dépassé toute limite et l'affaire est arrivée à son terme. Il est temps que tu t'appliques à t'acquitter des bienfaits précédemment reçus, et que tu imites tes ancêtres en secourant les enfants de Saman. » Abou-Ali persévéra dans sa conduite blâmable et son caractère vil, jusqu'à ce que Dieu arrangeât les affaires du

HISTOIRE DES SAMANIDES. 173

royaume de Nouh sans que ce prince eût d'obligation à personne; qu'il le ramenât dans sa capitale, et fît de la ruse et de la perfidie de ses ennemis, le motif du désappointement et de la frustration de ceux-ci..

RÉCIT DU DÉPART DE BOGHRA-KHAN DE BOKHARA; P. 62.
DU RETOUR DE NOUH, FILS DE MANÇOUR, DANS SON ROYAUME; DE L'ACCORD DE L'ÉMIR NACIR-EDDIN-SÉBUCTÉGUIN AVEC LUI POUR EXTERMINER ABOU-ALI ET FAÏG; ET DÉTAILS DES GUERRES QUI EURENT LIEU ENTRE EUX DANS CE TEMPS-LÀ.

Boghra-Khan ayant été incommodé par la température de Bokhara, fut possédé du désir de retourner dans son ancienne demeure; et, ayant été pris d'une maladie grave, il ne connut point d'autre remède à son mal que de respirer l'air du Turkistan. Il sortit donc de Bokhara et se dirigea de ce côté-là. Les Bokhariens étendirent la main sur son arrière-garde, et accomplirent les règles du pillage et du meurtre [141]. Boghra-Khan mourut [142] dans une certaine station. Lorsque cette bonne nouvelle parvint aux oreilles de Nouh, il partit promptement et se dirigea vers Bokhara. Tous les habitants de Bokhara se rendirent en hâte à sa rencontre, et furent aussi joyeux à la vue de ce prince que l'homme soumis au jeûne *du ramadhan*, à l'aspect de la nouvelle lune [143], ou celui dont les lèvres sont altérées, en buvant l'eau limpide et pure. Samarcand, Bo-

P. 63. khara et leurs dépendances rentrèrent sous la puissance des préposés de Mélic-Nouh. Les ordres et les prohibitions de ce prince reçurent leur exécution, selon la coutume, dans ces provinces.

Lorsque Abou-Ali vit que le vaisseau de Nouh s'était fixé sain et sauf sur le Djoudi (l'Ararat) du repos, la flamme de sa prudence s'éteignit dans les ténèbres de cette calamité, et le jardin de sa joie fut flétri par le vent impétueux de cet événement. Il tint conseil à ce sujet avec ses familiers, et demanda aux hommes sensés le remède à cet accident. Tous répondirent : « Le caractère des enfants de Saman a été pétri avec l'eau de la bienveillance et de la générosité; c'est chez eux une coutume ancienne et un usage constant de pardonner les fautes et les péchés de leurs serviteurs. On ne peut parvenir de ce gouffre au rivage du salut, si ce n'est avec le vaisseau de la bienveillance de l'émir Nouh; et ce torrent d'affliction ne s'écoulera point dans les canaux de la terre, excepté par les heureux effets de sa puissance. La route à suivre est de chercher, par tous les moyens possibles, à satisfaire son noble cœur. »

Ces paroles s'accordèrent d'abord avec les dispositions d'Abou-Ali, et il s'occupa à préparer les dons et les présents. Ayant rassemblé des offrandes convenables, il voulut les envoyer à la cour de l'émir Radhi-Nouh, par l'intermédiaire d'un ambassadeur, à la langue insinuante, afin que celui-ci, par la magie de ses discours, bannît la haine de l'esprit du prince [144]. Mais, ayant ensuite réfléchi il se dit :

« Comment recueillerai-je la moisson de la fidélité dans un lieu où j'ai semé la graine de l'injustice, et comment pourrai-je espérer de récolter les fruits de la concorde dans un endroit où j'ai planté l'arbrisseau de la discorde? » Il fut donc irrésolu touchant l'envoi de l'ambassadeur et des tributs, et les excuses et les demandes de pardon qu'il devait faire. Sur ces entrefaites, Faïc, l'ayant rejoint, lui souffla tant de suggestions, qu'Abou-Ali fut d'accord avec lui pour agir hostilement contre leur bienfaiteur.

Voici le récit détaillé de ce fait : lorsque les affaires de l'émir Nouh furent arrangées, après la mort de Boghra-Khan, Faïc, dont la situation et l'esprit étaient également troublés, ne vit d'autre ressource que de faire périr Nouh, avant que sa puissance eût eu le temps de s'accroître. En conséquence, après avoir rassemblé une armée, il se dirigea audacieusement [145] vers Bokhara. L'émir Nouh envoya à sa rencontre une troupe de ses plus braves soldats. Les deux partis s'étant rencontrés, un violent combat s'engagea et un grand nombre d'hommes périrent. Enfin Faïc parvint à sortir vivant du champ de bataille. Comme il n'avait point d'autre refuge, il se retira auprès d'Abou-Ali et commença ses odieuses menées. Abou-Ali, ayant été joyeux de l'arrivée de Faïc, crut que sa présence le dispensait de chercher à satisfaire l'émir Nouh. Il donna à Faïc ces offrandes et ces présents qu'il avait préparés pour l'émir, et les fondements de l'amitié et de l'affection furent affermis entre eux.

P. 65. Lorsque Nouh fut informé de l'accord d'Abou-Ali et de Faïc, il consacra toute sa sollicitude à résoudre ces questions : par la main de quel écuyer réduira-t-il sous le fardeau de la soumission ces deux coursiers rebelles? Par la force de quel pêcheur tirera-t-il dans le filet de la vengeance ces deux crocodiles [146] injustes? Après mûre délibération, son choix tomba sur l'émir Nacir-Eddin-Sébuctéguin, qui était connu par sa fidélité et sa générosité et cité pour sa puissance. Pendant que ces événements arrivaient dans le Khoraçan et le Mavérannahr, l'émir Sébuctéguin s'était occupé à faire des incursions dans l'Inde, et avait recueilli un butin considérable. Lorsque l'émir Nouh se fut résolu à demander le secours de Sébuctéguin, il envoya en ambassade auprès de lui Abou-Nasr-Farci; et, après lui avoir annoncé une portion des actions honteuses d'Abou-Ali et de Faïc, il réclama son assistance.

L'émir Sébuctéguin, rempli de zèle par le malheureux état des enfants de Saman, fit battre aussitôt le tambour du départ et se dirigea du côté du Mavérannahr. L'émir Nouh alla à sa rencontre jusqu'au pays de Kech. Avant l'entrevue, Sébuctéguin demanda à être dispensé de prendre la peine de descendre de cheval, et de s'empresser de baiser la terre, à cause de la faiblesse occasionnée par son grand âge et du respect dû à sa vieillesse. Nouh avait agréé ses excuses à ce sujet. Mais, lorsque les yeux de Nacir-Eddin-Sébuctéguin tombèrent sur la figure de Nouh, le respect qu'inspire la royauté en-

HISTOIRE DES SAMANIDES. 177

leva de ses mains les rênes du libre arbitre. En conséquence, il descendit de cheval et baisa l'étrier de Nouh. Celui-ci le pressa sur sa poitrine avec une P. 66. considération et une joie entières. Par suite de la jonction de ces deux heureux princes, les cœurs des hommes reprirent une nouvelle vie, et la rose de la joie s'épanouit dans les jardins des esprits des grands et du peuple. On vit un concours de personnes dont le pareil n'est mentionné dans aucune histoire. Après qu'on eut disposé les choses nécessaires pour le festin de l'hospitalité, Nouh et Sébuctéguin discoururent au sujet de l'arrangement des affaires du royaume et de la répression des rebelles. Il fut résolu que l'émir Sébuctéguin, après être retourné à Ghiznin, s'occuperait d'équiper une armée. L'émir Nouh ouvrit la main pour faire des présents et des largesses, et flatta Sébuctéguin et ses serviteurs, en leur donnant des khilats précieux et dignes d'un roi. Sébuctéguin retourna à Ghiznin, et l'émir Nouh se dirigea en toute hâte du côté de Bokhara.

Lorsque Abou-Ali fut informé de cet événement, la fumée de la stupéfaction s'éleva jusqu'au siége de son cerveau, et il tint conseil avec ses familiers et des hommes expérimentés, leur demandant : « Si un accident survient, et si l'influence du mauvais œil nous atteint, dans quelle contrée irons-nous et auprès de quel personnage puissant chercherons-nous un refuge ? » Tous, d'un commun accord, répondirent : « Il faut suivre le chemin de l'amitié envers Fakhr-Eddaulah, et regarder son affection comme notre plus ferme soutien. » Abou-Ali, ayant désigné Abou-Djafer-ben-Zou'l-Carneïn comme son ambassadeur à Djordjan, envoya tout ce qu'il put rassembler d'objets précieux du Khoraçan et de raretés du Turkistan, pour Fakhr-Eddaulah et son vizir le sahib *Ibn*-Abbad ; de sorte que les fondements de l'amitié et de la concorde furent affermis, et que les portes de la correspondance et des messages furent ouvertes entre eux. Sur ces entrefaites, le croissant, qui surmontait l'étendard de l'émir Sébuctéguin, se montra à l'horizon du pays de Balkh. L'émir Nouh, étant parti de Bokhara, le *char*, prince du Ghardjistan [147] et Abou'l-Harith-Ferighouni, viceroi du Djouzdjan, se joignirent à lui. L'émir-Nacir-Eddin se réunit à l'émir Nouh, avec près de deux cents éléphants [148] bien équipés, et une armée pure de tout soupçon de lâcheté et de méchanceté. Lorsque Abou-Ali et Faïc furent informés de leur marche, s'étant préparés à la guerre, ils sortirent d'Hérat avec les troupes du Khoraçan et deux mille cavaliers deïlémites, que Fakhr-Eddaulah avait envoyés à leur secours ; et, de concert avec Dara, fils de Chems-el-Maali-Cabous, qui était venu à leur aide, du Djordjan. Nacir-Eddin, ayant choisi une plaine large et spacieuse, rangea en bataille son aile droite et son aile gauche, et se plaça lui-même au centre, en compagnie de Nouh et de Seïf-Eddaulah-Mahmoud-Ghazi. Abou-Ali, de son côté, consacra le plus grand soin à bien disposer ses troupes, envoya Faïc à l'aile droite, et confia la gauche à son frère Abou'lkacim-*ibn*-Simdjour. Lorsque les deux armées se rencontrèrent, l'aile droite et l'aile gauche de Faïc, ayant obtenu l'avantage sur celles de Nouh, les culbutèrent; peu s'en fallut que la chose ne devînt irréparable, et que les troupes de Bokhara n'essuyassent un honteux échec. Mais Dara, fils de Cabous, fit une charge du centre d'Abou-Ali, où il était posté; lorsqu'il fut arrivé entre les deux partis, il rejeta son bouclier derrière son dos, se rendit auprès de Nouh et combattit les soldats du Khoraçan. Les émirs rebelles et toute leur armée pensèrent que la trahison de Dara ne pouvait avoir lieu sans l'accord d'une partie des confédérés. Pour cette raison, ils tombèrent dans l'abattement. Lorsque Sébuctéguin vit des traces de faiblesse et de découragement parmi les révoltés, il fit une charge avec une troupe de cavaliers belliqueux. Les compagnons d'Abou-Ali, ayant été plongés dans la stupeur par l'épouvante que leur inspirait cet événement, prirent la fuite. Mahmoud poursuivit les fuyards, en tua une partie et en prit une autre. Les ennemis abandonnèrent une telle quantité de richesses, de munitions et d'armes, que, s'ils en avaient fait servir la dixième partie à défendre leur honneur [149], ils seraient restés à l'abri des accidents de la fortune.

Abou-Ali et Faïc, s'étant échappés, allèrent à Nichabour. Nouh, Sébuctéguin et Mahmoud séjournèrent deux ou trois jours à Hérat, pour prendre du repos et partager le butin. Nouh accrut encore la réputation de Sébuctéguin, en le surnommant Nacir-Eddin (le protecteur de la religion); il honora Mahmoud, l'héritier de son autorité, du surnom de Seïf-Eddin (le glaive de la religion), et lui confia le commandement des troupes, dignité qui avait appartenu à Abou-Ali [150]. Quant à lui, il se dirigea vers Bokhara, heureux et puissant. Nacir-Eddin et Seïf-Eddaulah-Mahmoud partirent en grande pompe pour Nichabour. Lorsque Abou-Ali apprit la nouvelle de leur marche, il se rendit à Djordjan, cherchant un refuge auprès de Fakhr-Eddaulah. Le sahib *Ibn*-Abbad ayant parlé en faveur d'Abou-Ali, Fakhr-Eddaulah donna à celui-ci la somme d'un million de direms, afin qu'il les dépensât selon ses intérêts. Abou-Ali et Faïc séjournèrent cet hiver-là à Djordjan, fatiguant Fakhr-Eddaulah par des demandes exorbitantes. Le prince deïlémite, ayant montré de la négligence dans l'accomplissement de leurs projets, ils furent mécontents de lui et tinrent conseil avec leurs familiers, pour aviser à ce qu'il convenait de faire. Quelques-uns dirent : « Notre avantage consiste à arborer à Djordjan les insignes de la puissance de l'émir Nouh; à orner les minbers et les dinars du nom et du surnom de ce prince, et à chercher, par ce service, à rentrer en grâce auprès de lui. »

Faïc, ayant rejeté cette proposition, dit à son tour : « Sébuctéguin est allé à Ghiznin; Mahmoud est resté seul dans cette contrée, et n'a point la puissance nécessaire pour nous résister. Or il me paraît convenable que nous aillions à Nichabour, et que nous nous établissions tranquillement dans cette province, après en avoir chassé Mahmoud. Si (ce qu'à Dieu ne plaise !) l'influence pernicieuse du mauvais œil nous atteint, nous reviendrons à Djordjan ; mais il faut promptement sortir de ce pays, parce que la température de Djordjan est malsaine : il est à craindre qu'il ne nous arrive, à nous et à nos compagnons, ce qui est arrivé à Houçam-Eddaulah-Tach et à son armée. » Tous les soldats approuvèrent cet avis, par amour pour leur patrie et par affection pour leurs familles et leurs demeures. Abou-Ali s'étant, bon gré malgré, conformé à leur sentiment, ils se dirigèrent de concert vers Nichabour. Seïf-Eddaulah-Mahmoud, ayant été informé de la marche des ennemis, fit partir un courrier pour Ghiznin, et fit connaître à son père l'état des choses. Pour lui, il établit son camp aux portes de Nichabour, attendant les secours qu'il avait demandés. Avant l'arrivée de l'armée de Ghiznin, dans l'année 385 (995), Abou-Ali et Faïc, ayant conduit leurs troupes contre Seif-Eddaulah-Mahmoud, fondirent sur ce prince. Après un combat acharné, Mahmoud fut mis en déroute, et ses bagages tombèrent entre les mains d'Abou-Ali et de Faïc, qui réduisirent Nichabour sous leur autorité.

Plusieurs hommes, pleins de perspicacité et de prévoyance, dirent à Abou-Ali : « Il faut partir en toute hâte à la poursuite de Mahmoud, avant que le père ait pu rejoindre son fils; et mettre ton esprit

P. 70.

en repos touchant les affaires de l'état, avant qu'ils reçoivent du renfort de Bokhara. » Par suite de son infortune et de sa mauvaise étoile, Abou-Ali n'écouta point les paroles de ces conseillers sincères ; et, ayant montré dans cette occasion de la négligence et de la faiblesse, il envoya une requête à Bokhara et une lettre à l'émir Nacir-Eddin. Après avoir demandé son pardon, il imputa à Faïc l'audace et les actions inconvenantes dont il s'était rendu coupable. L'émir Nouh et Nacir-Eddin ne firent aucune attention à ses paroles mensongères [151], et ne daignèrent point écrire de réponse à ses lettres. Abou-Ali séjourna à Nichabour, jusqu'à ce que le bruit de la marche de l'émir Nacir-Eddin parvînt à ses oreilles.

P. 71.

Cependant, après la fuite de Seïf-Eddaulah, l'émir Nacir-Eddin envoya des lettres de différents côtés, afin que les troupes se rassemblassent dans le lieu qu'il leur assignait ; il députa Abou-Nasr, fils d'Abou-Zeïd, dans le Seïstan, pour mander Khalaf, fils d'Ahmed, et appela du Djouzdjan Abou'l-Harith-Férighouni. Un si grand nombre de soldats furent rassemblés en peu de temps, que le calculateur de l'intelligence devint impuissant à les compter. Après la réunion de l'armée, l'émir Nacir-Eddin partit pour Nichabour. Abou-Ali se mit en marche vers Thous, et établit son camp dans quelque endroit de cette contrée. Après avoir dépassé les stations et traversé les relais intermédiaires, Nacir-Eddin, étant arrivé aux environs de Thous, s'arrêta proche du camp d'Abou-Ali.

Les deux armées firent bonne garde durant la nuit suivante. Lorsque le jour fut arrivé [152], les soldats des deux partis et les héros des deux contrées saisirent leurs lances et leurs cimeterres. Tandis que la flamme de la guerre s'allumait, un grand nuage de poussière s'éleva derrière l'aile gauche d'Abou-Ali. Lorsque cette poussière se fut entr'ouverte, on découvrit Seïf-Eddaulah-Mahmoud, accompagné d'une nombreuse troupe de guerriers invincibles. Abou-Ali resta troublé et stupéfait entre les deux armées, et ne vit d'autre ressource que de joindre les deux ailes au centre, et de fondre sur le centre de Nacir-Eddin, afin d'essayer de se retirer sain et sauf de ce champ de bataille. Nacir-Eddin repoussa ce choc avec une résolution et une constance inébranlables. Seïf-Eddaulah-Mahmoud étant arrivé, attaqua les ennemis et en terrassa un si grand nombre, que le dos du poisson [153] fut courbé par leur poids, et que la terre fut arrosée de leur sang. Une multitude innombrable fut écrasée sous les pieds des éléphants. Parmi les plus célèbres compagnons d'Abou-Ali, Boghra-Hadjib, Sébuctéguin-Ferghani, Arslan-Beg, Abou-Ali ben-Nouchtéguin, Lechkéristan ben-Abou-Djafer, le Deïlémite, furent faits prisonniers.

Abou-Ali et Faïc, étant sortis sains et saufs de ce champ de bataille, se rendirent à la forteresse de Kélat [154], qui est un château aussi élevé que le ciel, et à l'abri des accidents de la fortune. Emirek-Thousi [155] s'appliqua pendant quelques jours à les traiter comme ses hôtes, jusqu'à ce que des nouvelles de l'état de l'armée, de la vie, de la mort, de la perte et du salut de chacun fussent parvenues aux oreilles des émirs rebelles, et qu'une poignée d'hommes qui avait échappé à ce massacre les eût rejoint. Alors Abou-Ali et Faïc étant allés à Abiverd, se dirigèrent de ce lieu vers Sarakhs ; de Sarakhs, ils partirent pour Merve. D'après un récit, l'émir Nacir-Eddin, ou, selon une autre version, Seïf-Ed-daulah-Mahmoud, marcha vers Merve pour mettre fin aux troubles excités par eux. Abou-Ali et Faïc, étant arrivés à Amol-Chatt, entreprirent une seconde fois de faire des excuses et de demander leur pardon. Abou-Ali désigna Abou'l-Houcein-Kéthir comme son ambassadeur auprès de Mélic-Nouh, et Faïc choisit Abd-Errahman-Fakih (le jurisconsulte) dans la même qualité. Ces deux hommes s'étant rendus à Bokhara, firent les plus grands efforts pour se concilier la bienveillance de Nouh, et pour apaiser ce prince. Nouh fit arrêter l'envoyé de Faïc, et le retint en prison ; mais, ayant accueilli les excuses d'Abou-Ali, il publia l'ordre suivant : « Qu'Abou-Ali se rende maintenant à Djordjanieh, afin que l'intention où nous sommes de le traiter avec honneur et de lui attribuer un fief, reçoive son accomplissement. » Il envoya au vice-roi de Djordjanieh Mamoun ben-Mohammed, une lettre contenant l'injonction suivante : « Traitez Abou-Ali avec considération, et préparez ce qui lui est nécessaire, afin que ce qui sera exigé à son égard par notre prudence, soit mis à exécution. » Lorsque Abou'l-Houcein-Kéthir fut de retour, Faïc dit à Abou-Ali : « L'intention de Nouh, en t'envoyant à Djordjanieh, est de nous séparer et de nous éloigner l'un de l'autre. Il est plus conforme à notre intérêt de nous rendre, de concert, auprès d'Ilek-Khan, et de nous jeter hors de cet abîme mortel, sur le rivage de la délivrance. » Abou-Ali ne l'écouta point, et, après lui avoir fait ses adieux, il se dirigea vers Djordjanieh. Faïc, ayant traversé le fleuve, fut compris au nombre des familiers d'Ilek-Khan.

P. 74.

Lorsque Abou-Ali parvint à Hézarasp, Abou-Abd-Allah, le Kharezm-Chah, lui envoya un présent et lui fit faire des excuses de ce qu'il différait de marcher à sa rencontre; « demain, disait-il, j'irai rendre hommage à Abou-Ali. » Quand il fit nuit, à cause d'une vieille haine qu'il conservait dans son cœur contre Abou-Ali, il envoya une troupe d'hommes qui, l'ayant fait prisonnier avec ses familiers, l'amenèrent à Kharezm. Le Kharezm-Chah ordonna d'enchaîner Abou-Ali, et de le retenir captif dans un certain château. Lorsque les détails de cet événement parvinrent aux oreilles du vice-roi de Djordjanieh, Mamoun ben-Mohammed, la veine du zèle de ce prince fut mise en mouvement, et il montra beaucoup de trouble et d'agitation. Ayant réuni ses serviteurs, il ordonna qu'Ilenkou [156], page d'Abou-Ali, dont l'autorité était reconnue par les restes du parti de celui-ci, fondît sur le Kharezm-Chah. Ilenkou et ses compagnons se conformèrent aux ordres de Mamoun, entourèrent la ville de Cath, qui était la résidence du Kharezm-Chah [157], tuèrent quelques-uns des serviteurs de ce prince, dispersèrent les autres et s'emparèrent de la personne d'Abou-Abd-Allah. Ils enlevèrent les liens des pieds d'Abou-Ali et les placèrent aux talons du Kharezm-Chah, *de sorte que* l'émir devint prisonnier, et que le prisonnier devint émir [158]; puis ils amenèrent, à Djordjanieh, Abou-Ali, qu'ils traitèrent avec beaucoup de considération et de respect, et le Kharezm-Chah, couvert du vêtement du châtiment et de l'opprobre. Mamoun, ayant montré le plus grand zèle pour honorer Abou-Ali, chercha à se concilier sa bienveillance par des dons et des présents.

Voici quel était le motif de l'inimitié d'Abou-Abd-Allah contre Abou-Ali : lorsque Nouh traversa le fleuve, par suite de l'attaque et des conquêtes de Boghra-Khan, le Kharezm-Chah et Mamoun, fils de Mohammed, lui rendirent des services dignes d'approbation. Après que Nouh fut rétabli dans sa capitale, en retour de cette conduite généreuse, il donna Abiverd à Abou-Abd-Allah, et Niça à Mamoun. Lorsque les préposés des deux princes arrivèrent dans cette contrée, Abou-Ali livra Niça à Mamoun, et répondit aux envoyés du Kharezm-Chah : « Abiverd est le fief de mon frère; tant qu'un équivalent ne lui aura point été assigné par le divan auguste, l'entrée du Kharezm-Chah dans ce pays sera une chose impossible. » Ces hommes étant retournés frustrés *dans leurs espérances*, rapportèrent au Kharezm-Chah cette nouvelle désagréable.

En somme, après l'arrivée d'Abou-Ali à Djordjanieh, Mamoun, fils de Mohammed, prépara un festin [159] dont on n'avait vu le pareil ni dans ce temps, ni à d'autres époques. Dans ce repas, on apporta du vin, et, quoique Abou-Ali s'abstînt avec soin des choses défendues, cependant, à cause de l'insistance de Mamoun, il osa boire de ce breuvage.

Vers. Les fondements de la pénitence qui semblaient P. 76. aussi solides que la pierre, regarde comment la coupe de verre les a brisés.

Lorsque chacun eut avalé un verre de vin, et que la violence de la boisson eut produit son effet, on amena le Kharezm-Chah. Quoiqu'on lui adressât la parole et qu'on lui fît de vifs reproches, il ne donna aucune réponse et ne leva point la tête, à cause de la honte qu'il ressentait. Au comble de l'ivresse, on abattit sa tête d'un seul coup d'épée, au milieu de la salle; et le Kharezm fut soumis à Mamoun.

Mamoun, ayant envoyé de nombreux présents à Bokhara, intercéda afin que l'on pardonnât les fautes d'Abou-Ali. Nouh, fils de Mançour, répondit : « Nous avons d'abord pardonné les péchés d'Abou-Ali, puis nous l'avons envoyé auprès de toi. » Bientôt Nouh manda Abou-Ali. Cet homme simple, ignorant quelle devait être sa destinée, se mit en route. Lorsqu'il arriva auprès de la capitale de Nouh, Abd-Allah-ben-Aziz, les courtisans et les familiers du prince sortirent en hâte à sa rencontre. Abou-Ali, s'étant rendu au pied du trône avec les émirs et les notables, baissa la tête en signe de honte et de repentir. Les serviteurs de Nouh amenèrent Ilenkou, les autres généraux de l'armée, les frères d'Abou-Ali et ses principaux compagnons, et les firent entrer dans la salle. Le roi ordonna de les arrêter tous, de les charger de liens pesants, et de piller leurs richesses et leurs biens. En ce moment, Nacir-Eddin-Sébuctéguin était à Merve. Lorsqu'il apprit la nouvelle de l'arrestation d'Abou-Ali, il se rendit à Balkh et demanda qu'il lui fût livré[160]. Nouh commanda de conduire Abou-Ali auprès de Sébuctéguin. Celui-ci le retint en prison jusqu'à ce qu'il mourût[161].

Lorsque Faïc arriva auprès d'Ilek-Khan, il l'excita à conduire une armée dans le Mavérannahr. Par son conseil, Ilek-Khan se détermina à marcher de ce côté. A cette nouvelle, l'émir Nouh fut extrêmement troublé, et ne vit d'autre ressource que de demander une seconde fois le secours de l'émir Nacir-Eddin. En conséquence, lui ayant envoyé un député, il lui fit dire : « Ilek-Khan est venu sur la frontière du Mavérannahr, et tourmente, par ses exactions, les gouverneurs de cette province. Je te prie de prendre, cette fois encore, la peine de te diriger de ce côté[162], d'écarter de la surface de notre royaume les étincelles de la méchanceté de ce perfide khan, et d'achever ce que tu as commencé de faire dans l'intérêt de notre empire. » Nacir-Eddin envoya des ordres dans les différentes parties des provinces du

Khoraçan, de Ghiznin et du Zavélistan, afin de mander les troupes. Puis, s'étant mis en marche, il alla camper entre Kech et Necef, et séjourna assez longtemps dans cet endroit, pour que Seïf-Eddaulah-Mahmoud pût sortir de Nichabour et se joindre à lui, P. 78. ainsi que les soldats des diverses contrées. Nouh désigna tous les émirs et les principaux de ses serviteurs pour secourir Nacir-Eddin.

Des ambassadeurs, s'étant interposés entre Ilek-Khan et Nacir-Eddin, négocièrent afin de conclure la paix. Comme Sébuctéguin avait invité Nouh à être présent sur le théâtre de la guerre, le vizir Abd-Allah, fils d'Aziz, l'empêcha de partir, à cause des mauvaises intentions qu'il avait conçues.

L'esprit de Sébuctéguin fut mécontent de cette conduite; il consentit à la paix, et montra de la négligence dans la guerre. Grâce à l'intercession d'Ilek-Khan, il fut stipulé que le gouvernement de Samarcand serait confié à Faïc. Sébuctéguin écrivit un traité de paix qui fut orné du témoignage des imams et des cheikhs du Mavérannahr. Après la conclusion de la paix, l'émir Nouh vécut en repos jusqu'à sa mort, qui arriva à la suite d'une maladie de deux ou trois jours, au mois de redjeb 387 (997).

Hémistiche [163]. A la fin, notre demeure sera la vallée des hommes silencieux (c'est-à-dire des morts).

RÉCIT DU RÈGNE DE MANÇOUR, FILS DE NOUH.

Lorsque l'émir Radhi-Eddin-Nouh fut mort, les émirs et les notables placèrent sur le trône son fils Abou'l-Harith-Mançour. Ce prince partagea, entre les troupes, une somme d'argent rassemblée dans le trésor, et désigna Bectouzoun en qualité de commandant de l'armée. La nouvelle de la mort de Mélic-Nouh étant parvenue à Ilek-Khan, ce prince se mit en marche vers Samarcand, Faïc sortit à sa rencontre et Ilek l'envoya à Bokhara. Lorsque Faïc arriva auprès de cette cité, Mançour, troublé et stupéfait, abandonna Bokhara, et passa le fleuve en toute hâte. Faïc, étant entré dans la ville, publia qu'il était venu pour aider et secourir Mançour, et afin de s'acquitter de ce qu'il devait aux aïeux de ce prince. Les grands et les cheikhs de Bokhara envoyèrent plusieurs personnes auprès de Mançour, et le rassurèrent sur les projets de Faïc, par des promesses et des serments. Mançour étant retourné à Bokhara, Faïc se chargea des soins de l'autorité au nom du monarque; et l'on envoya Bectouzoun dans le Khoraçan en qualité d'émir.

Pendant ce temps, l'émir Sébuctéguin était mort, et la discorde s'était élevée entre ses fils, Seïf-Eddaulah-Mahmoud et Ismaïl. Lorsque l'esprit de Mahmoud fut en repos du côté d'Ismaïl (ainsi qu'il sera rapporté dans l'histoire des Ghaznévides), il se rendit dans le Khoraçan, et, ayant envoyé un député à Bokhara, il témoigna le mécontentement qu'il éprouvait de ce que son rang avait été confié à Bectouzoun. Puis il demanda qu'on lui accordât cette dignité, selon l'ancienne coutume. L'émir Aboul-Harith-Mançour répondit : « Nous te confions le gouvernement de Balkh, de Termed et d'Hérat; mais Bectouzoun est un serviteur de notre dynastie et peut faire valoir en sa faveur d'anciens services. Ordonner sa destitution sans aucun motif, me semble éloigné des règles du commandement et de la reconnaissance. » Lorsque cette nouvelle parvint aux oreilles de Mahmoud, il réfléchit en lui-même, se disant : « Sans aucun doute, mes envieux et mes ennemis ont excité Mançour à repousser ma demande. »

Après mûre délibération, il envoya à Bokhara Abou'l-Houcein-Hamouli, avec des présents et des dons innombrables, et fit dire à Mançour : « J'espère que la source de l'affection et de l'amitié ne sera point troublée ni altérée par les mauvaises herbes et les broussailles du manque de bienveillance, et que les marques de bonté du prince à mon égard, n'éprouveront aucune diminution. Il ne faut point, à cause des paroles des hommes malveillants, anéantir mes droits et ceux de mon père, droits que nous avons acquis au service des Samanides, afin que le fil de l'amitié ne soit point rompu et que les fondements de la soumission et de l'obéissance ne soient point ruinés. » Lorsque Hamouli arriva à Bokhara, on lui promit la dignité de vizir; il fut séduit par cette espérance, et, dans sa joie, il oublia la mission

P. 81.

importante qui lui était confiée. Lorsque l'émir Seïf-Eddaulah-Mahmoud vit la faiblesse de l'intelligence, le désaccord des désirs et la mauvaise administration de ces gens-là, il sut que la puissance des Samanides était parvenue au terme de son déclin; que leur dynastie était sur le point de s'éteindre; que ces hommes préposés à l'autorité et à l'administration de l'état, faisaient attention à leurs intérêts particuliers, et non à l'arrangement des affaires de leur bienfaiteur. En conséquence, il se dirigea vers Nichabour afin de s'emparer de son ancien poste. Bectouzoun, ayant été informé du but de son expédition, abandonna Nichabour et se retira dans quelque autre endroit; puis il envoya une requête à Bokhara et exposa clairement l'état de la chose. Mançour, par suite de l'orgueil propre à la jeunesse, de l'incurie de l'adolescence et de son manque d'expérience, réunit une armée, et se dirigea vers le Khoraçan, afin de retirer cette contrée des mains de Seïf-Eddaulah-Mahmoud. Il partit donc en toute hâte, et ne s'arrêta en aucun lieu jusqu'à Sarakhs. Quoique Seïf-Eddaulah-Mahmoud sût que les ennemis n'avaient pas la puissance nécessaire pour lui résister, cependant, craignant de se montrer ingrat, et voulant s'acquitter de ce qu'il devait à l'émir Abou'l-Harith, il abandonna Nichabour et se rendit à Merv-Erroud, aussi connu sous le nom de Mourghab[164], afin que sa conduite ne fût point un motif de blâme ni de déshonneur; que, dans une autre occasion, il attaquât les ennemis sous un prétexte décisif et à la faveur d'une excuse évidente à tous les yeux; que les reproches de ses envieux et de ses ennemis ne pussent l'atteindre, et que les étrangers et ses proches l'excusassent à l'envi.

RÉCIT DE LA TRAHISON DE FAÏC ET DE BECTOUZOUN ENVERS MANÇOUR, ET DE L'AVÉNEMENT D'ABD-EL-MELIC À LA PLACE DE SON FRÈRE.

Lorsque Bectouzoun arriva à la cour de l'émir Abou'l-Harith-Mançour, les grâces et les bienfaits qu'il espérait recevoir du roi ne lui furent pas accordés. Ayant été mécontent pour ce motif, il porta plainte devant Faïc. Celui-ci lui parla bien plus encore de la méchanceté du naturel et de l'âpreté du caractère de Mançour, et tous deux s'entretinrent des défauts de ce prince. Ayant invité plusieurs personnes à le destituer, ils les trouvèrent toutes d'accord avec eux. Bectouzoun, après avoir préparé un festin, amena Mançour dans sa maison, sous prétexte d'une affaire qui exigeait la présence de ce prince. Les conjurés l'ayant arrêté, le privèrent de la vue, au moyen d'un poinçon rougi au feu[165], et placèrent sur le trône son frère Abd-el-Mélic, qui était encore dans l'enfance. La durée du règne de Mançour avait été d'un an et sept mois. Les grands et les gens du commun allongèrent la langue du blâme et de la réprobation, et désapprouvèrent hautement cette action audacieuse.

Sur ces entrefaites, on reçut la nouvelle que l'émir

Seïf-Eddaulah-Mahmoud avait campé auprès de Pouli-Raghoul (le pont de Raghoul [166]). Faïc et Bectouzoun, ayant conçu les craintes les plus vives, se dirigèrent vers Merve; Seïf-Eddaulah leur envoya un député, et leur fit des reproches excessifs sur l'anéantissement des droits de leur bienfaiteur et sur la violation du respect qu'ils lui devaient. Faïc et Bectouzoun, ayant suivi la voie de la flatterie et de la perfidie, prirent des engagements au nom d'Abd-el-Mélic, et promirent à Mahmoud une grande considération et un accroissement de bienveillance; ils voulaient l'apaiser par la promesse d'une augmentation de fiefs et du gouvernement de diverses contrées. Mahmoud, à cause de son zèle pour la religion, ne regardait point comme licite le pardon de cette action blâmable. En conséquence, étant parti de Pouli-Raghoul, il alla à Merve, afin que cette affaire se traitât face à face. Faïc et Bectouzoun furent stupéfaits à son approche, et toutes sortes de craintes et de terreurs s'étant emparées d'eux, ils se repentirent de leur action. Mais, manifestant quelque audace, ils emmenèrent hors de la ville Abd-el-Mélic, dont ils avaient fait leur chanterelle [167], et campèrent en face de l'armée de Seïf-Eddaulah.

P. 84. Lorsqu'ils surent avec certitude que lutter contre l'éléphant, c'est faire des efforts pour sa propre perte, ils suscitèrent des intercesseurs, envoyèrent des ambassadeurs, et commencèrent à s'humilier et à supplier Mahmoud de leur accorder la paix. Ce prince y consentit pour conserver sa bonne renommée, et

se mettre à l'abri de tout reproche; il ordonna que
l'on abattît son pavillon et fît frapper le tambour du
départ. Lorsque ses bagages furent partis, les vagabonds et les vauriens de l'armée ennemie étendirent
la main de la violence sur son arrière-garde et livrèrent au pillage une portion de ses effets et de ses
richesses. Dès que Seïf-Eddaulah fut informé de cet
événement et qu'il vit l'avidité de ces gens à piller
ses compagnons, il consacra toutes ses pensées à en
tirer vengeance. Comme les chefs et les principaux
du parti contraire ne désapprouvèrent point l'action
des vagabonds et des hommes vils de leur armée,
Seïf-Eddaulah sut que leur consentement avait été
donné à cet acte d'audace. Le feu de sa colère s'étant
allumé, il ordonna à une troupe de soldats d'entourer
ces hommes impudents et de les passer tous au fil de
l'épée; puis il marcha vers l'ennemi après avoir rangé
ses troupes en bataille.

Les ennemis, contraints par la nécessité, se disposèrent au combat, et se placèrent en bon ordre
vis-à-vis de Mahmoud, revêtus de robes de diverses
couleurs, d'habits précieux et couverts d'armes
de toute espèce. D'ailleurs, ils avaient fait les plus
grands préparatifs, car ils avaient réuni des soldats
dans toutes les parties du Khoraçan et du Mavérannahr, et avaient rassemblé beaucoup de cavaliers
et d'innombrables fantassins. Après de grands ef- P. 85.
forts, la malheureuse influence de l'ingratitude s'é-
tant fait sentir aux ennemis, le zéphyr de la victoire
souffla sur le sommet [168] des étendards de Seïf-Ed-

daulah-Mahmoud. Les rebelles prirent la fuite; Abd-el-Mélic et Faïc se dirigèrent vers Bokhara avec leurs compagnons; Bectouzoun partit pour Nichabour, et Abou'l-Cacim-ben-Simdjour s'enfuit du côté du Couhistan. L'heureuse étoile de Seïf-Eddaulah parvint au faîte de la considération et à l'apogée de la gloire. Lorsqu'Abd-el-Mélic fut arrivé à Bokhara, Faïc s'occupa de l'administration des affaires de l'état. Au bout de quelque temps, Bectouzoun se rendit aussi à Bokhara, par suite de la crainte que lui inspirait Seïf-Eddaulah-Mahmoud. Faïc et Bectouzoun rassemblèrent les troupes dispersées, les vapeurs de l'illusion s'introduisirent une seconde fois dans leur cerveau, et la pensée de l'indépendance et de la guerre s'empara de leur esprit. Sur ces entrefaites, Faïc vint à mourir. Pour ce motif, les affaires du reste des principaux officiers d'Abd-el-Mélic furent troublées.

Sur ces entrefaites, Ilek-Khan se dirigea de Cachgar vers Bokhara. Il envoya un ambassadeur à Abd-el-Mélic et fit dire à ce jeune prince: «Les haines [169] disparaissent dans l'adversité,» *ainsi que le dit un proverbe arabe.* «Si naguère, par suite des suggestions des méchants, quelque animosité est survenue dans les esprits, elle a maintenant disparu tout à fait du nôtre. A présent, grâce à l'entrée des étrangers dans l'empire des Samanides, je me considère comme obligé, à titre de voisin, de consacrer tous mes soins à les repousser, et à éloigner la main des ennemis des provinces qui te sont échues par un droit héréditaire, confirmé par ton mérite. » Abd-el-Mélic et les principaux de sa cour regardèrent comme sincères les paroles hypocrites d'Ilek-Khan et furent trompés par ses fausses promesses. Bec-touzoun, Nialtéguin [170], les autres généraux et les émirs marchèrent en toute hâte à la rencontre d'Ilek. Lorsqu'ils furent assis dans la salle de réception de ce perfide souverain, il ordonna de les arrêter tous et de les charger de chaînes. Abd-el-Mélic, ayant été troublé en apprenant cette nouvelle, se cacha dans un endroit retiré. Le mardi, 10 de dou'lcadah 389 (999), Ilek-Khan entra à Bokhara, et établit des espions qui s'emparèrent de la personne d'Abd-el-Mélic. Ilek le fit charger de liens et l'envoya à Ouzkend, où il mourut.

Après la prise d'Abd-el-Mélic, son frère Moun-tacir parcourut quelque temps les diverses parties du Khoraçan et du Mavérannahr, tantôt vainqueur, tantôt vaincu. Comme la puissance des Samanides était parvenue à son terme, il ne retira aucun profit de ses efforts.

RÉCIT DE LA RÉBELLION DE MOUNTACIR-ABOU-IBRA-HIM-ISMAÏL, FILS DE NOUH, ET DE CE QUI ARRIVA ENTRE LUI ET ILEK-KHAN ET NASR, FILS DE NACIR-EDDIN-SÉBUCTÉGUIN.

Lorsqu'Ilek-Khan se fut emparé de Bokhara, il fit arrêter Abou'l-Harith Mançour, qui avait été privé de la vue, Abou-Ibrahim, qui sera désigné *par la suite* sous le nom de Mountacir, Abou-Iacoub, tous trois fils de Nouh, et leurs oncles Abou-Zacaria, Abou-Salih[171], et les autres membres de la famille de Saman. Il retint chacun d'eux dans une prison séparée, afin qu'ils ne machinassent point de ruse à la faveur de leur réunion. Grâce à son heureuse étoile, Mountacir, ayant tiré sur son visage le voile d'une jeune fille, qui s'occupait à le servir, parvint à sortir de prison et se tint caché dans la maison d'une vieille femme de Bokhara, jusqu'à ce que l'ardeur des personnes qui le cherchaient fût ralentie, et que ces hommes, désespérant de le trouver, eussent renoncé à leurs recherches. Alors il alla à Kharezm, sous le costume des courriers, et forma le dessein de se venger d'Ilek-Khan. Le reste des hommes dévoués à la dynastie des Samanides se rendit auprès de lui. Lorsqu'une troupe considérable se fut rassemblée de la sorte, Arslan-Balou[172], qui était chambellan de Mountacir, fit une course du côté de Bokhara, fit prisonnier Djafer-Téguin avec dix-sept émirs considérables et les envoya à Djordjanieh. Les autres étant parvenus à sauver leurs jours, se rendirent auprès d'Ilek-Khan. Arslan les poursuivit jusqu'aux environs de Samarcand. Lorsqu'il arriva au pont de Couhek[173], Téguin-Khan, gouverneur de Samarcand, au nom d'Ilek, lui barra le chemin avec une troupe nombreuse. Arslan ne refusa point le combat, tint ferme contre Téguin-Khan, le mit en déroute et fit un butin considérable. Mountacir s'étant rendu à Bokhara,

HISTOIRE DES SAMANIDES. 199

les habitants de cet endroit firent de grandes réjouissances pour fêter son arrivée.

Lorsqu'Ilek-Khan fut informé de cet événement, il rassembla une armée et marcha contre Mountacir. Arslan-Balou rejoignit l'armée de celui-ci. Après avoir délibéré, on passa le fleuve et l'on campa à Amol-Chatt. Lorsqu'on eut perçu les tributs de cette contrée, on marcha vers Abiverd, par le chemin du désert, et l'on se dirigea de là vers Nichabour. Un combat eut lieu, près de cette ville, entre Mountacir et l'émir Nasr, fils de Nacir-Eddin. Lorsque le soleil fut caché sous le voile des Abassides [174], l'émir Nasr marcha vers Merve, puis il alla de cet endroit à Hérat. Quand cette nouvelle parvint au sultan Mahmoud, il décampa promptement et se dirigea du côté de Nichabour.

Dès que Mountacir eût reçu l'avis de l'approche des étendards victorieux du sultan, il tourna bride vers Isféraïn et voulut satisfaire les besoins de ses compagnons, en percevant les tributs de cette ville; P. 89. mais cela ne fut point possible. Alors il se dirigea vers le pays de Chems-el-Maali-Cabous, fils de Vachméguir. Cabous s'acquitta d'une manière convenable des marques de respect qu'il lui devait, et lui fit des présents, parmi lesquels se trouvaient dix chevaux arabes avec des selles et des brides dorées, trente autres avec des selles argentées, trente autres encore avec des housses de soie; vingt mulets avec des selles d'or; trente charges de chameau de tapis précieux et de meubles rares; un million de direms, trente mille dinars; cinquante vêtements de diverses couleurs[175], le tout joint à d'autres objets dignes d'un roi. Cabous envoya d'autres richesses pour les serviteurs de Mountacir; puis, il dit à ce prince : « Ce qu'il te convient de faire, c'est d'aller à Reï, afin que j'envoie mes fils Dara et Minoutchehr à l'ombre de tes drapeaux, car le trône de ce royaume est dépourvu de la personne d'un roi sage et prudent; les affaires de cette province ont été troublées, et elle a besoin d'un prince puissant et d'un souverain victorieux. Il faut prendre la peine de te diriger de ce côté-là, réduire cette contrée sous ta puissance et t'asseoir sur le siége de l'autorité; puis équiper petit à petit une armée et faire des moyens de retourner dans le Khoraçan, et de revendiquer ta demeure héréditaire, l'unique but de ta sollicitude. »

Mountacir, ayant accueilli ce conseil, partit du Djordjan. Après avoir dépassé les stations intermédiaires, il établit son camp aux portes de Reï. Les soldats qui se trouvaient dans la ville, en étant sortis, dressèrent leurs tentes en face de celles de Mountacir. Puis, ayant envoyé plusieurs émissaires auprès d'Abou'l-Cacim, d'Arslan-Hadjib et des autres émirs, ils les gagnèrent en leur livrant de l'argent et en leur promettant de leur en donner encore dans un délai fixé, si bien qu'eux tous, d'un commun accord, adressèrent à Mountacir les représentations suivantes : « La gloire de ton rang et l'éclat de ta réputation sont trop grands pour que tu combattes en personne des hommes qui se sont préparés à exécuter tes ordres, et ont cherché à obtenir la faveur de servir ton étendard. Ton rang est trop élevé pour que tu daignes t'occuper de cette masure.

Vers. Le paradis est ta résidence ; n'as-tu pas honte de venir *ici-bas* et d'habiter la terre [176] ?

« Cabous veut prendre le serpent par les mains de tes auxiliaires. Si quelque affaire réussit, l'avantage lui en reviendra ; si, au contraire (Dieu nous en préserve!), l'influence fâcheuse du mauvais œil nous atteint, cette honte restera à tout jamais *empreinte* sur le front de l'empire. » Ils dirent tant de paroles de cette espèce, que Mountacir accueillit favorablement leurs discours. Ayant décampé de devant Reï, il partit par le chemin de Daméghan [177]. Dara et Minoutchehr, s'étant séparés de lui, allèrent à Djordjan. Pour Mountacir, il arriva aux environs de Nichabour. L'émir Nasr, abandonnant cette ville, se retira en toute hâte vers Bouzdjan [178].

Dans le mois de chevval 391 (1001), Mountacir s'empara de nouveau de Nichabour, envoya ses préposés dans les différents districts, et commença à réclamer les tributs. L'émir Nasr ayant demandé du secours à son frère, Seïf-Eddaulah envoya à son aide le vali d'Hérat, Altountach-Hadjib. Nasr, rempli d'espérance et de fierté par ce renfort, marcha vers Nichabour. Mountacir désigna, pour repousser Nasr, fils de Nacir-eddin, Aboul-Cacim-Simdjour et Arslan-Balou, auxquels il adjoignit toute l'armée.

Les troupes de Mountacir ayant essuyé une déroute, après de nombreux efforts, l'émir Nasr entra à Nichabour. *A cette occasion*, les habitants firent des réjouissances et décorèrent la ville [179]; car Mountacir tourmentait alors le peuple par des exactions et des confiscations.

Mountacir s'étant dirigé vers Abiverd, l'émir Nasr se mit à sa poursuite. Le prince Samanide, redoutant la violence de Nasr, prit la fuite, et parvint aux confins du Djordjan. Cabous, fils de Vachméguir, fit partir deux mille hommes, d'entre les plus braves des Curdes, qui le repoussèrent. Mountacir demeura *comme* hébété, et reconnut qu'il avait failli dans le parti qu'il avait pris, aux portes de Reï [180]; c'est ainsi que la vérité de cette maxime : tu as négligé un avis pour un autre, fut démontrée avec évidence.

Comme Arslan-Balou s'occupait des affaires de l'état d'une manière opposée à l'avis de Mountacir, et que, à cause de son caractère injuste et obstiné, il contredisait le prince dans la décision de ces mêmes affaires, la haine de Mountacir contre lui s'affermissait de jour en jour. A cette époque, on dit à Mountacir : « Arslan-Balou, par suite de l'envie qu'il éprouve contre Abou'l-Cacim, a montré de la négligence dans la bataille contre Nasr, fils de Nacir-Eddin. » Ce rapport ayant été le motif d'une augmentation de mécontentement, Mountacir fit périr Arslan-Balou. Toute l'armée, irritée de cette action, allongea la langue du reproche et de la désapprobation. Abou'l-Cacim-*ibn*-Simdjour, ayant jeté de l'eau sur le feu, par ses bonnes paroles, parvint à les calmer tous. Ils convinrent de se diriger vers Sarakhs, afin d'être à portée de recevoir les secours du chef de cette localité, qui était connu sous le nom de fils du fakih; car cet homme ne cessait de montrer un vif attachement pour le parti de Mountacir, et recherchait la faveur de ce prince par des actes d'obéissance dignes d'approbation. Lorsqu'ils arrivèrent à Sarakhs, le fils du fakih s'appliqua, comme il était nécessaire et convenable, à s'acquitter des règles de l'hommage et du dévouement.

Sur ces entrefaites, Nasr, fils de Nacir-Eddin, se dirigea vers Sarakhs, avec une armée redoutable. Mountacir marcha en toute hâte à sa rencontre, accompagné de ses familiers et de ses serviteurs. Après un violent combat, le zéphyr de la victoire souffla sur le sommet de l'étendard de l'émir Nasr; on prit Abou'l-Cacim-*ibn*-Simdjour et quelques autres émirs, et on les amena devant Nasr, qui les fit tous conduire honteusement à Ghiznin; puis l'émir Nasr retourna dans sa capitale, sous l'aile de la gloire et de la prospérité.

Après sa déroute, Mountacir, ayant erré dans les déserts, arpenta du chemin jusqu'à ce qu'il tombât au milieu des Turcomans Ghouzzs. Ces hommes manifestaient continuellement la prétention d'être dévoués aux Samanides, et s'enorgueillissaient de leur bon vouloir pour cette dynastie. En conséquence, ayant regardé l'arrivée de Mountacir comme une grâce signalée, ils se disposèrent sincèrement à lui obéir. Lorsque Mountacir fut rempli de confiance dans le secours de la tribu des Ghouzzs, il convoita la province du Mavérannahr et se dirigea de ce côté-là. Ilek-Khan, ayant été informé de sa marche, rassembla une armée nombreuse, et se rendit dans les environs de Samarcand. Les Ghouzzs l'attaquèrent à la faveur de la nuit, firent prisonniers plusieurs des principaux de son armée, et en tuèrent d'autres. Des richesses considérables et un butin immense tombèrent entre les mains des Ghouzzs, dans le camp [181] d'Ilek. (Chevval 393, de J. C. 1003.)

Les Ghouzzs, étant retournés dans leurs demeures, ne livrèrent point les prisonniers aux serviteurs de Mountacir. Le bruit courut qu'ils se repentaient d'avoir combattu Ilek-Khan, tentaient de s'excuser auprès de ce prince, et chercheraient à obtenir sa faveur en relâchant les prisonniers. Mountacir fut rempli de crainte par ces discours. Il choisit sept cents personnes parmi ses familiers et ses affidés, sortit d'au milieu de la tribu des Ghouzzs, et arriva en toute hâte sur le bord du Djeïhoun. Comme le fleuve avait été gelé par le froid, Mountacir le traversa, après avoir fait répandre de la paille au-dessus de la glace. Les Ghouzzs durent s'en retourner après que le soleil se fut levé et que la glace eut commencé à fondre.

Mountacir, s'étant arrêté à Amol-Chatt, écrivit une lettre au sultan Mahmoud, et lui rappela les bienfaits de ses ancêtres, se plaignant de l'incessante durée du temps de l'affliction, de la succession continue des jours de la peine, des malheurs et des chagrins de l'exil. Il lui disait : « Si tu m'accordes une place à l'ombre de ta bienfaisance, je t'accompagnerai comme ton ombre. » Puis Mountacir décampa, par suite de la crainte que lui inspiraient les Turcs Ghouzzs, et se dirigea vers Merve. Ayant envoyé quelqu'un auprès d'Abou-Djafer-Khaher-Zadeh, qui séjournait en ce temps à Merve, il lui demanda un secours d'armes et de munitions de guerre. Cet Abou-Djafer était au nombre des hommes vils. Durant le temps de la puissance des Samanides, il était arrivé au pouvoir, et avait obtenu une large part dans les biens de ce monde. Mais à cause des qualités inhérentes à sa nature, et de la bassesse de son esprit, il repoussa la demande de Mountacir. Bien plus, il sortit de la ville et rangea ses troupes en bataille en face de lui; mais, du premier choc, les serviteurs de Mountacir dispersèrent ses compagnons comme les lettres de l'abécédaire. Mountacir prit le chemin d'Abiverd.

Le sultan Mahmoud, ayant montré de la générosité et de la bienveillance en accueillant le message et en traitant avec considération le député de Mountacir, envoya à ce prince un présent convenable; et, de plus, il écrivit à Abou-Djafer-Khaher-Zadeh un ordre par lequel il lui enjoignait de ne point négliger la moindre chose, en embrassant le service de Mountacir et en accomplissant ses désirs. Khaher-Zadeh, cédant à la nécessité, se prépara à servir le prince samanide et s'appliqua à satisfaire

P. 94.

ses volontés. Abou-Nasr-Hadjib, un des émirs du sultan Mahmoud, était à Abiverd. Lorsque Mountacir arriva auprès de cette ville, Abou-Nasr s'acquitta de l'hommage qu'il lui devait. Les habitants de Niça, désapprouvant cette conduite, se tinrent sur leurs gardes, à cause du séjour de Mountacir dans la contrée. Ayant écrit une lettre au Kharezm-Chah, ils lui demandèrent du secours.

Le Kharezm-Chah envoya à leur aide Abou'l-Fadhl-Hadjib, une des personnes les plus considérables de sa cour. Abou-Nasr-Hadjib marcha à sa rencontre, en compagnie de Mountacir [182]. Dans le temps que la nuit obscure et l'atmosphère, aussi noire que la poix [183], empêchaient de voir les personnes et de distinguer les corps, les deux armées engagèrent l'action à coups de flèches et d'épées. On combattit jusqu'à l'apparition de l'aurore; la plupart des soldats des deux troupes furent tués ou blessés. On trouva parmi les morts, Abou-Nasr et les autres auxiliaires de Mountacir. Le reste erra à l'aventure.

Mountacir étant arrivé à Isféraïn, les habitants, remplis de crainte, se disposèrent à lui résister. Mountacir tourna bride et parvint à Sarakhs. Il s'arrêta quelques jours en cet endroit, jusqu'à ce que les fuyards l'eussent rejoint. Alors il traversa le Djeïhoun. Mais le gouverneur de Bokhara conduisit une armée contre lui. Comme Mountacir n'avait aucun lieu de refuge, il se prépara à tenir ferme. Après de nombreux efforts d'une et d'autre part,

Mountacir parvint, non sans peine, à se retirer de ce mauvais pas, et ne s'arrêta point jusqu'à Derbend-Bourháci [184]. Le gouverneur de Bokhara, étant allé du côté de la Soghd, s'occupa à réunir les soldats qui se trouvaient en cet endroit. Sur ces entrefaites, Mountacir l'attaqua à l'improviste durant la nuit, et ce rassemblement fut dispersé. Peu de temps après, le fils du porte-étendard du généralissime de Samarcand [185], s'étant mis en mouvement pour secourir Mountacir, se joignit à lui, avec trois mille hommes. Les principaux de Samarcand envoyèrent à ce prince trois cents esclaves turcs, avec une somme considérable. Une troupe de Ghouzzs se réunit aussi à lui. *Par ce moyen*, la flamme de la prospérité de Mountacir s'éleva *dans les airs*, pour la seconde fois. Lorsque Ilek-Khan fut informé de l'arrangement des affaires de ce prince, il partit dans l'intention de le combattre. Ils en vinrent aux mains dans les environs de Samarcand. Le Khan essuya une défaite. Les Ghouzzs s'emparèrent de nouveau, sur l'armée d'Ilek, d'un butin considérable et de richesses infinies. Cet événement eut lieu dans le mois de chaban 394.

Lorsque Ilek-Khan arriva dans son pays, il rassembla les troupes dispersées, et se dirigea une seconde fois contre Mountacir. En ce moment, les Ghouzzs s'étaient séparés de Mountacir et étaient retournés dans leurs demeures, où ils s'occupaient du partage des dépouilles. Lorsque les deux armées furent rangées en bataille, Abou'l-Haçan-Thak, qui commandait à cinq mille hommes, trahissant Mountacir, se rendit auprès d'Ilek. Mountacir n'eut d'autre ressource que de prendre la fuite. Ilek-Khan tira du fourreau l'épée de la vengeance, et massacra un grand nombre de serviteurs et de soldats du prince samanide. Celui-ci étant arrivé au bord du Djeïhoun ne trouva point de vaisseau pour traverser le fleuve. Il le passa à l'aide de quelques arbres liés ensemble. Il partagea entre ses soldats les troupeaux de chevaux qu'il trouva en cet endroit, et se rendit à Pouli-Raghoul, par le chemin du désert. On informa le sultan Mahmoud de son arrivée. Avant l'arrangement de ses affaires, le sultan se rendit de Ghiznin à Balkh, et désigna pour apaiser les troubles qu'il excitait, Férighoun, fils de Mohammed, ainsi que quarante des chefs et une armée innombrable. Mountacir prit la fuite devant eux, sans même essayer de combattre et alla du côté du Seïstan. Nasr, fils de Nacir-Eddin, Arslan-Djazib, gouverneur de Thous, et Thoghandjik, prince de Sarakhs, se mirent à sa poursuite. Mountacir, effrayé, se rendit à Kémend, puis de là à Bestham. Cabous, fils de Vachméguir, envoya deux mille cavaliers qui le repoussèrent de Bestham. Il alla de cet endroit à Niça.

Le fils de Sarkhok-Samani [186], ayant envoyé une lettre à Mountacir, le trompa par des promesses fallacieuses et des paroles mensongères, et s'engagea à le secourir contre Ilek-Khan. Mountacir, plein d'espérance en cette promesse, partit pour

Bokhara. Dans cette expédition, toute son armée avait été réduite aux dernières extrémités par les peines du voyage, et épuisée par les marches continuelles. En conséquence, sans craindre la honte qui s'attache à la trahison, ses soldats se rendirent auprès de Souleïman et de Safi, chambellans d'Ilek-Khan, et les informèrent de la faiblesse de Mountacir. Lorsque celui-ci apprit cette nouvelle, une troupe d'ennemis entouraient déjà sa tente. Mountacir, après avoir résisté un instant, prit la fuite. On fit prisonniers ses frères et ses familiers, et on les envoya à Ouzkend.

Mountacir arriva dans le campement d'Ibn-Béhidj l'Arabe. Un certain Mahroui (face de lune) commandait en ce lieu, au nom du sultan Mahmoud. Il excita la tribu à tuer Mountacir. Lorsque la nuit fut arrivée, plusieurs misérables Arabes fondirent sur Mountacir, anéantirent la précieuse vie de ce prince sans pareil, et répandirent son noble sang sur la terre. Cet événement eut lieu dans le mois de rebi 1er 395 (décembre 1004 — janvier 1005). Lorsque la nouvelle de cette calamité parvint au sultan, il fit périr de la manière la plus honteuse le malheureux Mahroui, et mit au pillage le campement d'Ibn-Béhidj. La flamme de la famille de Saman fut entièrement éteinte, et l'astre de sa prospérité et de sa gloire atteignit son déclin.

RÉCIT DE LA VIE ET DE LA MORT DE CHEMS-EL-MAALI-CABOUS, FILS DE VACHMÉGUIR.

Comme le nom de Cabous a été, à plusieurs reprises, tracé dans le cours de l'histoire des Samanides, et qu'en outre c'était un roi distingué, généreux, fauteur de la vertu, il m'a paru convenable de raconter une partie de ses actions, après avoir rapporté celles des Samanides. Il est écrit, dans quelques chroniques, que Cabous, fils de Vachméguir, resta dix-huit ans dans le Khoraçan, supportant patiemment les vicissitudes des événements et les révolutions de la fortune [187]. Pendant tout ce temps, l'élévation de son esprit n'éprouva aucune diminution, et rien ne fut retranché de la splendeur de son état et de l'éclat de son rang. Il ne resta aucun des puissants émirs du Khoraçan et des principaux de l'empire, qui ne participât à sa bienveillance et ne fût favorisé de sa bienfaisance. Personne ne le salua sans devenir heureux, grâce à sa bonté et à sa générosité. Les grands et les gens du commun revêtirent de beaux habits et des khilats, qu'il leur donnait. Les nobles et les plébéiens burent à la coupe de ses bienfaits. Les rois samanides voulaient lui prêter assistance et le ramener dans sa capitale. Mais, à cause des chagrins, des troubles, des accidents et des embarras qui leur survinrent, la flèche de leur désir ne put parvenir à son but. Pour Cabous, tel qu'une montagne ferme sur sa base, il supportait l'incommodité des ouragans et le choc des tremblements de terre. Lorsque l'émir Nacir-Eddin-Sébuctéguin entra dans le Khoraçan et enleva cette contrée à l'autorité d'Abou-Ali, il montra de la joie en voyant Cabous, et voulut s'appliquer à le secourir et à reconquérir son royaume. Tout à coup le voyage de Balkh survint ; des occupations et des empêchements se présentèrent. Lorsque Nacir-Eddin revint dans le Khoraçan pour repousser Abou'l-Cacim, *descendant de* Simdjour, lui et Cabous renouvelèrent le pacte d'union et se témoignèrent réciproquement une grande bienveillance. Dans ce temps-là, Fakhr-Eddaulah le Deïlémite, souverain du Djordjan, possédait une armée considérable, et avait obtenu le secours de Bedr-ben-Hasnouieh [188], et d'une troupe nombreuse de Curdes. Nacir-Eddin voulut rassembler une armée de Turcs courageux pour assister Cabous et attaquer Fakhr-Eddaulah. Lorsque ce dessein fut affermi dans son esprit, il envoya Altountach-Hadjib en ambassade auprès d'Ilek-Kkan, et lui demanda un renfort de dix mille cavaliers. Quant à lui, étant allé à Balkh, il y attendait la réponse d'*Ilek*. Mais, avant le retour de l'envoyé, l'émir-Nacir-Eddin passa dans la demeure de l'éternité.

Lorsque Fakhr-Eddaulah mourut, Abou'l-Cacim-*ibn*-Simdjour, qui séjournait, à cette époque, dans la contrée de Coumès [189], ayant envoyé un député auprès de Cabous, l'informa de l'état d'abandon du pays et de la mort de Fakhr-Eddaulah, *qui en était la cause.* Il lui demandait de se mettre aussitôt en marche, afin qu'ils se rendissent tous deux à Djordjan, et fissent sortir de ce pays Haçan-*ben*-Firouzan [190], qui, par l'ordre de Seïdeh, veuve de Fakhr-Eddaulah et régente de l'empire, y était entré, peu auparavant, avec une troupe considérable de Curdes et de Deïlémites; et s'y livrait aux soins du gouvernement et de l'administration. Lorsque Cabous et Abou'l-Cacim arrivèrent auprès de Djordjan, le dernier, violant sa promesse, alla dans le Couhistan; car, à cette époque, on lui envoya de Bokhara un ordre, qui lui enjoignait de se rendre dans cette contrée et de s'appliquer à en régler les affaires. Chems-el-Maali-Cabous, étant retourné sur ses pas, se rendit à Nichabour, et y séjourna, attendant tout de l'assistance de la fortune et prêt à saisir l'occasion favorable qui pourrait s'offrir. Lorsqu'il sut, à n'en pouvoir douter, que la puissance des Samanides était fortement ébranlée, il s'occupa d'arranger ses propres affaires, et envoya l'isfehbed (général [191]) Chehriar pour repousser Roustem-Merzban, oncle maternel de Medjd-Eddaulah, fils de Fakhr-Eddaulah, et gouverneur de Couhi-Chehriar [192]. Conformément aux ordres de Cabous, l'isfehbed, s'étant dirigé de ce côté, combattit Roustem, mit en déroute son armée, et prit un butin considérable et des richesses immenses. Alors il fit faire, dans cette contrée, la khotbah au nom de Cabous. De leur côté, plusieurs des émirs du Thabaristan, après s'être emparés d'Amol, se soumirent ouvertement à la puissance de Cabous. Ce prince écrivit à l'isfehbed d'aller à Amol, et de prêter secours à ces mêmes émirs. L'isfehbed obéit. Lorsque Haçan-*ben*-Firouzan fut informé de leur jonction, il se mit en marche vers Amol, accompagné d'une armée redoutable. Un violent combat s'étant engagé, Haçan fut fait prisonnier, avec vingt des chefs et des principaux de ses troupes. Lorsque cette bonne nouvelle parvint à Cabous, il sut que le temps de l'affliction était arrivé à son terme. Il se dirigea donc vers Djordjan, le cœur tranquille et rempli d'allégresse. Dans le mois de chaban de l'année 388 (998)[193], il fut affermi sur le siége de la souveraineté.

Dans la suite, des guerres eurent lieu entre Cabous et les Deïlémites, qui étaient tombés d'accord, pour mettre Medjd-Eddaulah sur le trône. Le plus souvent le zéphyr de la victoire soufflait sur le sommet de l'étendard de Cabous. A la fin, Medjd-Eddaulah fit la paix avec ce prince.

L'arbrisseau de la prospérité de Chems-el-Maali croissait de jour en jour, si bien que ce prince joignit toute la province du Guilan au Djordjan et au Thabaristan. Il donna le Guilan à son fils Minoutchehr; pour lui, il s'occupa à consolider l'édifice de l'amitié et à corroborer les causes de l'affection qu'il voulait contracter avec le sultan Mahmoud. Pour cela, il députa des ambassadeurs à sa cour, et rechercha sa faveur par l'envoi de dons, de présents et d'objets précieux; de telle sorte que, des deux côtés, l'éloignement et la haine furent changés en attachement et en intimité. Tout le Thabaristan et le Deïlem, jusqu'aux rivages de la mer de Colzoum (Caspienne), furent rangés sous l'autorité de Cabous.

Chems-el-Maali, durant sa vie, était distingué parmi les rois et les grands de l'univers, par la noblesse de son âme, ses qualités généreuses, l'étendue de son intelligence, la perfection de son mérite et l'éclat de sa puissance. Il ne se laissait pas détourner de la voie de la sagesse ni de la route de la loi religieuse. Il était innocent de toute action défendue et de tout passe-temps prohibé; de plus, il était orné de la parure de la justice et de l'équité, et profondément versé [194] dans les diverses branches de connaissances. Les traités dont il est l'auteur sont célèbres dans les différentes parties du monde. La supériorité de son éloquence dans l'arrangement du discours est bien connue. Chaque lettre qui tombait de sa plume sur le frontispice d'un livre, était *comme* une lentille sur la face du mérite; chaque perle que le Zou'l-carneïn de son *calem* tirait des ténèbres de l'encrier [195] était un joyau pour le collier de la fortune. Toutes les fois que [196] le *sahib* Ibn-Abbad voyait une ligne tracée par Cabous, il disait : « Ceci est l'écriture de Cabous ou l'aile d'un paon. »

Avec toutes ces qualités, Cabous était d'un caractère dur pour les émirs et les soldats. Il montrait une sévérité excessive; personne n'était à l'abri de sa violence ni de l'amertume de ses châtiments.

Pour la faute la plus légère, il infligeait la plus dure punition ; et ne craignait point de répandre le sang et de faire exhaler le dernier soupir [197]. Les peines qu'il prononçait n'étaient mises à exécution que par le cimeterre tranchant ; il n'employait d'autre prison que la fosse sépulcrale. Pour ce motif, les cœurs s'éloignèrent de lui, et les poitrines furent remplies de haine contre sa personne.

Naïm, son chambellan, était un homme probe, incapable d'une perfidie, et connu, entre tous les serviteurs de Cabous, pour la douceur de son caractère. La perception des tributs d'Esterabad et des cantons de ce district lui était confiée. Des envieux et des calomniateurs l'accusèrent de quelque faute. Cabous, sans même prendre le temps de la réflexion, donna l'ordre de tuer Naïm. Quoique celui-ci demandât le délai nécessaire pour se justifier du soupçon dont il était l'objet, il ne put l'obtenir. Le mécontentement de l'armée fut augmenté par la mort de Naïm. Tous résolurent de déposer Cabous et de se délivrer *de la crainte qu'il leur inspirait.*

A cette époque, Cabous était sorti de Djordjan, et avait dressé la tente de la résidence dans un des lieux de plaisance de son royaume, ne songeant pas aux révolutions de la fortune, et ignorant les machinations des rebelles. Une certaine nuit, ceux-ci entourèrent tout à coup son palais, et étendirent la main pour piller les tentes, les chevaux et les insignes du rang de Cabous. Les familiers de ce prince

P. 104.

tinrent ferme et préservèrent de tout dommage la personne de leur maître. Comme les émirs rebelles ne pouvaient parvenir à leur but, ils se rendirent à Djordjan, s'emparèrent de cette ville et mandèrent du Thabaristan l'émir Minoutchehr, fils de Cabous.

Ce prince partit en toute hâte, ainsi que l'exigeait le bien de l'état. Lorsqu'il arriva à Djordjan, il vit une armée irritée, et reconnut que le pouvoir n'était pas entre ses mains. Les divers ordres de serviteurs lui firent dire : « Si tu es d'accord avec nous pour déposer ton père, nous sommes tous prêts à exécuter tes ordres et à t'obéir; sinon, nous prêtons serment à un autre. » Minoutchehr ne vit d'autre ressource que la dissimulation et la temporisation. Il réfléchit que, s'il refusait, le trouble et le tumulte augmenteraient, et que le royaume héréditaire sortirait de ses mains.

Lorsque Cabous les vit d'accord dans leurs projets de révolte, il se rendit à Bestham avec ses bagages, ses esclaves les plus familiers et le reste de ses effets. Il séjourna en cet endroit, attendant l'issue de l'affaire. Lorsque les émirs et les soldats furent informés de cela, ils pressèrent Minoutchehr de chasser Cabous de cette contrée. Le jeune prince, cédant à la nécessité, se dirigea vers Bestham. Lorsqu'il arriva en cet endroit, Cabous le manda devant lui. Quand Minoutchehr fut introduit dans le *medjlis* de son père, il baisa la terre en signe d'hommage. Puis il se tint debout, avec la plus complète humilité. Tous deux s'entretinrent de cet événement odieux (c'est-à-dire de la révolte de l'armée), et eurent ensemble toutes sortes de discours, touchant les affaires de l'état. Enfin, Minoutchehr dit à Cabous : « Si tu daignes m'en accorder la permission, je jouerai ma tête pour repousser cette poignée de rebelles, et je ferai de mon corps le rempart et la rançon de ta précieuse personne. » Chems-el-Maali, mû par la tendresse paternelle, répondit : « Ceci est l'issue de mon affaire; l'administration du royaume t'est dévolue d'une manière certaine. Ce soin t'est confié pour le temps de ma vie et pour celui qui suivra ma mort. » Il lui remit alors le sceau royal, et lui livra les clefs des trésors. Il fut résolu que Chems-el-Maali se rendrait dans le château de Djenachec [198] et s'y livrerait aux pratiques de dévotion.

En conséquence, ce prince se transporta dans une litière, au château susdit. Plusieurs de ses familiers, qui prenaient soin de ses affaires, partirent avec lui. On rapporte qu'un des émirs rebelles accompagnait Cabous au château, afin de le conduire au but de son voyage, et de revenir ensuite. Cabous lui dit : « Quelle a été la cause de la révolte ? » L'émir répondit : « Comme tu te livrais au meurtre avec excès, moi et cinq autres des notables, nous nous sommes réunis, et, après t'avoir renversé du trône, nous y avons fait asseoir un autre. Cette affliction t'est survenue à cause de la grande quantité de sang que tu as versée. » Cabous répliqua : « C'est une erreur, car ce malheur est arrivé parce que j'ai versé peu de sang; en effet, si je vous avais tués, toi et

P. 106.

ces cinq autres personnes, je n'aurais jamais été éprouvé par ce jour *de peine*. »

En somme, lorsque Minoutchehr arriva à Djordjan, il s'occupa à réparer [199] les fautes de son père. Il vivait avec les rebelles sur le pied de la dissimulation et ne se permettait, en aucune manière, de négliger les intérêts des nobles et des gens du peuple. Cependant, les révoltés ne dormaient pas, à cause de leurs fautes passées et tant ils craignaient la vengeance de Cabous. Ayant donc recours à la ruse et à la perfidie, plusieurs d'entre eux s'introduisirent dans le château, tranquillisèrent leur esprit au sujet de Cabous, et se mirent à l'abri de la foudre de son épée et de sa lance. On l'ensevelit sous une coupole, aux portes de Djordjan [200]. Ce dôme est encore aujourd'hui connu sous le nom de dôme de Cabous [201]. Minoutchehr, après s'être livré au deuil pendant trois jours, selon la coutume des Deïlémites, prit soin des affaires qui concernaient les soldats et les citoyens.

RÉCIT DU GOUVERNEMENT DE MINOUTCHEHR, FILS DE CHEMS EL-MAALI-CABOUS, FILS DE VACHMÉGUIR.

Le prince des croyants, Cadir-Billah, l'Abbasside, ayant fait écrire un diplôme qui conférait à Minoutchehr le gouvernement du Thabaristan et des autres pays que son père avait possédés, donna à ce prince le surnom de Felek-el-Maali. Dieu accorda sa faveur à Minoutchehr, de sorte qu'il s'attacha, par les liens de l'amitié et de l'affection, à Seïf-Eddaulah-Mahmoud, et chercha à obtenir aide et assistance, en se soumettant à la puissance de ce prince. Grâce à la bienveillance et à la faveur de ce monarque victorieux, il répara le dommage causé à ses états par la mort tragique de son père [202]. Il envoya à la cour de Mahmoud plusieurs des principaux de son royaume, avec une immense quantité d'objets précieux, et informa le sultan de la sincérité de sa soumission. Mahmoud daigna regarder d'un œil satisfait ce message et ces présents, et agréa les louables efforts de Minoutchehr. Après avoir frotté le *titre* de l'affection de ce prince sur la pierre de touche de l'épreuve, il envoya en ambassade à Djordjan Abou-Mohammed, fils de Mihran, et le chargea de dire au fils de Cabous : « Si l'émir Minoutchehr est notre ami sincère, il faut qu'il orne et décore la monnaie et la *khotbah*, de nos augustes surnoms. » L'émir, ayant écouté l'ordre du sultan avec l'oreille de l'intelligence, fit proclamer les titres, marques distinctives de la puissance de Mahmoud, sur les *minbers* (chaires) des provinces du Djordjan, du Thabaristan, de Coumès, de Daméghan, etc. *De plus*, il décréta qu'il enverrait chaque année cinquante mille dinars d'or au trésor du sultan.

Lorsque les marques de ses louables efforts eurent obtenu des éloges à la cour de Mahmoud, Minoutchehr envoya à Ghiznin un des hommes distingués de son royaume, et demanda en mariage une des filles du sultan. Celui-ci ayant remué la tête en signe de consentement, l'illustre député retourna à Djordjan, joyeux et satisfait, et rapporta le traitement qu'il avait éprouvé de la bienfaisance et de la générosité du sultan. Felek-el Maali le fit partir une seconde fois, pour la cour de Mahmoud, avec le cadi de Djordjan, qui était la merveille de l'univers et l'homme le plus docte de son siècle, afin d'accomplir l'union projetée. Il les fit accompagner de présents convenables. Après que le sultan eut conclu le mariage de sa fille chérie [203] avec Felek-el-Maali, les députés de ce prince, ayant obtenu l'objet de leur désir, retournèrent à Djordjan. Minoutchehr envoya une troupe de ses courtisans et de ses affidés, entourés de la pompe la plus complète; au bout de quelques jours, ces hommes amenèrent la princesse [204] à Esterabad, avec une magnificence telle que l'œil du ciel n'en avait point encore vu de pareille.

Lorsque la puissance de Felek el-Maali eut acquis de la stabilité, grâce à cette alliance et à cette union, il s'appliqua à régler les affaires de l'armée, et à tirer vengeance des hommes qui avaient travaillé au meurtre de son père. Par des moyens pleins d'adresse, il les fit tous périr; puis il exerça une souveraineté absolue jusqu'à l'époque où Dieu le rappela à lui [205].

HISTOIRE DE DARA, FILS DE CHEMS EL-MAALI, FILS DE VACHMÉGUIR.

Après que Dara eut cessé d'accompagner Abou-Ali-*ibn*-Simdjour, il se joignit aux troupes de Nouh, servit ce prince et participa à ses bienfaits. Lorsque Cabous fut affermi sur le siége de l'autorité, Dara se hâta de rejoindre son père; il en fut regardé avec des yeux pleins d'affection et de tendresse, de telle sorte que Cabous l'envoya dans le Thabaristan, *en qualité de gouverneur*. Dans cette province, Dara consacra, pendant quelque temps, ses soins à régir les sujets, et à repousser les adversaires de l'état. A la fin, Cabous le manda, à cause d'une action inconvenante qu'on lui imputa. Dara, étant arrivé à la cour de son père, démontra pleinement son innocence. Cabous, satisfait, lui donna toutes sortes de témoignages de bienveillance. Cependant, au bout de quelques jours, il le manda de nouveau devant lui. Dara se mit en marche; mais il s'en repentit sur la route, et, s'étant dirigé vers le Khoraçan, il se rendit à la cour du sultan Mahmoud, et fut favorisé par toute espèce de grâces, de bienfaits et de marques de considération. Mais, à cause de l'orgueil qui accompagne d'ordinaire la jeunesse, et de la légèreté de son caractère, Dara commit quelques actions par suite desquelles le sultan l'éloigna des regards de sa bienveillance et de sa miséricorde. Dara, ayant conçu quelque crainte sur ce changement survenu

P. 110.

dans les dispositions du sultan à son égard, prit le chemin du Ghardjistan, à la faveur de la nuit, car il existait une ferme amitié et une inébranlable affection entre lui et le roi ou *char*, souverain de cette contrée.

Lorsque Mahmoud fut informé de la fuite de Dara, il fit partir un détachement à sa poursuite; mais ces hommes revinrent sans même avoir pu parvenir à la poussière qui s'élevait sous les pas de son coursier[206]. Le sultan, ayant envoyé des députés au *char*, employa promesses et menaces pour obtenir l'extradition du fugitif. Le *char* renvoya Dara à la cour, par crainte du sultan. Le jeune prince passa quelque temps dans la peine et l'affliction; mais, ayant trouvé une seconde fois l'occasion favorable, il s'enfuit de prison. Plusieurs soldats partirent sur ses traces et le reprirent. Cette fois, on l'emprisonna dans un lieu mieux fortifié, jusqu'à ce que la colère du sultan parvînt à son terme. Alors Mahmoud eut pitié de lui, et donna l'ordre de le relâcher.

Dara obtint de nouveau la bienveillance et les bonnes grâces du sultan. En conséquence, ce prince promulgua l'ordre suivant : « Arslan-Djazib se dirigera vers le Thabaristan pour aider Dara, et lui remettra cette province, après l'avoir enlevée à Minoutchehr. » Mais, sur ces entrefaites, le tapis de l'amitié et de l'union fut étendu entre le sultan et Minoutchehr, ainsi qu'il a été raconté plus haut. Mahmoud appela Dara, qui revint sur l'ordre du sultan, et fut mis au nombre des courtisans, des commensaux et des familiers de ce prince. Il ne s'éloignait pas, même pour un instant, de la vue de Mahmoud, dans les réunions familières, les chasses, les moments consacrés à la retraite, les divertissements. Cela dura jusqu'au temps où l'émir Abou'l-Févaris [207], fils d'Adhed-Eddaulah, par suite de son inimitié contre son frère, arriva du Kerman à la cour du sultan, dans l'espérance d'être secouru de celui-ci. Un jour qu'Abou'l-Févaris et Dara se trouvaient tous deux en présence de Mahmoud, et qu'une dispute s'était engagée entre eux au sujet de leurs familles respectives et de la prééminence [208] de leurs races, Dara proféra quelques paroles peu conformes au respect qu'il devait à la salle royale. Quoiqu'on lui adressât des reproches à ce sujet, il persévéra dans sa conduite, si bien qu'à la fin, on l'emporta hors du *medjlis*, de la manière la plus honteuse. Le lendemain, par l'ordre du prince, on le mit en prison dans un certain château. Les préposés du divan administrèrent *d'abord* ses fonds de terre et ses propriétés immobilières; mais, enfin, grâce à l'intercession du vizir, on confia les possessions de Dara à ses fondés de pouvoir, qui en dépensèrent les revenus, ainsi que l'exigeait l'intérêt de leur maître.

FIN DE LA TRADUCTION.

NOTES.

(1) Fadhl-ben-Sahl avait été investi par Mamoun du vizirat, sous le titre de ذو الرياستين *Dhou'lriacetein* (le maître des deux administrations, celle de la guerre et celle du gouvernement). (Voyez Abou'lféda, *Annales Muslemici*, tom. II, pag. 100; *Hamzæ Ispahanensis Annalium* libri X, edidit I. M. E. Gottwaldt, text. arab. p. 226, 227.) Ce fut en l'année 202 de l'hégire (817-818 de J.C.), ou dans la suivante, d'après Hamza (pag. 227), que Mamoun revint de Merve dans l'Irac, et qu'il nomma, pour son lieutenant dans le Khoraçan, Ghassan, fils d'Abbad. (Abou'lféda, *ibid.* pag. 116.)

(2) Cet événement eut lieu dans l'année 204 (819-820). Ibn-Alathir, *Camil-ettévarikh*, manuscrit arabe de la Bibliothèque royale, tom. II, fol. 90 v. Abou'lféda, *ibid.* pag 246.

(3) Voici l'ordre dans lequel Ibn-Khaldoun nomme ces sept princes : Nasr, Iacoub, Iahia, Ismaïl, Ishac, Açad, surnommé Abou'lachath, et Hamid, surnommé Abou'lghanim. (Manusc. arabe de la Bibliothèque royale, n° 2402, fol 151 v.)

(4) Ce fut dans cette même année 261 (874-875) qu'Ahmed, fils d'Açad, mourut à Ferghanah. (Ibn-Khaldoun, *loc. laud.*)

(5) Littéralement: «ayant jeté le bagage de la résidence à Samarcand.» On peut consulter, sur cette expression, les détails que j'ai donnés ailleurs. (*Journal Asiatique*, III° série, tom. XIII, pag. 447.)

(6) Dans une autre portion de son ouvrage (*Historia priorum regum Persarum*, etc. fol 10 v.), Mirkhond a donné quelques détails sur Rafi-ben-Harthemah. (Voyez aussi Hamza d'Ispahan, *loc. laud.* pag. 235, 236, 239, 240.)

(7) Le manuscrit de l'Arsenal et l'édition de Gœttingue portent fautivement بن أسل fils d'Açad, au lieu de بن أحمد fils d'Ahmed.

(8) Dans l'année 272 (885-886), d'après Ibn-Alathir (tom. II, fol. 91 r.) et Ibn-Khaldoun (*loc. laud.*).

(9) En se servant ici du terme أمويه *Amouïeh*, Mirkhond a sans

doute été séduit par la ressemblance de ce mot avec le nom d'*Ha-mouïch*, dont il vient d'être question. Les expressions آمو *Amou* et آمویه *Amouïch* désignent le grand fleuve plus connu en Orient sous le nom de Djeïhoun (Oxus). (Voyez M. Quatremère, *Histoire des Mongols de la Perse*, pag. 140-142, note 21.)

(10) Cette expédition eut lieu dans l'année 275 (888-889). Ibn-Khaldoun, *ibid.* fol. 151 r. Abou'lféda, *loc. laud.*)

(11) Le manuscrit de l'Arsenal et celui de Gœttingue portent ابن كثير Ibn-Kéthir; on lit ابن اسير Ibn-Acir, dans le manuscrit 21 *bis*, et ابن اثير Ibn-Athir, dans le manuscrit 21. C'est cette dernière leçon que j'ai adoptée dans mon texte; c'est aussi celle que M. Wilken avait admise dans le sien par une conjecture très-vraisemblable (pag. 192, note 6), et que je puis changer en certitude. En effet, je retrouve dans le *Camil-ettévarikh* d'Ibn-Alathir les paroles que Mirkhond a eues en vue; les voici : وكان اسمعیل خیرا یحب اهل العلم والدین ویکرمهم ویتبرك بهم دام ملکه وملك اولاده وطالت ایامهم *Ibid.* fol. 91 v. Dans ce passage d'Ibn-Alathir, il faut suppléer فلنلك avant دام, comme dans le passage d'Abou'lféda cité par M. Wilken, et qui n'est que la reproduction, presque mot pour mot, du premier.

(12) Au lieu de ces deux phrases, l'édition de Gœttingue ne présente que les mots suivants : وچندان وچندان نبود — Il faut consulter, touchant les usages des musulmans dans le partage du butin, les intéressantes recherches de M. Caussin de Perceval, *Journal asiat.* III.ᵉ sér. tom. VII, p. 140, 145. (Voyez aussi M. Reinaud, *Invasions des Sarrazins en France*, etc. p. 253, 254.)

(13) Voyez l'*Historia priorum regum Persarum*, etc. fol. 11 r. et v. 12 r.

(14) Au lieu de باني «ou non,» que nous avons supprimé pour la clarté de la phrase, M. Wilken a imprimé باني De plus, il a ainsi rendu tout le discours : «*Quomodo e re esse existimare posset «princeps provinciam nondum satis constitutam et sua administra-«tione constituendam hoc quidem tempore, quo nullis rebus non «egeant, relinquere?*»

(15) Pelisse, ou, dans une acception plus étendue, vêtement d'honneur, que les souverains orientaux donnent aux personnes qu'ils veulent honorer d'une marque de considération. (V. Chardin,

tom. III, pag 266, et tom. VI, pag. 44 et suiv.; Tavernier, édition in-12, tom. II, pag. 354 et suiv. M. Am. Jaubert, *Voyage en Arménie et en Perse*, p. 350.) Cet usage, suivi dans les cours orientales, de faire présent d'une robe d'honneur aux seigneurs et aux ambassadeurs étrangers, est fort ancien en Perse. En effet, Élien dit que le roi de Perse donnait à chaque envoyé un talent babylonien d'argent monnayé, deux vases d'argent de la valeur de deux talents, des bracelets, une épée persane, un collier, et enfin une robe à la façon des Mèdes, qu'on nommait *dorophorique* (robe de présent). (Voyez les Histoires diverses, liv. I, chap. XXII.)

(16) On peut consulter, sur le mot *rikat*, le Tableau général de l'empire othoman, par Mouradjea d'Ohsson, édition in-8°, tom. II, pag. 80-85 et 167.

(17) M. Wilken a confondu le verbe پوشیدن *pouchiden*, «revêtir, couvrir,» avec le verbe بوسیدن *bouciden*, «baiser;» et il a traduit, en conséquence : «Tum Ismaelem omnes vestes singulas osculatum esse, et post singula oscula bis genua incurvasse.»

(18) Mohammed, fils de Zeïd, avait succédé, en 269 (882-883), à son frère Haçan, qui était mort cette même année, après un règne de dix-neuf ans et huit mois. C'est ce dernier prince qui, d'après Édrici (traduction de M. Am. Jaubert, t. II, p. 178, 179), convertit à l'islamisme les habitants du Deïlem. Je ferai seulement observer que, dans ce passage d'Édrici, il faut lire Haçan, au lieu de Hosaïn. (Voyez Abou'lféda, t. II, pag. 210, 240, 260; *Hamzæ Ispahanensis Annalium* libri X, text. ar. pag. 232, 233, 239, 240, et Mirkhond, *Historia priorum regum Persarum*, fol. 5 r. et v. 8 r.)

(19) D'après Mir-Zehir-Eddin-Mérachi, historien du Thabaristan (cité par M. Fræhn, *Nouveau Journal asiatique*, tom. II, pag. 454), «Mohammed se joignit au daï (missionnaire) Alide, Nacir-el-Hakk Abou-Mohammed-Haçan-ben-Ali, qui alors se remit en marche vers le Thabéristan, et y défit les troupes Samanides. Le daï quitta pourtant cette contrée après un séjour de quelques mois, et se retira dans le Guilan, laissant les Samanides maîtres du pays.» Comme on le voit, Zéhir-Eddin dit que le daï se remit en marche vers le Thabaristan. C'est qu'en effet, à en croire cet auteur (*ibid.*) : «Le nommé Daï parut en l'an 287 (900 de J. C.), et se dirigea vers Amol, où il fut battu par les troupes du Samanide Ismaïl Ier.»

(20) D'après Chardin, le poids civil des Persans est de deux sortes : le poids de roi et le poids de Tébriz. «Le poids de roi, ou le grand poids, est le double justement de l'autre. Ils appellent leurs

poids ordinaires, comme nous disons la livre, man, et aussi batman. Le man de petit poids revient à 5 livres 14 onces, poids de Paris. » (*Voyages en Perse*, etc. éd. de 1723, tom. IV, pag. 275. Voyez aussi M. Reinaud, *Journal asiatique*, iv° série, t. IV, p. 244, note 2.)

(21) Je crois devoir transcrire ici quelques lignes d'Ibn Khaldoun, qui compléteront le récit de Mirkhond : واستعمل على جرجان نارس (فارس lisez) الكبير والزمه احضار محمد بن هرون فكاتبه نارس وضمن له اصلاح حاله فقبل قوله وانصرف عن حسان (حسن) الديلمى الى بخارا فى شعبان سنة تسعين ثم قبض فى طريقه وادخل الى بخارا مقيدا فحبس بها ومات لشهرين « Ismaïl nomma gouverneur du Djordjan Fares-al-Kébir (le grand), auquel il imposa l'obligation de lui envoyer Mohammed-ibn-Haroun. Fares écrivit à ce dernier, s'engageant à arranger son affaire. Mohammed accueillit sa promesse, et abandonna Haçan le Deïlémite, pour retourner à Bokhara, dans le mois de chaban 290 (903). Mais il fut arrêté sur le chemin (à Merve, d'après Ibn-Alathir, tom. II, fol. 174 v.); on le fit entrer à Bokhara, chargé de chaînes, et on l'y emprisonna. Il mourut au bout de deux mois. » (Ibn-Khaldoun, fol. 152 r.)

(22) Cette expédition me paraît être identique avec celle qui est racontée, d'une manière plus circonstanciée, dans les paroles suivantes d'Ibn-Alathir : وفيها خرجت الترك فى خلق كثير لا يحصون الى ما وراء النهر وكان فى عسكرهم سبع ماية قبة تركية ولا يكون (تكون lisez) الا للروسا منهم فوجه اليهم اسمعيل بن احمد جيشا كثيرا وتبعهم من المطلوعة (المتطوعة lisez) خلق كثير فساروا نحو الترك فوصلوا اليهم وهم غارون فكبس بهم المسلمون مع الصبح فقتلوا منهم خلقا كثيرا لا يحصون وانهزم الباقون واستبيح عسكرهم وعاد المسلمون سالمين غانمين « Dans l'année 291, une armée innombrable de Turcs se mit en marche vers le Mavérannahr. Il y avait dans leur camp sept cents grandes tentes turques. Or, leurs chefs seuls en possédaient de semblables. Ismaïl, fils d'Ahmed, envoya contre eux une armée considérable, qui

fut suivie d'un grand nombre de volontaires. Tous ensemble marchèrent vers les Turcs, et les atteignirent pendant qu'ils n'étaient pas sur leurs gardes. Ils fondirent sur eux dès l'aurore, en tuèrent une grande quantité, mirent les autres en fuite, et saccagèrent leur camp ; puis ils revinrent sains et saufs et chargés de butin. » (Ibn-Alathir, t. II, fol. 176 r.)

(23) Littéralement : « Il s'avança avec pompe vers les jardins du paradis. »

(24) Ibn-Alathir remarque expressément que le précepteur ignorait la présence d'Ismaïl : فرّ اسمعيل يوما والمؤدب لا يعلم. (Tom. II, fol. 183 r.)

(25) « Pour comprendre le sel de ceci, dit Silvestre de Sacy, il faut savoir que les Arabes forment les adjectifs patronymiques, par l'addition de la terminaison *i*. Ainsi *Isam* signifiant « la vertu, » et *Izam* « les grands, » *Isami* doit signifier « celui qui appartient à la vertu, » celui qui peut dire, pour me servir d'une expression du grand Corneille :

...Pour mes parens je nomme mes exploits ;
Ma valeur est ma race et mon bras est mon père.

Et *Izami*, « celui qui appartient aux grands, qui a les grands pour aïeux, » de même que *Othmani*, *Sanhadji*, signifient de la race d'Othman, de la famille de Sanhadjah. » (*Magasin encyclopédique,* année 1809, t. I, pag. 207.)

Telle est la manière dont Silvestre de Sacy expliquait, en 1809, le proverbe cité par Mirkhond. Mais, plus tard, cet érudit, aussi consciencieux que profond, est revenu sur son interprétation. Il a reconnu (*Chrestomathie arabe*, 2ᵉ édition, t. II, pag. 532, 533) que le mot عصامي dérivait d'Içam, عصام, nom d'un personnage célèbre, chambellan et vizir de Noman-Abou-Cabous, roi de Hira. Cet Içam avait pour père un certain Chahbar, شهبر, et était parvenu, grâce à son seul mérite, au rang distingué qu'il occupait à la cour de Hira. D'après cela, Silvestre de Sacy a ainsi paraphrasé le sens du proverbe rapporté ci-dessus par Mirkhond, et qui se lit aussi dans Meïdani : « N'aie, comme Içam, que ton propre mérite pour recommandation, et ne fais pas valoir le nom de tes ancêtres, dont il ne reste que les ossements. »

(26) Telle est la leçon de l'édition de Gœttingue et de nos trois manuscrits. Sans cette conformité, je pencherais fort à lire محمد Mohammed, au lieu de يحيى Iahia, ce qui nous donnerait le nom et le surnom du célèbre médecin dont il a été question ci-dessus,

Mohammed-ben-Zacaria-Razi, plus connu en Europe sous le nom de Rhazès [a]. Ibn-Alathir écrit يحيى Iahia, comme l'édition et les trois manuscrits précités; mais il change le surnom de رازى Razi en celui de النيسابورى Al-Niçabouri. (*Ibid.* fol. 183 r.)

(26 bis). M. Wilken a fait sur ce nom une note que je crois devoir transcrire : «Hanc principum gentem, quam noster أهل معاد ap-«pellat, nullibi commemoratam inveni: quare definire non audeo «utrum librarii aliquo errore hoc nomen irrepserit, an designentur «eo principes (*errorum Schiiticorum, ut videtur, participes*) nobis «ignoti.» J'avais d'abord partagé l'embarras de M. Wilken ; comme lui, je n'avais rien trouvé sur les enfants de Maad, dans les divers ouvrages publiés sur l'histoire orientale. Je concluais seulement des paroles de Mirkhond que cette famille avait gouverné le Khoraçan antérieurement aux Thahirides; mais depuis j'ai été assez heureux pour rencontrer sur ce sujet, dans Hamza d'Ispahan [b] et dans Ibn-Alathir, des détails dont voici le sommaire :

On peut inférer d'une anecdote, rapportée par Hamza d'Ispahan (pag. 238), que Maad, fils de Mouslim, était au nombre des partisans des deux premiers princes abbassides, Abou'labbas Saffah et Mançour. Dans l'année 159 (775-776), Abou-Aoun, envoyé par le khalife Mehdi contre Mocanna [c], se déchargea du soin de combattre cet hérésiarque sur Maad-ben-Mouslim [d].

Dans l'année 161, Maad, accompagné de plusieurs autres généraux, marcha contre Mocanna. Il en vint aux mains avec les sectateurs de cet hérésiarque, et les mit en déroute. Les fuyards se dirigèrent vers Mocanna, qui se trouvait à Sanam, سنام [e], dans le

---

[a] Voyez ci-dessus, p. 124. On peut consulter, sur Razi, un excellent article inséré par M. Reinaud dans la Biographie universelle, tom. XXXVII, p. 186-191. M. Reinaud a fait usage (p. 190) du passage de notre auteur, auquel je viens de renvoyer le lecteur.

[b] C'est à l'inépuisable obligeance de M. Reinaud que je dois la communication de ce curieux ouvrage, publié tout récemment, à Saint-Pétersbourg, par M. Gottwaldt.

[c] Voyez Abou'lféda, *Annales*, tom. II, pag. 44, 46; Silvestre de Sacy, *Exposé de la religion des Druzes*, t. I, LX, LXI.

[d] ثم سير المهدى ابا عون لمحاربة المقنع فلم يبالغ فى قتاله واستعمل معاذ ابن مسلم Ibn Alathir, *Camil*, t. I, fol. 14 v.

[e] J'ai adopté cette leçon, donnée par Abou'lféda (*loc. laud.*) et confirmée par le *Meracid al-ittila* (ms. arabe de la Bibliothèque royale, p. 355), de préférence à l'orthographe سبام, qui se trouve dans Ibn-Alathir.

district de Kech. Mocanna entoura cette place d'un fossé et la fortifia. Maad vint l'y assiéger. Bientôt une inimitié s'éleva entre ce général et Saïd-al-Djarchi, qui avait commandé l'avant-garde de Maad dans la bataille précédente. Saïd écrivit à Mehdi une lettre d'accusation contre Maad. Dans cette lettre, il s'engageait à mettre fin à la guerre, si le khalife voulait lui confier le commandement absolu de ses troupes. Mehdi y consentit. Maad, non content de se soumettre à la décision du prince des croyants, donna à Saïd une armée commandée par son propre fils Redja, et lui fournit, en outre, toutes les choses qu'il lui demanda. Redja se distingua pendant le siége de Sanam; ce fut lui qui, en resserrant Mocanna dans son dernier asile, contraignit ce célèbre hérésiarque à mettre fin à sa vie, pour échapper à ses ennemis. (Ibn-Alathir, *ibid.* fol. 19 r.)

Peu de temps avant ou après la mort de Mocanna, Maad-ben-Mouslim reçut le gouvernement du Khoraçan. Il choisit pour lieutenant Selem, fils de Salim, qui arriva à Merve le 23 de rébi second 161 (janvier 778). Maad arriva lui-même dans cette ville, le mois suivant. Deux ans après, il fut destitué et remplacé par Zoheïr, fils de Moçaïieb-Aldhobbi [a].

Fadhl, fils d'Iahia le Barmékide, ayant été nommé, par Rachid, gouverneur du Khoraçan, du Sedjistan, du Djordjan et des districts du Djebal, choisit pour lieutenant Iahia, fils de Maad, à qui il fit prendre les devants (ramadhan 177 = décembre 793). Il arriva lui-même à Merve le 7 de séfer 778 (mai 794). (Hamza, p. 223, 224.)

Mamoun, ayant ôté le gouvernement du Mavérannahr à Harthemah, fils d'Aïan, le donna à Iahia, fils de Maad, dans l'année 195 (810-811). (Hamza, p. 226.) Iahia fut confirmé dans ce poste, l'année suivante, par Fadhl, fils de Sahl, ministre de Mamoun. (*Id.* pag. 227.)

Il est probable que Maad, fils de Mouslim, laissa à Niçabour quelques monuments de sa puissance. En effet, nous apprenons, par Ibn-Alathir (t. II, fol. 98 r.), que, dans l'année 267 (880-881), Ahmed-ben-Abd-Allah-al-Khodjoustani, qui s'était emparé de Niçabour, ruina les maisons de Maad, fils de Mouslim.

(27) Au lieu de باوصاب, «bonne, convenable,» M. Wilken a imprimé باوصان, leçon qui l'a fort embarrassé, et qui lui a sug-

---

[a] Hamza, pag. 222; Ibn-Alathir, fol. 23 r. Dans ce passage, ainsi que dans deux autres endroits (fol. 27 r. 46 r.), Ibn-Alathir écrit Moçaïieb ibn Zoheïr, au lieu de Zoheïr ibn Moçaïieb.

géré la version suivante : « Hoc tuum responsum, *quamvis rem in-dignissimam narres*, animum meum ab illa sollicitudine liberavit. »

(28) Tel est, sans aucun doute, le sens que présente ici le mot رضوان *ridhouan*. Dans d'autres cas, plus rares à la vérité, le même mot sert à désigner « un ange chargé de garder la porte du paradis. » Je me contenterai de citer un exemple de cette dernière acception. Après avoir décrit avec emphase l'entrée triomphale d'une fille du khacan de Samarcand à Nichabour, Mirkhond ajoute ces paroles : در آن انجمن رضوان از جنون (جنان lisez) وحور از قصور بتفرج حاضر آمد

« Ridhouan, quittant le paradis, et les houris, quittant leurs palais, se mêlèrent à ce cortége par curiosité. » (*Historia Seldschukidarum*, pag. 88.) C'est faute de s'être rappelé cette double signification du mot رضوان que le savant M. Quatremère a ainsi rendu le commencement de la phrase transcrite plus haut : « Le paradis quittant ses jardins. » (*Journal des Savants*, 1843, pag. 182.)

(29) Le texte persan ajoute ici les mots از فلوری. Telle est la leçon des manuscrits de l'Arsenal et 21 supplément; le ms. 21 *bis* porte فلزی, et l'édition de M. Wilken فلوزی. Le mot فلوری *félouri* n'est que la transcription du terme florin. Ce mot est aussi employé sous la forme افلوری *aflouri*, comme me l'a fait observer M. Quatremère. Il est à peine besoin de dire que l'usage du terme فلوری *félouri*, dans le récit d'un événement arrivé en l'an 295 de l'hégire (907-908), c'est-à-dire trois cent quarante-cinq ans avant la date assignée par Jean Villani à la première émission des florins, est un singulier anachronisme. On doit en conclure seulement que, du temps de Mirkhond, c'est-à-dire dans la dernière moitié du XVᵉ siècle, le florin était presque aussi connu dans la Perse que dans l'Égypte. (Voy. pour cette dernière contrée, Depping, *Hist. du commerce entre le Levant et l'Europe*, tom. I, pag. 230; tom. II, pag. 125, 126.) Je crois inutile de m'appesantir davantage sur ce sujet; mais, avant de finir cette note, je rappellerai qu'un numismate distingué, M. A. Duchalais, a donné de curieux détails sur les florins, à l'occasion d'une monnaie d'or de Louis Iᵉʳ de Hongrie. (Voy. la Revue de numismatique, année 1844, pag. 400-403.)

(30) Ibn-Alathir donne, au sujet de Parès, quelques détails que je crois devoir transcrire : فسيره المقتدر فى عسكره الى بنى حمدان وولاه ديار ربيعة فخاف اصحاب الخليفة ان يتقدم عليهم

NOTES. 233

فوضعوا عليه غلاما له فسمه فمات واستولى غلامه على ماله وتزوج امراته وكان موته بالموصل «Moctadir l'envoya, avec son armée, contre les Bénou-Hamdan, et le nomma gouverneur du Diar-rébiah. Les officiers du khalife craignirent que Parès n'obtînt la prééminence sur eux. Ils apostèrent, en conséquence, un de ses esclaves qui l'empoisonna. Puis cet esclave s'empara de ses richesses et épousa sa femme. La mort de Parès eut lieu à Mouçoul.» (*Ibid.* fol. 183 v.)

(31) C'est le même prince dont il a été question ci-dessus dans les notes 19 et 21. (Voyez aussi Abou'lféda, t. II, p. 330.) D'après cet historien, Nacir-al-Othrouch mourut, en 304 (916-917), à l'âge de de soixante-dix-neuf ans. Ibn-Khaldoun est plus explicite touchant cet événement. Voici comment il s'exprime : ثم زحفت اليه عساكر صاحب خراسان وهو السعيد نصر بن احمد فقتلوه سنة اربع وثلثماية «Ensuite les troupes du prince du Khoraçan, Al-Saïd-Nasr-ben-Ahmed, marchèrent contre Al-Othrouch et le tuèrent, dans l'année 304.» (Fol. 12 v.) Hamza d'Ispahan se contente de dire : «Alnacir entra dans Amol, au mois de djoumada second 301 (914). Il régna sur le Thabaristan durant deux ans trois mois et quelques jours. Puis il mourut dans le mois de chaban 304 (917).

(32) Cette indication n'est pas parfaitement exacte. En effet, dans la portion de son ouvrage à laquelle il renvoie le lecteur, Mirkhond n'a pas dit un seul mot de la première conquête du Seïstan par les Samanides, en l'année 298 (910-911). Il s'est contenté de donner des détails assez circonstanciés sur la révolte et la seconde conquête de cette province, en l'an 300 (912-913). (Voyez l'*Historia priorum regum Persarum*, fol. 14 r. et v.). Je ne transcrirai point ici ce passage ; je me contenterai seulement de faire observer qu'au lieu de سبجور دواتی, il faut y lire سجور زواتی.

Quant à la première conquête du Seïstan, voici en quels termes elle est racontée par Ibn-Khaldoun : وطمع فی ملك سجستان فبعث اليه العسكر فی محرم ثمان وتسعين مع اعيان قواده احمد بن سهل ومحمد بن المظفر وسيبجور الدواتی والحسين بن علی المروروذی مقدما عليهم فلما بلغ الخبر الی المعدل بعث اخاه محمد بن علی الی بست والرخج فحاصره العساكر بسجستان وسار

أحمد بن اسمعيل الى بست فملكها واسر محمد بن على وبلغ الخبر
الى المعدل فاستامن الى الحسين فملكها وحمل المعدل معه الى
بخارا وولى الامير احمد على سجستان ابا صالح منصور بن عمـه
اسحاق بن احمد « Ahmed convoita la possession du Sedjistan. En
conséquence, il envoya dans cette contrée, au mois de moharrem 298, une armée commandée par les principaux de ses généraux, Ahmed-ben-Sahl, Mohammed-ben-Mozaffer, Simdjour-Dévati et Houceïn, fils d'Ali, Mervroudi, qui avait la prééminence sur les trois autres. Lorsque cette nouvelle parvint à Mouaddil (fils d'Ali, fils de Leïs, prince du Sedjistan), il envoya son frère Mohammed à Bost et à Rokhkhadj. Cependant l'armée du Khoraçan assiégea Mouaddil dans la capitale du Seïstan. De son côté, Ahmed, fils d'Ismaïl, marcha vers Bost, s'en rendit maître, et fit prisonnier Mohammed. Dès que Mouaddil eut connaissance de la captivité de son frère, il demanda une capitulation à Houceïn. Celui-ci s'empara de la ville, et emmena Mouaddil à Bokhara. *Après ces conquêtes*, l'émir Ahmed nomma gouverneur du Seïstan Abou-Salih-Mançour, fils de son oncle paternel, Ishac-ben-Ahmed. » (Ibn-Khaldoun, fol. 152 v.)

(33) Au lieu d'Andedjan, Ibn-Alathir (t. II, fol. 202 v.) et Ibn-Khaldoun (fol. 152 v.) écrivent Ferghanah.

(34) Ibn-Khaldoun a rapporté avec plus de détails cette révolte des habitants du Seïstan. Je crois devoir transcrire son récit : ثم
انتقض أهل سجستان سنة ثلثمائة وبايعوا العمرو (lisez لعمرو)
ابن يعقوب بن محمد بن الليث واعتقلوا واليهم منصور بن اسحاق
فعاد اليهم الحسين فى العساكر وحاصرها حتى استامنوا له وحمل
عمرو بن يعقوب الصفار ومنصور ابن اسحاق وولى احمد بـن
اسمعيل على سجستان سيمجور الدواتى وولى منصور ابن عمه اسحاق
على نيسابور « Les habitants du Sedjistan se révoltèrent, l'année 300 (912-913), reconnurent pour souverain Amr, fils d'Iacoub, fils de Mohammed, fils de Leïs; et emprisonnèrent leur vali (vice-roi) Mançour, fils d'Ishac. Houceïn marcha de nouveau contre eux avec une armée, et assiégea leur capitale jusqu'à ce qu'ils demandassent *l'aman*. Il emmena *à Bokhara* Amr, fils d'Iacoub, et Mançour, fils

d'Isḥac. Ahmed, fils d'Ismaïl, nomma gouverneur du Sedjistan Simdjour-al-Dévati, et donna le gouvernement de Niçabour à Mançour. » (Ibn-Khaldoun, *ibid.*) Dans son texte, Mirkhond se sert du mot باغي, sur lequel on peut consulter une note de M. Quatremère (*Hist. des Mongols*, p. 128).

(35) Il faut sans doute lire ابن صعلوك Ibn-Salouc; car nous avons vu plus haut que le gouverneur du Thabaristan s'appelait Mohammed, fils de Salouc. Ce même personnage est nommé par Ibn-Alathir (*ibid.* fol. 207 v.) أبو العباس صعلوك, et ailleurs (fol. 209 v.), Abou'labbas-Ahmed-ben-Ibrahim-ben-Salouc[a]. Il est appelé Mohammed-ben-Salouc, comme dans notre auteur, par Mir-Zéhir-eddin-Mérachi (cité par M. Frælin, *Nouveau Journal asiatique*, tom. II, pag. 454, et par M. Charmoy, *Sur l'utilité des langues orientales pour l'étude de l'histoire de Russie*, pag. 10). Je dois faire observer seulement que le premier de ces deux orientalistes a, par une légère inadvertance, écrit fils de Ṣalou pour fils de Salouc.

(36) Cf. M. Quatremère, *Hist. des Mongols*, p. 152, note 31. Dans ce passage, au lieu de l'an 351, il faut lire l'an 301. D'Herbelot a raconté les faits qui précédèrent la mort d'Ahmed-ben-Ismaïl, d'après Khondémir, fils et abréviateur de Mirkhond. Mais il suffit de lire notre version, pour reconnaître que le savant auteur de la Bibliothèque orientale a complétement dénaturé le récit de l'historien persan. En effet, d'Herbelot s'exprime ainsi : « Mais, aussitôt qu'il reçut cet avis (l'avis de la révolte de Haçan-ben-Ali), il fut obligé de retourner au même camp qu'il avait quitté, et qui *se trouva encore en son premier état*.... Mais à peine y fut-il rentré, *que le feu y prit et consuma tout ce qui ne put pas être sauvé en diligence.* » (*Bibl. or.* art. Ahmed-ben-Ismaïl.)

(37) M. Wilken, prenant ce passage au propre, l'a ainsi traduit :

---

[a] Ibn-Khaldoun l'appelle ainsi : .... ابا العباس محمد بن ابراهيم المعروف بصعلوك (sic). Hamza d'Ispahan le désigne seulement par ces mots : صعلوك الساماني (pag. 240). Je dois faire observer que, dans ce passage d'Hamza, il faut lire بسالوس, au lieu de بجالوس. En effet, nous apprenons d'Ibn Khaldoun (fol. 12 r.) que la bataille dans laquelle Al-Othrouch défit Ibn-Salouc, fut livrée sur les bords de la mer, à une journée de marche de Salous : بشاطى البحر على مرحلة من سالوس.

« Et Ahmedem *ad venenum quod ipsi propinabant, sumendum coegerunt* »
Il ne serait pas tombé dans cette méprise, s'il s'était rappelé les mots
بقتل رسانیدند, que nous avons vus plus haut, et qui ne peuvent
laisser aucun doute sur le genre de mort d'Ahmed.

(38) Ce ministre est désigné deux fois, dans Ibn-Khaldoun (fol.
152 v. 153 v.), par le surnom d'Al-Djeïhani, الجيهاني, sous lequel il
est souvent cité par les géographes et les bibliographes orientaux,
comme l'auteur d'un traité de géographie.

(39) M. Frœhn a décrit (*Recensio numorum Muhammedanorum*,
pag. 68) une rare monnaie d'argent frappée à Samarcand l'an 301
(914), et portant au revers le nom d'Ishac-ben-Ahmed.

(40) Ce général est appelé, par Ibn-Khaldoun, Hamouieh, fils
d'Ali, حموية بن علي. (Fol. 153 r.) C'est aussi le nom que Mirkhond
lui donne plus loin.

(41) Je compléterai en cet endroit le texte de Mirkhond, par
quelques lignes d'Ibn-Khaldoun (fol. 154 r.) et d'Ibn-Alathir (t. II,
225 v.) : ولحق ابنه الياس بفرغانة فاقام بها الى سنة عشر
وثلثمائة واجمع المسير الى سمرقند واستظهر بمحمد بن الحسين بن
مت من قواد بنى سامان واستمد اهل فرغانة من الـتـرك
فامدوه واجتمع له ثلثون الف فارس وقصد سمرقند وبعث
السعيد للمدافعة عنها ابا عمرو محمد بن اسد وغيره فى الفين
وخمسماية راجل فلما ورد الياس كمنوا له بين الشجر حتى اذا
اشتغلت عساكره بضرب الابنية خرجوا عليه فانهزم
الياس واصحابه فوصل الياس الى فرغانة فوصل ايـن مـت
باسنيجاب (lisez اسفيجاب) ومنها الى ناحية طرار (lisez طراز)
وكوتب دهقان الناحية فقتله وانفذ راسه الى بخارا ثم استمد
الياس صاحب الشاش وهو ابو الفضل بن ابى يوسف فامـده
بنفسه فسير اليه محمد بن اليسع فحاربهم فانهزم الياس الى كاشغر
واسر ابو الفضل وحمل الى بخارا فات بها واما الياس فانه سار
الى كاشغر وصاحبها طغانتكين واستقر بها ثم ولى محمد بن المظفر

فرغانة فرجع اليها الياس بن اسحاق معاندا فحاربه محمد بــن المظفر فعاد الى كاشغر فكاتبه محمد بن المظفر واستماله ولطف به فامن الياس اليه وحضر الى بخارا فاكرمه السعيد وصاهره وأقام معــه

« Le fils d'Ishac, Élias, se rendit à Ferghanah, et y séjourna jusqu'à l'année 310 (922-923). Il se mit alors en marche vers Samarcand, et demanda du secours à Mohammed, fils d'Houceïn, fils de Mat, un des généraux des Samanides, et aux Turcs qui habitaient Ferghanah. Ils le secoururent, et, grâce à eux, il put réunir 30,000 cavaliers. Il marcha donc vers Samarcand. Nasr envoya pour le repousser Abou-Amr-Mohammed, fils d'Açad, et d'autres généraux, à la tête de 2,500 fantassins. Lorsque Élias arriva *auprès de Samarcand*, ils lui dressèrent une embuscade parmi des arbres; et, tandis que ses troupes étaient occupées à dresser leurs tentes, ils fondirent sur lui. Il fut mis en déroute et se retira à Ferghanah. Quant à Ibn Mat, il se réfugia à Isfidjab, et de là dans le canton de Tharaz. On écrivit au magistrat de ce district, qui fit périr Ibn-Mat, et envoya sa tête à Bokhara. Cependant Élias demanda du secours au gouverneur de Chach, Abou'l-Fadhl, fils d'Abou-Ioucef, qui vint le joindre en personne. Mohammed, fils d'Éliça, fut envoyé contre eux et les combattit. Élias s'enfuit vers Cachgar; Abou'l-Fadhl fut fait prisonnier et conduit à Bokhara, où il mourut.

Nous avons dit qu'Élias marcha, *dans sa fuite*, vers Cachgar. Le prince de cette ville était alors Thoghantékin. Élias séjourna auprès de lui. Dans la suite, Mohammed, fils de Mozaffer, fut nommé gouverneur de Ferghanah. Élias prit la route de cette ville, les armes à la main. Mohammed le combattit et le força de retourner à Cachgar; puis il lui écrivit, et, dans sa lettre, il chercha à le gagner et le traita avec douceur. Élias eut confiance en lui et se rendit à Bokhara. Nasr le reçut avec considération et s'allia avec lui par un mariage, et Élias séjourna auprès du prince. »

(42) La révolte de Mançour, fils d'Ishac, à Niçabour, eut lieu dans l'année 302 (914-915). (Ibn-Khaldoun, fol. 153 r.)

(43) D'après Ibn-Alathir, on accusa Houceïn ben-Ali d'avoir empoisonné Mançour : (lisez فقيل ان على بن الحسين (الحسين بن على هـو. (*Ibid.* fol. 211 r.)

(44) Littéralement : « L'émir Ismaïl ne se détournait jamais,

dans les affaires de l'état, de ce qu'il avait jugé convenable de faire. »

(45) M. Fræhn a décrit (*Recensio*, p. 75, 77, 79, 81), des dirhems frappés, à Endérab et à Niçabour, en 304 (916-917), 305, 306 et 307, et portant au droit le nom d'Ahmed, fils de Sahl. Au revers de ces pièces, on lit les noms du khalife Moctadir-Billah et de Nasr-ben-Ahmed.

(46) Ce fut en l'année 307 (919 920) qu'Ahmed-ben-Sahl se révolta. (Ibn-Khaldoun, fol. 153 v.)

(47) Telle est la leçon que j'ai cru devoir adopter, au lieu de قاسم بن حسن, que présentent l'édition de M. Wilken et le manuscrit de l'Arsenal. Je suis d'accord en cela avec Mirkhond lui-même, qui appelle plus loin (p. 137) ce même prince حسن بن قاسم; avec Hamza d'Ispahan (p. 241); avec Ibn-Khaldoun (fol. 12 v. 13 r. et v. 153 r.), et Ibn-Alathir, qui le nomme trois fois (fol. 209 v. 222 v. et 246 v.) الحسن بن القاسم, et une fois (fol. 237 r.) الحسن داعى. Il est vrai qu'on lit dans deux autres passages (fol. 217 r. et 223 r.) الحسين بن القاسم; mais on peut regarder cette variante comme une simple faute occasionnée par la ressemblance des deux mots الحسين et الحسن, ressemblance qui est une source fréquente d'erreurs pour les copistes orientaux. Cet Haçan, fils de Cacim, était, d'après Ibn-Alathir et Ibn-Khaldoun, le gendre du fameux Haçan-al-Othrouch, dont il a été plusieurs fois question ci-dessus. De plus, il jouissait d'une autorité presque égale à celle d'Al-Othrouch, ce qui lui valut le surnom de Petit Daï : وكان رديفه فى الامر حتى كان يعرف بالداعى الصغير. (Ibn-Khaldoun, fol. 12 v.) Plus loin, Ibn-Khaldoun nous apprend que Haçan ben-Cacim était surnommé Alnacir; puis il ajoute : وبعض الناس يقولون هو الحسن بن محمد اخى الاطروش هكذا قال ابن حزم وغيره وليس بعجيب وانما هو صهره لحسن بن القاسم من عقب الحسن بن الزيد والى المدينة ثم من عقب حافده محمد البطحانى ابن القاسم بن الحسن. « Quelques-uns disent qu'il est le même que Haçan, fils de Mohammed, frère d'Al-Othrouch. C'est ainsi que s'expriment Ibn-Hazem et d'autres encore. Mais cette généalogie n'est point véritable. Il n'était que le gendre d'Al-Othrouch, s'appelait Haçan, fils de Cacim, et descendait d'Haçan-ben-Zeïd, gouverneur

de Médine, par le petit-fils de celui-ci, Mohammed-al-Bathhani, fils de Cacim, fils d'Haçan. » (Fol. 13 r.)

(48) Ici encore, ainsi que deux lignes plus bas, j'ai substitué la leçon قاسم بن حسن à la leçon حسن بن قاسم.

(49) Ce fut dans le mois de zou'lhidjdjeh 308 (avril-mai 921) que Leïlè marcha vers Niçabour. (Ibn-Khaldoun, 153 r. Cf. le même, 13 r.)

(50) Leïlè ne se borna pas là : il fit aussi frapper, à Niçabour, de la monnaie avec son nom. En effet, M. Fræhn a publié une pièce d'argent unique, qui porte au droit : ضرب هذا الدرهم بنيسابور سنة تسع وثلثمائة « Ce dirhem a été frappé à Niçabour, l'année 309 (de J. C. 921-922); et au revers : المويد لدين الله المنتصر لآل رسول الله ليلى (ليلى) ابن نعمان « L'auxiliaire de la religion de Dieu, le défenseur des enfants du prophète de Dieu, Leïlè-ben-Noman. » Cette monnaie complète sur un point, et confirme sur un autre le récit de Mirkhond. En effet, les surnoms donnés à Leïlè sur la médaille, sont les mêmes qui ont été indiqués plus haut par notre historien. (Voyez Fræhn, *Recensio*, etc. pag. 84.)

(51) On peut voir, sur Noucan, Abou'lféda, *Géographie*, p. 449, 451, 453 de l'édition de MM. Reinaud et de Slane; *Annales muslemici*, t. III, p. 375; et Édrici, traduction de M. A. Jaubert, t. II, p. 184, 185. Dans ce dernier ouvrage, il faut lire نوقان au lieu de موقان. On peut encore consulter, au sujet de Noucan, Ibn-Khallican, *Vies des hommes illustres de l'islamisme*, édition de M. de Slane, t. I, pag. 41.

(52) Ici encore Ibn-Khaldoun suppléera à la brièveté de Mirkhond : فانهزم ليلى ودخل امل ولحقه بغرا خان ملك الترك جامع العساكر مددا فقبض على ليلى فى امل وبعث الى حمويه بذلك فبعث اليه من قطع رأس ليلى فى ربيع سنة تسع وثلثمائة وبعث به الى بخارا وطلب قواد الديلم الذين كانوا مع ليلى الامان فامنوهم بعد ان اشار حمويه بقتلهم والراحة منهم فلم يوافقوه وهولاء القواد من الديلم الذين خرجوا بعد ذلك على الجهات وملكوها مثل اسفار و مرداويج وتشكين (lisez وتشكير) وبنى بويه « Leïlè fut mis en déroute et se réfugia à Amol. Boghra-

Khan, roi des Turcs, qui était venu au secours de Nasr avec ses troupes, l'atteignit et le fit prisonnier dans cette ville; puis il envoya annoncer cette nouvelle à Hamouïeh. Celui-ci dépêcha à Boghra-Khan des gens qui coupèrent la tête de Leïlè, dans le mois de rebi premier 309. Hamouïeh envoya cette tête à Bokhara. Les généraux des Deïlémites qui étaient avec Leïlè demandèrent l'*aman*; les généraux de Nasr le leur accordèrent, quoique Hamouïeh eût conseillé à ses collègues de les tuer et de se débarrasser d'eux. Ces chefs deïlémites sont les mêmes qui se révoltèrent, par la suite, dans diverses provinces et s'en emparèrent, comme Asfar, Merdavidj, Vachméguir et les fils de Bouvaïh. » (Ibn-Khaldoun, 153, v. 154, r. Cf. le même, 13 r.)

(53) Ce personnage n'était autre que le vizir Abou-Abd-Allah-Djeïhani. (Voyez Ibn-Alathir, fol. 211, v. et Ibn-Khaldoun, fol. 153, v.)

(54) Littéralement: « qui n'était pas si belle. » M. Wilken, qui n'a pas saisi le sens de cet idiotisme, l'a ainsi rendu : *Qua nemo aliquid viderat pulchrius*. Ce savant aurait dû remarquer que sa traduction était tout à fait en désaccord avec la demande d'Houcein, fils d'Ali. Si personne n'avait jamais rien vu de plus beau que cette cruche, Houcein aurait-il songé à demander à Ali pourquoi Hamouïeh n'envoyait pas à la cour quelques-unes des belles jarres que l'on fabriquait à Nichabour?

(55) On peut consulter sur ce mot une note de M. Quatremère, *Notices des manuscrits*, t. XIV, p. 128.

(56) On peut voir, sur ce personnage célèbre, qui gouverna l'Arménie, l'Azerbeïdjan et le Djébal, à deux reprises différentes, les ouvrages intitulés : *Des peuples du Caucase, ou voyage d'Abou-el-Cassim*, par M. C. d'Ohsson, p. 242, 243; *Mémoires sur l'Arménie*, par Saint-Martin, t. I, p. 355-362 ; et la traduction de l'Histoire d'Arménie, du patriarche Jean VI, par le même savant, publiée par les soins de M. Félix Lajard, pag. 181, 183, 184 et *passim*. On trouvera aussi des détails sur cet émir et sur la dynastie des Sadjides ساجية, à laquelle il appartenait, dans un fragment historique arabe, publié par M. Freytag, à la suite de son édition des fables de Locman (*Locmani fabulæ*, etc. Bonnæ 1823, pag. 34 et sqq.).

(57) Dans une des notes de son beau commentaire sur l'Histoire de Rachid-Eddin (pag. 273), M. Quatremère a mentionné la prise de Reï par Nasr-ben-Ahmed ; mais, par une erreur peut-être purement typographique, on lit dans ce passage l'an 374 de l'hégire, au lieu de l'an 314.

(58) Les manuscrits 21, 21 *bis* supplément ajoutent علي *Ali*; Ibn-Alathir (fol. 236 v.) écrit seulement محمد ابن صعلوك, comme les manuscrits de l'Arsenal et de Gœttingue. Ibn-Khaldoun (fol. 154 v.) donne la leçon محمد ابن علي الملقب (ب) صعلوك; et ailleurs (fol. 192, v.), محمد بن علي بن صعلوك. Entre ces diverses leçons, je ne sais laquelle préférer. J'oserais encore moins identifier ce personnage avec celui dont il a été parlé plus haut (pag. 129 et note 35), quoique la leçon des manuscrits de Gœttingue, de l'Arsenal et d'Ibn-Alathir semble autoriser ce rapprochement.

(59) Et non 313, ثلث وعشر, date qu'on lit dans M. Wilken, et qui est en contradiction avec les faits rapportés plus haut.

(60) Ibn-Khaldoun (fol. 12 v.) nomme l'aïeul d'Haçan, fils de Cacim, Ali et non Haçan. D'ailleurs, cette dernière leçon manque dans les manuscrits 21 et 21 *bis*.

(61) Le manuscrit de l'Arsenal et l'édition de M. Wilken portent كاكى *Caki*. La même orthographe se rencontre dans l'Histoire des Bouvaïhdes de notre auteur (p. 15), dans Ibn-Khaldoun (fol. 13 r. et v. 154 r.), dans le *Moudjmel-Ettévarikh* (manuscrit persan 62, fol. 253, v.) et dans le *Tarikhi-Guzideh* (manuscrits persans, 9 Brueix, fol. 130 r. 140 v. 15 Gentil, fol. 170 v. 183 v. 184 r.). Cependant j'ai cru devoir lire كالى *Cali*, sur l'autorité d'Ibn-Alathir (t. II, fol. 237 r. 240 r. et v. 245 r. et v. 252 v. 253 r.), d'Ibn-Khaldoun (fol. 12 v. 154 v. 155 r. 191 v. 192 v. 198 r.), d'Abou'lféda (*Annales*, t. II, p. 374) et d'Elmakin.

(62) Au lieu de داعى, que portent nos manuscrits et l'édition de M. Wilken, j'ai lu sans hésiter ماكان. En effet, on peut conclure d'un fait rapporté plus haut (p. 135 et note 50), touchant Leïlè-ben-Noman, que les princes Alides du Deïlem avaient l'habitude de donner à leurs généraux de ces surnoms honorifiques. D'ailleurs, le titre de المعترف بحق آل رسول الله «celui qui reconnaît les droits des descendants du prophète de Dieu (Mahomet),» ne doit pas s'appliquer à Haçan-ben-Cacim, qui était lui-même un de ces descendants.

(63) On peut consulter, sur la mort d'Haçan-ben-Cacim, Ibn-Alathir, t. II, fol. 244 v. 245 r. Ibn-Khaldoun, fol. 13 v. 192 v. Hamza d'Ispahan (pag. 241).

(64) Dans le *Tarikhi-Guzideh* (manusc. persan, supplément, n° 25, fol. 107), Asfar est nommé fils de Malic, fils de Chirvaïh.

(65) M. Wilken s'exprime ainsi au sujet de ce nom : «Nomen لركوجك vix rectum est... Quod nomen reponendum sit, equidem «ignoro.» Quoi qu'en dise le savant allemand, les mots لركوچك *Louri-Kutchuk* (Petit-Lour) sont la véritable leçon, comme le prouvent les détails suivants : «Le *Louristan* ou *Lour* est un pays montagneux, qui sépare le Khouzistan de l'Irac-Adjem; on le traverse pour aller de Toster à Ispahan. Il a, du nord au midi, et de l'est à l'ouest, environ six journées d'étendue. C'est un pays de pâturages habité par des tribus nomades qui vivent de leurs troupeaux et appartiennent à la même race que les Curdes. On y voit peu de villes et de villages. Le Lour, jadis dépendant du Khouzistan, avait été divisé en deux états, au commencement du x° siècle, par deux frères qui s'en étaient fait le partage. La partie occidentale, limitrophe de l'Irac-Areb, prit, dès lors, le nom de Petit-Lour; la partie orientale, voisine du Fars, celui de Grand-Lour.» (C. d'Ohsson, *Histoire des Mongols*, t. IV, p. 174, note 1.) Les principales villes du Louristan étaient Aïdedj ايدج et Béroudjerd بروجرد. Je conjecture que, dans le passage d'Abou'lféda, cité par M. Wilken (*ib.*), il faut lire بروجرد *Beroudjerd*, au lieu de يزدجرد *Iezddjerd*. On doit lire, je crois, le même nom dans Édrici, à la place de Buzurdjerd بزرجرد (traduction de M. Am. Jaubert, t. II, pag. 165-166). Vers le milieu du sixième siècle de l'hégire, Abou-Thahir, descendant d'Abou'l-Haçan-Mohammed-ben-Fadhlouieh (et non Caslaovi, comme écrit d'Herbelot), s'empara du Louristan, avec l'aide d'une armée que lui avait confiée l'atabeg du Fars, Soncor; il prit lui-même le titre d'atabeg, qui passa à sa postérité. (Voyez Mirkhond, IV° partie, manuscrit de l'Arsenal, fol. 195 v. et 196 r. *Tarikhi-Guzideh*, manuscrit persan 15 Gentil, fol. 238 v.) D'Herbelot et, après lui, de Guignes sont tombés dans une étrange confusion au sujet de ces princes. A l'article *Atabekian Laristan*, le premier de ces savants s'exprime ainsi : «Ce sont des princes qui, s'étant rendus maîtres de la province de Lar, qui s'étend sur la côte du golfe Persique, prirent le titre d'atabeks, n'osant pas prendre celui de sultan;» et cependant plus loin, aux mots *Lor* et *Lour*, il dit : «Il ne faut pas confondre le pays de Lor avec celui de Lar ou Laristan, qui s'étend le long du golfe Persique.» Il eût été à désirer que le docte auteur de la Bibliothèque orientale se fût conformé à l'avis qu'il donne dans ce dernier endroit : il aurait évité une contradiction que rien ne peut expliquer. Pour de Guignes, il n'a fait que transcrire les détails de d'Her-

belot, sans songer à rectifier les orthographes fautives *Lar* et *Laristan*. (*Histoire des Huns*, t. I, 1ʳᵉ part. pag. 410.)

J'ai mentionné plus haut un passage d'Abou'lféda, transcrit par M. Wilken. Je dois faire observer que ce savant s'est mépris, en appliquant à Asfar les paroles de l'historien arabe, qui se rapportent, en réalité, à Merdavidj.

(66) Ici encore la brièveté de Mirkhond me force à recourir à Ibn-Khaldoun, dont je vais reproduire le récit, en le conférant avec celui d'Ibn-Alathir, qu'il n'a fait qu'abréger : كان السعيد نصر بن احمد لما ولى استراب باخوته وكانوا ثلثة ابو زكريا يحيى وابو صالح منصور وابواسحاق ابراهيم اولاد الامير احمد بن اسمعيل فحبسهم فى القندهار (قهندز lisez) ببخارا ووكل بهم فلما سار السعيد الى نيسابور سنة خمس عشرة.... فنفقوا السجن وخرجوا منه على يد رجل خباز من اصفهان يسمى ابا بكر داخلهم فى حبسهم بتسهيل نفقتهم التى كانت على يده وجاء الى القندهار (قهندز) قبل يوم الجمعة الذى كان ميقاتا لفتحه و اقام عندهم مظهرا للزهد والدين وبذل للبواب دنانير على ان يخرجه ليلحق الصلاة فى الجماعة ففتح له وعلى الباب جماعة قد اعدهم للوثوب فحبسوا البواب واخرجوا اولاد الامير احمد و من معهم فى الحبس من العلويين والديلم والعيارين واجتمع اليهم من كان وافقتهم من العسكر والقواد وراسهم شرويس الجبلى وبايعوا يحيى بن الامير احمد ونهبوا خزاين السعيد وقسوره وقدم يحيى ابا بكر الخباز وقوده (فوه .ms) وبلغ الخبر الى السعيد فعاد من نيسابور الى بخارا..... اعترضه ابو بكر الخباز عند النهر فهزمه ابو سعيد واسره ودخل بخارا فعذبه واحرقه فى تنوره الذى كان يخبز فيه ولحق يحيى بسمرقند ثم مر بنواحى الصغانيان وبها ابو على بن احمد بن ابى بكر بن

المظفر ولاه ابوه عليها فدافع يحيى ولحق بالترمذ ثم عبر النهر الى بلخ وبها قراتكين فاستماله يحيى واطاعه وسار معه الى مرو وكاتب ابو (ابا lisez) بكر ابن المظفر بنيسابور يستميله فوعده وسار عن نيسابور مسرعا بعد ان يستعمل عليها ماكان بن كالى وجا الى هراة وبوسنج (بوشنج) فاستولى عليهما ثم سار نحو الصغانيان على طريق غرشيستان فبلغ خبره يحيى فسير اليه عسكرا فلقيهم محمد فهزمهم وسار الى غرشيشان (غرشيستان) واستمد ابنه ابا على من الصاغبان (صغانيان) فامده بجيش وسار الى بلخ فقاتل بها منصور بن قراتكين وهزمه الى الجوزجان وثار (سار) الى ابنه ابى على بالصغانيان وكتب الى السعيد بالخبر فشكر له وولاه بلخ وطخارستان واستقدمه فولى ابنه ابا على وانفذه اليهما ولحق محمد بالسعيد فلقيه سايرا الى هراة وبها يحيى وقراتكين وكانوا قد استولوا عليها بعد مسير محمد بن المظفر فساروا الى نيسابور فدافعهم ماكان بن كالى وحاصروه فلم يظفروا بها ورجعوا الى هراة وكان معهم محمد بن الياس ففارقهم واستامن الى ماكان واقام عنده وتقدم منصور وابرهيم الى اخيهما السعيد نصر فامنهما ولما قارب السعيد هراة سار يحيى وقراتكين عنها الى بلخ وبها منصور بن قراتكين فاحتال على مفارقته يحيى واشار عليه بمخالفة (السعيد) الى بخارا فسار اليها ثم ارتاب وهرب الى سمرقند وعاد الى بلخ فدافعه (ابن) قراتكين فسار الى نيسابور وقد خرج عنها ماكان بن كالى الى جرجان وبقى بها محمد بن الياس وقوى امره فلما جا يحيى الى نيسابور خطب له واظهر دعوته ثم قصدهم السعيد فافترقوا ولحق ابن الياس بكرمان ولحق يحيى وقراتكين ببست

والرخج. ووصل السعيد الى نيسابور سنة عشرين واصطلح قراتكين (lisez: منصور بن قراتكين) وامنه وولاه بلخ وذهبت الفتنة واقام السعيد بنيسابور الى ان استامن اليه اخواه يحيى ومنصور وحضرا عنده وهلكا وفر ابرهيم الى بغداد ومنها الى الموصل وهلك قراتكين ببست « Lorsque Nasr, fils d'Ahmed, fut monté sur le trône, il craignit ses trois frères : Abou-Zacaria-Iahia, Abou-Salih-Mançour et Abou-Ishac-Ibrahim. En conséquence, il les emprisonna dans la forteresse de Bokhara, et préposa des satellites à leur garde. Lorsque Nasr marcha vers Niçabour, dans l'année 315 (927), ces trois princes ouvrirent leur prison et en sortirent par le moyen d'un boulanger d'Ispahan, appelé Abou-Becr, qui avait accès auprès d'eux dans la prison, pour pourvoir à leur entretien, du soin duquel il était chargé. Cet homme se rendit à la citadelle, la veille du vendredi fixé pour l'évasion des trois princes, et resta auprès de ceux-ci, affichant de la dévotion et de la piété. Il offrit au portier quelques pièces d'or, à condition qu'il le laisserait sortir, afin qu'il pût s'acquitter de la prière du vendredi avec le reste des fidèles. Le portier lui ouvrit *sans défiance.* Il y avait en dehors de la porte des hommes qu'Abou-Becr avait apostés pour fondre *sur le portier ;* ils l'emprisonnèrent, firent sortir les enfants de l'émir Ahmed, ainsi que les Alides, les Deïlémites et les malfaiteurs qui étaient en prison avec eux. Ceux des soldats et des généraux qui étaient d'intelligence avec les princes, se réunirent à eux, ayant à leur tête Chervin-Djébéli (Djili?). Ils prêtèrent serment à Iahia, fils de l'émir Ahmed, et pillèrent les trésors et les palais de Nasr. Iahia éleva en dignité Abou-Becr le boulanger, et le nomma général de ses troupes.

Dès que cette nouvelle parvint à Nasr, il retourna de Niçabour vers Bokhara..... Abou-Becr alla à sa rencontre, auprès du fleuve. Nasr le mit en déroute, le fit prisonnier et entra avec lui à Bokhara, où il lui fit subir de cruels supplices, qu'il termina en le faisant brûler dans son four. Iahia se retira à Samarcand ; puis il passa dans les environs de Saghanian, où se trouvait Abou-Ali-Ahmed (le manuscrit porte ici بن أحمد, mais cette leçon est contredite par plusieurs passages subséquents), fils d'Abou-Becr, fils de Mozaffer, que son père avait nommé gouverneur de cette ville. Abou-Ali repoussa Iahia ; celui-ci se rendit à Termed, puis il passa le fleuve, se dirigeant vers Balkh, où commandait Caratékin qu'il chercha à gagner à sa cause. Caratékin se soumit à lui, et l'accompagna dans sa marche vers Merve. Iahia écrivit à Abou-Becr-ibn-al-Mozaffer, à Niçabour, pour l'attirer à son parti. Abou-Becr lui promit de s'y joindre; mais il partit en hâte de Niçabour, y laissant, en qualité de gouverneur, Macan, fils de Cali, et se rendit à Hérat et à Bouchindj, dont il s'empara successivement; puis il marcha vers Saghanian, par le chemin du Garchistan. Cette nouvelle parvint à Iahia, qui dirigea une armée contre lui. (Abou-Becr) Mohammed en vint aux mains avec elle, la mit en déroute, continua sa route vers le Garchistan et demanda du secours à son fils Abou-Ali, à Saghanian. Abou-Ali envoya une armée à son père, qui se dirigea du côté de Balkh, y combattit Mançour, fils de Caratékin, et le força à fuir vers le Djouzdjan; puis il alla joindre son fils Abou-Ali, à Saghanian, et écrivit à Nasr pour l'instruire de ces événements. Nasr lui témoigna sa reconnaissance, lui donna le gouvernement de Balkh et du Tokharistan, et le manda auprès de lui. Abou-Becr nomma gouverneur à sa place son fils Abou-Ali, l'envoya à Balkh et dans le Thokharistan, et alla rejoindre Nasr. Ce prince marchait alors contre Hérat, où se trouvaient Iahia et Caratékin, qui s'en étaient emparés après le départ de Mohammed, fils de Mozaffer. Ils avaient, quelque temps auparavant, marché vers Niçabour; Macan, fils de Cali, les avait repoussés, et ils l'avaient assiégé dans la ville, sans pouvoir s'en rendre maîtres. *Après cette tentative infructueuse,* ils étaient retournés à Hérat; ils avaient avec eux Mohammed, fils d'Élias; mais cet homme les abandonna, demanda la vie à Macan, et resta auprès de lui. *D'un autre côté,* Mançour et Ibrahim s'avancèrent au devant de leur frère Nasr, qui leur accorda la vie.

Cependant, lorsque Nasr approcha d'Hérat, Iahia et Caratékin, abandonnant cette ville, se dirigèrent vers Balkh où résidait Mançour, fils de Caratékin. Mançour eut recours à la ruse pour se délivrer d'Iahia, et lui conseilla de marcher vers Bokhara, afin de combattre Nasr. Iahia suivit ce conseil; mais bientôt il craignit *l'issue de son entreprise,* s'enfuit vers Samarcand et retourna de là à Balkh. Mançour, fils de Caratékin, le repoussa de cette ville. Iahia marcha de nouveau vers Niçabour. Macan était sorti de cette ville, pour se rendre à Djordjan. Mohammed, fils d'Élias, y était resté et son autorité y était devenue considérable. Lorsque Iahia arriva à Niçabour, Mohammed fit la *khotbah* au nom de ce prince et se soumit à lui; mais Nasr marcha contre eux, et ils se séparèrent. Ibn-Élias se rendit à Kerman; Iahia et Caratékin allèrent à Bost et à Rokhkhadj. Nasr arriva à Niçabour, l'an 320 (932), fit la paix avec Mançour, fils de Caratékin, lui accorda son pardon et le nomma gouverneur de Balkh. Les troubles cessèrent *dès cet instant.* Nasr séjourna à Niçabour jusqu'à ce que ses deux frères Iahia et Mançour lui demandassent la vie sauve et vinssent le trouver ; puis ils moururent. Pour Ibrahim, il s'enfuit à Bagdad, et de là à Mouçoul. Caratékin mourut à Bost. » (Ibn-Khaldoun, fol. 155 r.; Ibn-Alathir, fol. 252 r. et v. 253 r. et v.) Ce dernier ajoute un détail intéressant, supprimé par Ibn-Khaldoun. D'après lui, Iahia et Mançour moururent à Niçabour; et Ibrahim, effrayé de la mort de ses frères, qu'il ne croyait pas naturelle, s'enfuit à Bagdad : ثم مضى بها لسبيله هو واخوه ابو صالح منصور فلما راى اخوها ابراهيم ذلك هرب الخ.

(67) La crainte de tomber dans la prolixité, tel est le prétexte dont Mirkhond se sert pour passer sous silence les événements des quinze dernières années du règne de Nasr. Il est impossible de manquer avec plus de gaieté de cœur à tous les devoirs de l'historien. Abou'lféda lui-même, si concis d'ordinaire, a montré plus de scrupule que notre auteur. (Voyez *Annales*, t. II, ad ann. 316, 319, 321, 323 et 329.) Ibn-Alathir a donné, sur les faits accomplis pendant les années 316 (928) à 321 (933), les détails les plus circonstanciés. Leur étendue m'empêche de les insérer ici ; je dois même renoncer à transcrire le récit plus abrégé d'Ibn-Khaldoun, qui va jusqu'à la mort de Nasr. Mais, pour compléter quelque peu le texte de Mirkhond, je crois devoir transcrire le passage suivant d'Hamd-Allah-Mestoufi : ماكان بن کاکی از دیلمیان گریخته بخراسان رفت وخواست که بتغلب بر آنجا مستولی شود امیر نصر اسفهسالار خود امیر علی محتاج را با لشکری گران بجنك او نامزد کرد بوقت عزیمت امیر نصر اورا وصیت می کرد که درکار جنك چنین و چنان کن در میان سخن روی امیر علی دژم می شد اما تحمل کرد تا امیر نصر سخن تمام کرد و بیرون رفت در اندرون پیراهن اوکژدمی بود که اورا هفده جای نیش زده بود این حال را با امیر نصر رسانیدند گفت چرا پیشتر بیرون نرفتی گفت اگر بنده در حضور امیر از زخم کژدمی بنالد و امیر را در میان سخن بگذارد

در غیبت امیر جهت او چگونه طاقت شمشیر آبدار دارد امیر نصر اورا بدین سخن نوازش نمود امیر علی برفت و ماکان کاکی را در جنگ بکشت و سپاهش منهزم کرد انید کاتب خود را گفت حال ماکان را بلفظ کم و معنی بسیار بخدمت امیر عرض کن کاتب چنین نوشت که اما ماکان صار کاسمه وابن حال بود وثلثمایه وعشرین وتسع سنه در «Macan, fils de Caki (sic), ayant pris la fuite devant les Deïlémites, se rendit dans le Khoraçan et voulut s'en emparer de vive force. L'émir Nasr désigna pour le combattre, son généralissime l'émir (Abou-) Ali- (ibn-) Mouhtadj, avec une armée considérable. Au moment du départ, l'émir Nasr lui faisait des recommandations, disant: «Agis ainsi dans le combat.» Pendant ce discours, le visage de l'émir (Abou-) Ali était contracté par la douleur. Mais (Abou-) Ali prit patience jusqu'à ce que l'émir Nasr eût cessé de parler, et que lui-même fût sorti. Dans sa chemise, il y avait un scorpion qui l'avait piqué de son dard en dix-sept endroits. On rapporta ce fait à l'émir Nasr, lequel dit à (Abou-) Ali : « Pourquoi n'es-tu pas sorti plus tôt? » le général répondit : « Si le ser-« viteur se lamente en présence de l'émir, à cause de la piqûre d'un « scorpion, et laisse le prince au milieu de son discours, comment « pourra-t-il supporter les coups du cimeterre brillant, en l'absence « de l'émir et pour les intérêts de celui-ci?» Nasr le traita avec bien-veillance, à cause de cette parole. L'émir (Abou-) Ali partit, tua Macan- (ben-) Caki, dans un combat, et mit en déroute son armée. Puis, il dit à son secrétaire : «Annonce à l'émir le sort de Macan, en peu de « paroles pleines de sens. » Le secrétaire écrivit ceci : «Quant à Ma- « can, il est devenu semblable à son nom (c'est-à-dire, il a été, il n'est « plus. » Le catib jouait sur le nom de Macan, qui, décomposé en ces deux mots arabes ما كان, signifie « ce qui a été »). Cet événement arriva dans l'année 329 (940-941)[a].» *Tarikhi-Guzideh*, manuscrits persans, 15 Gentil, fol. 170 v. 9 Brueix, fol. 130 r. 25 supplément. Ibn-Alathir a rapporté l'anecdote du scorpion, mais il l'attribue à Abou-Becr-Mohammed, père d'Abou-Ali. (*Camil*, t. II, fol. 270 v. 271 r.)

(68) D'après Ibn-Khaldoun (fol. 156 v.) et Abou'lfaradj (*Historia compendiosa dynastiarum*, texte arabe, pag. 306), Nasr fut malade durant treize mois, et mourut dans le mois de chaban 331 (943).

[a] Cf. Hamza d'Ispahan, pag. 242. 243.

(69) Ce chiffre n'est pas très-exact. En effet, ainsi que le rapportent Abou'lféda (t. II, pag. 424) et Hamza d'Ispahan (pag. 236), Nasr avait régné un peu plus de trente ans.

(70) Littéralement: «Je t'ai remis son sang.» Le prétérit est ici employé par un idiotisme emprunté à la langue arabe. (Voyez Silvestre de Sacy, *Grammaire arabe*, 2ᵉ édition, t. I, pag. 158.)

(71) Le mot رحلت, et son synonyme ارتحال, employés par les Arabes et les Persans pour exprimer le passage de cette vie dans l'autre, équivalent à l'expression *transitus*, que l'on rencontre souvent dans les épitaphes des premiers chrétiens. Je me contenterai d'en citer un exemple, de l'an 430 :

> In huc locu requievit Leucadia
> Deo sacrata puella qui vitam
> Suam prout proposuerat
> Gessit qui vixit annos XVI tantum
> Beatior in Dno condedit (*sic*) mentem
> PTS (per transitum suum) consu Theudosi XIII.

(*Histoire de l'Académie royale des inscriptions et belles-lettres*, t. XVIII, pag. 243.)

(72) Ibn-Khaldoun ajoute ici un détail que je crois devoir transcrire :

ثم انتقض عبد الله بن اشكام بخوارزم على الامير نوح
فسار من بخارا الى مرو سنة ثنتين وثلثين وبعث اليه جيشا
مع ابرهيم بن بارس (فارس؟) فمات فى الطريق واستجار ابن
اشكام بملك الترك وكان ابنه محبوسا ببخارا فبعث اليه نوح
باطلاق ابنه على ان يفيض (يقبض lisez) على ابن اشكام
واجابه ملك الترك لذلك وعلم بذلك بن شكام (sic) فعاد
الى طاعة نوح وعفا عنه واكرمه «Abd-Allah, fils d'Achcam, se révolta, à Kharezm, contre l'émir Nouh. Ce prince marcha de Bokhara vers Merve, dans l'année 332 (943-944), et envoya contre le rebelle une armée commandée par Ibrahim, fils de Fares. Ce général mourut en chemin. Ibn-Achcam chercha un refuge auprès du roi des Turcs. Le fils de ce souverain était retenu en prison à Bokhara. Nouh envoya promettre au prince turc la liberté de son fils, à condition qu'il arrêterait Ibn-Achcam. Le roi des Turcs y consentit.

Ibn-Achcam apprit ce qui s'était passé; il rentra dans l'obéissance, et demanda son pardon à Nouh, qui le traita avec considération.« (*Ibidem*, fol. 156, v.)

(73) Le vrai nom de ce général était Abou-Ali-Ahmed, fils de Mohammed, fils de Mozaffer, fils de Mouhtadj. (Voy. Ibn-Alathir, tom. II, fol. 248 r. Aboul'féda, tom. II, pag. 414; et la note (66) ci-dessus, pag. 245.) D'Herbelot (*Bibliot. or.* art. *Nasser-ben-Ahmed*) a appelé ce personnage l'émir Ali.

(74) Ibn-Khaldoun écrit Bestham بسطام, au lieu de Daméghan, et il ajoute que ce fut à la suite d'une sédition de l'armée que Mançour, fils de Caratéguin, abandonna Abou-Ali فاضطرب جنده الى (*loc. laud.*). Sur Mançour, fils de Caratéguin, on peut aussi consulter la note 66.

(75) Ce personnage était fils d'un oncle paternel de Macan. « Lorsque Macan fut tué, dit Ibn-Khaldoun, et que Vachméguir s'empara du Thabaristan, ce prince envoya vers Haçan pour l'inviter à entrer à son service. Haçan refusa, l'accusant d'avoir consenti au meurtre de Macan. Vachméguir marcha contre lui. Haçan abandonna Sarieh, se dirigea vers Ibn-Mouhtadj, gouverneur du Khoraçan, et lui demanda du secours. Ibn-Mouhtadj se mit en marche avec lui, et alla assiéger une année entière Vachméguir dans Sarieh. Il le pressa vivement, jusqu'à ce qu'il consentît à rentrer sous l'obéissance du prince samanide et donnât son fils Salar en ôtage. Haçan retourna alors dans le Khoraçan, maudissant la paix *qui venait de se conclure*. Sur ces entrefaites, lui et Ibn-Mouhtadj reçurent la nouvelle de la mort de Nasr. Aussitôt Haçan fondit sur Abou-Ali, pilla ses bagages et s'empara de la personne du fils de Vachméguir. Puis il retourna vers Djordjan et s'en rendit maître sur Ibrahim, fils de Simdjour-Dévati..... Il envoya des députés à Vachméguir, pour se concilier sa bienveillance et lui rendit son fils Sélar. Vachméguir conclut un accommodement avec Haçan..... Par la suite, Rocn-Eddaulah, fils de Bouvaih, conçut le désir d'enlever Reï à Vachméguir, dont l'armée était peu nombreuse. Il marcha donc contre lui, et le mit en déroute. Une partie des troupes de Vachméguir demanda *l'aman* à Rocn-Eddaulah, qui s'empara de Reï. Vachméguir retourna dans le Thabaristan; mais Haçan-ben-Firouzan vint à sa rencontre et le mit en fuite. Vachméguir passa dans le Khoraçan. Haçan envoya des députés à Rocn-Eddaulah, et contracta alliance avec lui. فلما قتل

NOTES. 251

ماكان وملك وشمكير طبرستان بعث اليه بالدخول فى طاعته
فابى ونسبه الى المواطاة على قتل ماكان قصده وشمكير ففارق
سارية وسار الى ابن محتاج صاحب خراسان واستنجده فسار معه
بن محتاج وحاصر وشمكير بسارية حولا كاملا حتى رجع الى
طاعة بن سامان واعطى ابنه سلار رهينة بذلك ورجع الحسن
الى خراسان وهو كاره للصلح ولقيها موت السعيد بن سامان
فثار الحسن بابى على بن محتاج ونهب سواده واخذ بن وشمكير
الرهينة الذى كان عنده ورجع فملكها من يد ابراهيم بن
سيجور الدواتى .... وراسله بن الفيروزان يستميله ورد
عليه ابنه سلار فصانعه .... ثم طمع ركن الدولة بن بويه فى
ملك الرى من يده وقلت عسكره فسار اليه فهزمه واستامن
كثير من عسكره اليه وملك الرى ورجع وشمكير الى طبرستان
فاعترضه الحسن وهزمه فلحق بخراسان وراسل بن الفيروزان
ركن الدولة بن بويه وواصله (Ibn-Khaldoun, fol. 222 v. 223 r. Cf.
le même auteur, fol. 156 r. et v. et 199 r.)

(76) Voy. ci-dessus la note (66), pag. 247.

(77) Telle est la leçon que j'ai cru devoir adopter sur la foi du man. 21. Le manuscrit de l'Arsenal et l'édition de M. Wilken donnent نود هزار سوار « quatre-vingt-dix mille cavaliers; » ce qui est tout à fait inadmissible.

(78) آب « Le fleuve par excellence, » c'est-à-dire le Djeïhoun. (Voy. M. Quatremère, *Histoire des Mongols*, pag. 141, note.)

(79) Ici le texte ajoute: « Et nous lui rendrons le service qu'un inférieur doit à son supérieur وكوچ می دهیم. (Voy. sur le mot كوچ M. Quatremère, *Histoire des Mongols*, pag. 348, note.)

(80) On peut voir, sur Mançour-ben-Carateguin, la pag. 142 ci-dessus, ainsi que les notes (66) et (74).

(81) میل کشید. On doit consulter sur cette expression une intéressante note de M. Quatremère, *Not. des Man.* t. XIV, p. 49, 50.

(82) Nous avons vu plus haut (pag. 243), que Vachméguir, aidé

d'Abou-Ali, avait repris le Djordjan à Haçan. Ce dernier s'était réfugié à Reï auprès de Rocn-Eddaulah. Dans l'année 336 (947-948), Rocn-Eddaulah marcha avec Haçan vers les états de Vachméguir. Ce prince vint à leur rencontre; mais il fut mis en déroute, et Rocn-Eddaulah s'empara du Thabaristan, ainsi que du Djordjan, dont il donna le gouvernement à Haçan. (Ibn-Khaldoun, fol. 157 v. 158 r. 199 r. 223 r.)

(83) Je crois devoir transcrire ici quelques lignes d'Ibn-Khaldoun, qui complètent et éclaircissent le texte de Mirkhond :

وحاصروا جرجان فصالحه للحسن بن الفيروزان بغير رضى من وتمكبر لانحرافه عنه وعن الامير نوح ورجع الى نسابور واقام وتمكبر بجرجان وللحسن بزوزن ثم سار ركن الدولة سنة اربعين من الرى الى طبرستان وجرجان ففارقها وتمكبر الى نسا واستولى ركن الدولة عليها واستخلف بجرجان للحسن بن الفيروزان وعلى بن كامه وعاد الى الرى فقصدهما وتمكبر وانهزموا منه واسترد البلاد من ركن الدولة

« Mançour et Vachméguir assiégèrent Djordjan. Bientôt le premier fit la paix avec Haçan, sans le consentement de Vachméguir, et cela, par suite de son peu de déférence pour ce prince et pour l'émir Nouh. Il retourna à Niçabour. Vachméguir séjourna à Djordjan, et Haçan à Zouzen. Dans l'année 340 (951, 952), Rocn-Eddaulah marcha de Reï vers le Thabaristan et le Djordjan. Vachméguir abandonna ces provinces et se retira à Niça. Rocn-Eddaulah s'empara de ses états, et laissa à Djordjan, en qualité de lieutenants, Haçan et Ali-ben-Camé; puis il retourna à Reï. Alors Vachméguir marcha contre les deux généraux, qui prirent la fuite devant lui, et reconquit ses provinces sur Rocn-Eddaulah. » (Ibn-Khaldoun, fol. 200 r. Cf. le même auteur, fol. 158 r. et 223 r.)

(84) Comme les vicissitudes éprouvées par Ispahan, dans la première moitié du IV° siècle de l'hégire, sont encore fort mal connues, malgré les recherches de Silvestre de Sacy (*Mémoires sur diverses antiquités de la Perse*, pag. 139 et suiv.), j'ose croire que l'on accueillera avec intérêt quelques détails sur ce sujet.

Dans l'année 319 (931), Merdavidj envoya vers Ispahan une armée qui s'empara de cette ville (Abou'lféda, II, 364; Ibn-Alathir, II, fol. 258 v. Ibn-Khaldoun, fol. 193 v. *Tarikhi-Guzideh*, ms. 15 Gentil, fol. 184 r.). Il est probable que Merdavidj ne tarda pas à abandonner sa conquête, de gré ou de force; car nous voyons, dès l'année 321, Imad-Eddaulah, fils de Bouvaïh, enlever Ispahan à Abou-Becr Mozaffer, fils d'Iacout, lieutenant du khalife Cahir. (Abou'lféda, *ibid*. pag. 376; Ibn-Khaldoun, fol. 194 v. Hamza d'Ispahan, pag. 242.) Merdavidj envoya contre Imad-Eddaulah, son frère Vachméguir, à la tête d'une puissante armée. A cette nouvelle, le fils de Bouvaïh sortit d'Ispahan, après l'avoir pillée durant deux mois, et se retira à Ardjan. Vachméguir occupa Ispahan, sans coup férir; mais le khalife Cahir écrivit à Merdavidj des lettres, par lesquelles il lui offrait Reï, Marcab (مرقب مراغه? Méraghah?), Zendjan et Abher, en retour d'Ispahan (Elmakin, *Historia saracenica*, pag. 202). Merdavidj consentit à cet échange, et ordonna à son frère d'évacuer sa nouvelle conquête, qui fut occupée, au nom du khalife, par Mohammed (ben) Iacout. Mais ce général l'abandonna lors de la déposition de Cahir et de l'avénement de Radhibillah (djoumadi premier, 322, [934]).

Ispahan resta vingt jours sans gouverneur. Au bout de ce temps, Vachméguir, que son frère avait fait retourner sur ses pas, à la nouvelle de la déposition de Cahir, s'en empara de nouveau. Lorsque Merdavidj reçut l'avis de la conquête du Fars par Imad-Eddaulah, il se rendit à Ispahan, pour aviser au parti qu'il avait à prendre, et renvoya son frère à Reï (Ibn-Khaldoun, f. 195 r.). Ce fut à Ispahan que Merdavidj périt, assassiné dans le bain par des Turcs de son armée. (Abou'lféda, II, 390; Hamza d'Ispahan, *loc. laud*. Ibn-Khaldoun, *loc. laud*). La même année (323=935), au commencement du mois de rebi second, Imad-Eddaulah s'empara d'Ispahan et la donna à son frère Rocn-Eddaulah. (Abou'lféda, II, 394; Ibn-Khaldoun, fol. 197 r. *Tarikhi-Guzideh*, loc. laud.) M. de Sacy, ignorant cette dernière circonstance, a conclu d'un passage très-concis d'Abou'lféda (*ibid*. pag. 399), que la conquête d'Ispahan par Imad-Eddaulah n'avait été que passagère. «D'ailleurs, ajoute-t-il, si Imad-eddoula était devenu maître d'Ispahan en l'année 323, et qu'il eût conservé cette conquête, cette ville n'aurait pas fait partie des états de son frère Rocn-eddoula; elle serait passée, avec ses autres domaines, à son neveu Adhad-eddoula (*op. sup. laud*. pag. 143, note).» Plus loin, l'illustre orientaliste s'exprime ainsi : «Depuis l'année 324 jusqu'à la mort de Rocn-eddoula, arrivée en l'année 366, les historiens ne nous apprennent pas quel fut le sort d'Ispahan (*ibid*.

pag. 144). » Enfin, il ajoute : «Rien ne nous apprend à quelle époque Ispahan était passée sous la domination de Rocn-eddoula. On peut inférer de notre inscription que ce fut en l'année 344, au mois de safar, que Rocn-eddoula se rendit maître d'Ispahan (*ibid.* pag. 146). »

L'inscription citée par Silvestre de Sacy est une des trois inscriptions coufiques copiées, à Tchehlminar, par Niebuhr. En voici la transcription telle que Silvestre de Sacy lui-même l'a donnée :

بسم الله حضرة الامير

لجليل عضد الدولة

فنا خ...ه بن الحسن سنة اربع

واربعين وثلثمائة فى منصرفه

مظفرا من فتح اصبهان

واسره

(لقو)م اكثر وكسره جيش

جاسم الخ

In nomine Dei. Adfuit hic emirus illustris Adhad-eddoula Fana-Khosrou, filius Alhassani, anno quarto et quadragesimo et trecentesimo, cum reverteretur victor ab expugnatione Ispahani, et captis hostibus multis, fractoque exercitu numeroso, etc. (*Ibid.* pag. 137 et 425, et planche III.)

On voit, d'après les détails qui précèdent, combien Silvestre de Sacy a erré, en se servant de cette inscription pour fixer la date de la prise de possession d'Ispahan par Rocn-Eddaulah à l'année 344 (955-956). Je passe maintenant à l'histoire d'Ispahan, depuis l'année 323 jusqu'à l'année 344, époque où elle fut prise par Mohammed-ben-Macan, comme on peut le voir dans ma version. Il est permis de croire que Rocn-Eddaulah resta en possession d'Ispahan pendant les premières années qui suivirent la conquête de cette ville par Imad-Eddaulah. Du moins, ce fut à Ispahan, en l'année 324, que naquit son fils aîné Adhed-Eddaulah. (Abou'lféda, t. II, p. 400; *Moudjmel-ettévarikh*, manuscrit persan 62, fol. 255 r.) Mais dans l'année 327 (938-939), Vachméguir envoya de Reï vers Ispahan une armée considérable. Ces troupes enlevèrent la ville à Rocn-Eddaulah, et y firent prononcer la khotbah au nom de leur maître.

Le fils de Bouvaïh se retira à Istakhar; mais, l'année suivante, il apprit que Vachméguir avait envoyé la plus grande partie de ses troupes au secours de Macan. Il marcha aussitôt vers Ispahan, mit en déroute la garnison que Vachméguir y avait laissée, et reprit la ville; puis, de concert avec Imad-Eddaulah, il écrivit à Abou-Ali, fils de Mohammed, gouverneur du Khoraçan, pour l'exciter contre Macan et Vachméguir, et faire alliance avec lui (Ibn-Khaldoun, *ibid.* et fol. 156 r. 198 v.). En effet, lorsqu'Abou-Ali marcha vers Reï, où se trouvaient Vachméguir et Macan, Rocn-Eddaulah vint le joindre, à la tête d'un renfort. On sait quel fut le succès de cette expédition. Après la mort de Macan et la fuite de Vachméguir, Abou-Ali s'empara de Reï et y fit faire la khotbah au nom de Nasr. Vachméguir reprit cette ville après la mort du prince samanide; mais Rocn-Eddaulah ne tarda pas à la lui enlever. (Voyez la note 75, pag. 250.)

Rocn-Eddaulah resta tranquille possesseur d'Ispahan jusqu'à l'année 339 (950-951). A cette époque, Mançour, fils de Caratéguin, s'en empara sur Ali-ben-Camè, lieutenant du prince Bouvaïhde, et en l'absence de celui-ci. Rocn-Eddaulah marcha contre lui, précédé du chambellan Sébuctéguin, que Moizz-Eddaulah avait envoyé à son secours, avec une armée de Turcs, de Deïlémites et d'Arabes. Il campa dans le voisinage d'Ispahan, et livra plusieurs combats à Mançour. Bientôt les vivres manquèrent dans l'une et l'autre armée. Quoique les Deïlémites supportassent la faim plus patiemment que leurs adversaires, Rocn-Eddaulah conçut le dessein de se retirer; et il l'aurait mis à exécution, sans les conseils de son vizir Abou'lfadhl ibn-Alamid. Les troupes de Mançour, poussées à bout par la famine, se soulevèrent contre leur général, et se retirèrent en toute hâte à Reï, laissant leurs bagages à Ispahan. Après leur départ, Rocn-Eddaulah rentra dans cette ville, au commencement de l'année 340 (951). (Voyez Ibn-Khaldoun, fol. 158 r.)

Cet exposé suffit, malgré sa brièveté, pour montrer combien sont peu fondées les conjectures accumulées par Silvestre de Sacy, sur l'histoire d'Ispahan pendant les vingt années comprises entre 323 et 344 (*opus supra laudatum*, pag. 147-149). Je crois inutile de les reproduire ici dans leur intégrité; je me contente d'en donner le résumé, en conservant les propres paroles de l'illustre érudit:

« Il me paraît que Reï et Ispahan demeurèrent alors (en 324) au pouvoir de Vaschméghir, et que Rocn-eddoulah ne devint maître de ces villes qu'à l'occasion de la guerre entre Vaschméghir et Nouh[*], fils de Nasser, sultan samanide...... Rocn-eddoula, maître de Reï depuis la première défection d'Abou-Ali, aura profité de la mort de Nouh pour former une entreprise sur les états des Samanides. Il aura réuni à son armée celle de son fils Adhad-eddoula, qui régnait à Chiraz, et se sera rendu maître d'Ispahan, qui, sans doute, était passée, en même temps que Reï, sous la domination des Samanides, en l'année 329, quand Vaschméguir avait été contraint, par les armes d'Abou-Ali, à se retirer dans le Tabarestan. »

(85) D'après Ibn-Khaldoun (fol. 157 v.), l'accommodement de Nouh et d'Abou-Ali fut conclu au milieu de l'année 337 (commencement de 949). Khondémir place le même événement dans l'année 339 *Khilacet-alakhbar*, ms. 104 Saint-Germain, fol. 180 v.). D'Herbelot, ayant lu avec trop peu d'attention le texte de cet auteur, a confondu la date du rétablissement définitif de Nouh sur le trône de Bokhara, et celle de la paix du prince samanide avec Abou-Ali (*Bibl. or.* art. de *Nouh-ben-Nasser*).

(86) Ce château est contigu à Ispahan, ainsi que Mirkhond lui-même nous l'apprend, dans une autre section de son ouvrage : قلعهٔ طبرك كه باصفهان متصل است IV° partie, ms. de l'Arsenal, fol. 157 r. On voit, d'après ces mots, dans quelle erreur est tombé M. Wilken, lorsqu'il a supposé que le mot Thabrec était le nom d'une forteresse située dans le Djordjanou, sur les confins de cette province (*Index geographicus*, pag. 221).

(87) Comme Silvestre de Sacy (*Magasin encyclopédique*, 1810, tom. IV, pag. 189, 190) et M. Fræhn (voyez le journal *l'Institut*, II° série, n° 98) l'ont déjà remarqué, il résulte de ce passage que, jusqu'alors, la khotbah ne s'était pas faite dans le Khoraçan au nom de Mothi, quoique ce khalife régnât depuis l'an 334 (946). Ce curieux renseignement est d'accord avec le récit de Bedr-eddin-Aïni, qui s'exprime ainsi (*apud* M. Fræhn, *ibid.*) : « L'émir Nouh

[*] Nous avons vu plus haut, soit dans le texte de Mirkhond, soit dans les notes (82) et (83), que, loin de faire la guerre à Vachméguir, Nouh prit plusieurs fois le parti de ce prince contre Haçan, fils de Firouzan, et Rocn-eddaulah. Silvestre de Sacy a ici confondu Nouh avec son père Nasr, qui, en effet, a été en guerre avec Vachméguir. La même erreur avait été commise précédemment par d'Herbelot, qui a écrit, en parlant de Nouh-ben-Nasr : « Il lui fallut donner plusieurs combats pour chasser Vaschméghir-ben-Ziad (*lisez* Ziar) du Thabaristan ou Hyrcanie, dont il s'était emparé, et du Khorassan, où il faisait de fréquentes courses. »

ne faisait pas réciter les prières au nom du khalife Mothi, mais à celui de Moustakfi, quoiqu'il fût dépossédé*. » Il est probable que Nouh en agissait ainsi, plutôt par haine contre les Bouvaïhdes, auteurs de la déposition de Moustakfi, que par un sentiment de justice. Quoi qu'il en soit, les médailles des princes samanides offrent de nombreux exemples de cette protestation contre la violente déposition de Moustakfi et l'avénement de Mouthi. (Voy. Fræhn, *Recensio*, pag. 93, 94, 95, 96, et *L'Institut*, *ibid.*) La même particularité se remarque sur les pièces des premières années du règne d'Abd-el-Mélic, fils et successeur de Nouh, surtout celles des années 343 à 345. Enfin, on retrouve un exemple d'une protestation analogue sur une monnaie d'argent de Seïf-eddaulah-Mahmoud, savamment décrite par M. de Saulcy (*Lettres à M. Reinaud, sur quelques points de la numismatique orientale*, ixe lettre); voyez aussi M. F. Soret, *Lettre à M. François Duval*, etc. pag. 10 et 11.

Ibn-Khaldoun a mentionné, à deux reprises différentes, la révolte d'Abou-Ali. Voici ses expressions : فانتقض أبو علي وخطب لنفسه ببنيسابور «Abou-Ali se révolta, et fit prononcer *la khotbah* en son nom, à Niçabour (fol. 158 v.). » وخطب بها للخليفة وركن الدولة «Abou-Ali y fit la khotbah au nom du khalife et à celui de Rocn-Eddaulah (fol. 200 r.). »

(88) Je dois rapporter, touchant ce surnom, les judicieuses remarques qu'il a suggérées à M. Fræhn, à l'occasion d'un demi-dirhem de Nouh, frappé l'an 340 : «Quant au titre (*le roi, le protégé de Dieu*) que Nouh porte ici et dans quelques autres de ses monnaies, il est bon de faire remarquer que ce titre était celui dont ce prince a été décoré pendant sa vie, tandis qu'après sa mort on lui a appliqué celui de *l'émir digne d'éloges;* c'est du moins ce qu'on lit dans le Tarich de Aïny, vol. III, fol. 2 v. Les autres historiens, tels que Otby, Abou'lféda, Abulfaradsch, Mirkhond, ont oublié de parler de cette distinction; ils ne connaissent pas le titre que les monnaies de l'époque lui donnaient, et ne rappellent que le dernier, comme celui que Nouh aurait pris lors de son avénement au trône... Du reste, l'usage de décorer les princes morts d'un autre titre que

---

* Abou'lméhacin a fait la même observation dans les termes suivants : En 343, «Abou-Ali-ebn-Mohtadj fit faire la khotbah dans le Khorasan au nom du khalife Almothi, ce qui n'avait point encore eu lieu, etc.» Silvestre de Sacy, *Journal des Savans*, an v, pag. 105 ; *Noudjoum-ezzahiret*, mss. arabes 660, fol. 45 r. ; 671, fol. 100 v, 101 r.

258   NOTES.

celui qu'ils avaient porté pendant leur vie, a été remarqué par les historiens pour d'autres princes de la famille des Samanides, quoique avec quelques variations. » (*L'Institut, ibid.*)

(89) Il faut consulter, sur ce vaste district et sur l'expression Couhistan, en général, les savantes et judicieuses observations de M. Quatremère, *Histoire des Mongols*, pag. 175-177, note 42.

(90) D'après Aboul-Méhacin (*Journal des Savans*, an v, *ibid. Noudjoum Ezzahiret*, man. arabe 671, fol. 101 r.), le chef de cette armée n'était autre qu'Ibn-Mouhtadj; mais c'est une grave erreur. En effet, nous lisons dans Ibn-Khaldoun, fol. 200 r.: ولما فرغ بكر

بن ملك من امر خراسان واخرج عنها بن محتاج سار منها سنة اربع واربعين فى اتباعه الى الرى واصفهان « Lorsque Beer-ben-Melic eut mis ordre aux affaires du Khoraçan, et qu'il eut fait sortir de cette contrée Ibn-Mouhtadj, il marcha à sa poursuite vers Reï et Ispahan, dans l'année 344. »

(91) C'est le même prince qui devint plus tard célèbre sous le titre honorifique de Mouveiyd-Eddaulah, par lequel il sera désigné plusieurs fois dans la suite de cet ouvrage.

(92) Au lieu de عميد, M. Wilken a lu حميد Hamid. Ibn-Khallican, qui appelle ce ministre Aboul Fadhl-Mohammed, fils d'Abou-Abd-Allah-Houcein, dit qu'Amid était le surnom de son père, puis il ajoute : ولقبوه بذلك على عادة اهل خراسان فى اجرائه يجرى التعظيم « Il fut ainsi surnommé, d'après la coutume suivie par les habitants du Khoraçan, d'employer la forme *fail* comme une marque de considération[a]. (Voy. Ibn-Khallican, cité par S. de Sacy, *Chrest. arab.* 2ᵉ édit. t. II, p. 58). Le père d'Aboul-Fadhl, Houceïn, fut vizir de Merdavidj (Ibn-Khaldoun, fol. 194 v. 195 r. *Moudjmel-Ettévarikh*, man. persan 62, fol. 254 r.)[b]. Quant à Aboul'-Fadhl, il mourut à Hamadan, en l'année 359 (970), après avoir exercé les fonctions de vizir pendant vingt-quatre ans, et fut remplacé par son fils Aboul'-Feth Ali (Ibn-Khaldoun, fol. 202 v. Ibn-Khallican, édition de M. de Slane, p. 207; le même, *Biographical dictionary*, tom. III, p. 267).

---

[a] Il faut consulter sur ce passage difficile, dont la véritable signification a échappé à M. de Sacy, une intéressante note de M. de Slane (Ibn-Khallikan's *Biographical dictionary*, tom. III, pag. 270.)

[b] Au lieu de Houceïn, le *Tarikhi Gurideh* écrit Haçan (Man. 15 Gentil, fol. 184 r.)

(Voy. aussi le premier de ces deux auteurs, fol. 204 r. et v. 205 r. Hamd-Allah, *ibid.* fol. 187 v. Mirkhond, *Geschichte der sultane Bujeh*, pag. 19.)

(93) D'après Abou'l-Méhacin (*Journal des Savants*, an v, p. 106), Ibn-Alamid se mit à la tête des Carmathes pour marcher contre Ibn-Macan. Je pencherais à croire que le nom des Carmathes ne paraît ici que grâce à une erreur de copiste, et qu'au lieu de قرامطه, il faut lire تراكمه «des Turcomans.»

(94) Le mot فداى ou فداوى signifie proprement «un homme qui se dévoue à la mort, qui fait le sacrifice de sa vie.» Il s'employait pour désigner ceux des Ismaéliens ou Baténiens que leur chef chargeait du meurtre de ses ennemis. Mais dans un grand nombre de passages d'auteurs persans, et notamment dans celui-ci, il n'a d'autre signification que celle «d'homme brave, et qui se dévoue courageusement à la mort.» (Voy. Silvestre de Sacy, *Mémoires de l'Académie des Inscriptions*, etc. tom. IV, pag. 72, 74, 78 et 79; et M. Quatremère, *Mémoires sur l'Égypte*, tom. II, pag. 502, 503; *Histoire des Mongols*, pag. 123, 124, note).

(95) Il paraît, d'après l'inscription citée plus haut (pag. 254), qu'Adhed-Eddaulah se trouvait dans l'armée de son frère Abou-Mançour. Mirkhond, Ibn-Khaldoun et Hamd-Allah-Mustaufi omettent ce détail, qui ne se rencontre pas davantage dans Abou'l-Méhacin, où cependant Silvestre de Sacy semble avoir cru le voir. (*Journal des Savans*, loc. laud).

(96) Ici encore, je dois recourir à Ibn-Khaldoun, pour compléter le texte de mon auteur : ثم بعث ركن الدولة الى بكر بن ملك صاحب للجيوش بخراسان وقرر معهم (معه) الصلح على مال يحمله ركن الدولة اليه على الرى وبلد الجبل فتقرر ذلك بينهما وبعث اليه من عند اخيه ببغداد بالخلع واللواء بولاية خراسان فوصلت اليه فى ذى القعدة سنة اربع واربعين «Rocn-Eddaulah députa à Becr, fils de Melic, général des troupes du Khoraçan, et conclut la paix avec lui, moyennant une somme d'argent que Rocn-Eddaulah devait envoyer à Becr, pour Reï et le Djebal. Cette convention fut arrêtée, et Rocn-Eddaulah fit porter à Becr des *khilats* et un drapeau, signes d'investiture du gouvernement du Khoraçan, qu'il avait obtenus pour lui du khalife, par le canal

260   NOTES.

de son frère. Ces objets parvinrent à Becr dans le mois de zou'l-cadeh de l'année 344.» (Ibn-Khaldoun, fol. 158 v. Cf. le même auteur, fol. 200 r.)

(97) On peut consulter sur ce jeu, fécond en accidents funestes, une note, ou plutôt une dissertation remplie de faits curieux, dans l'Histoire des Mamlouks, par Makrizi, traduite par M. Quatremère, tom. I, pag. 122 et suiv. Je me permettrai seulement de faire une observation sur ce passage de la note de M. Quatremère : «S'il est vrai, comme on ne peut en douter d'après l'autorité de Du Cange, que ce terme (chicane) ait été en usage dans nos provinces méridionales, pour désigner le jeu de la paume ou du mail, on pourrait croire que c'est dans l'Orient qu'il faut en chercher l'étymologie.» Le mot chicane était encore en usage du temps de Du Cange; car nous lisons dans le voyage de Chapelle et de Bachaumont, au sujet de Montpellier : «Nous y abordâmes à travers mille boules de mail, car on joue là, le long des chemins, à la chicane.»

(98) J'ai cru devoir me conformer à la leçon de l'édit. de Gœttingue et du man. de l'Arsenal; mais je ne dois pas omettre de faire observer que le man. de la version persane du *Tarikh-Iémini* porte en beaucoup d'endroits ابو الحسن *Abou'lhaçan* (man. persan 66, pag. 14, 16, 17, 18, 21, etc.). Quelquefois aussi ce personnage y est nommé ابو الحسن, comme dans notre auteur (pag. 23 et 25). Dans le *Tarikhi-Guzideh*, on lit tantôt ابو الحسين (man. 15 Gentil, fol. 171 r. et v. 172 r. 9 Brueix, fol. 131 v.), tantôt ابو الحسن (9 Brueix, fol. 131 r.). Ibn-Khaldoun écrit presque toujours *Abou'l-Haçan* (fol. 158 v. 159 r. et v. 160 r. 163 v. 223 r.). Dans un autre passage (fol. 159 v.), on lit *Abou'l-Houceïn*.

Comme la famille de Simdjour a joué un rôle important dans l'histoire des Samanides, et que la filiation des membres qui la composaient n'est pas toujours très-clairement indiquée par Mirkhond, je ne crois pas inutile d'en donner ici un tableau généalogique :

NOTES.

SIMDJOUR DÉVATI.
|
Ibrahim.
|
Abou'l-Houceïn (ou Haçan) Mohammed.
|
⎯⎯⎯⎯⎯⎯⎯⎯⎯⎯⎯⎯⎯
| |
Abou-Ali.   Abou'l-Cacim.
|
Haçan.

D'après Ibn-Alathir (tom. IV, fol. 182), il y avait encore dans le Couhistan, du temps de Mélic-Chah, des descendants de Simdjour.

(99) Le nom entier de ce personnage était Abou-Ali-Mohammed, fils d'Élias, fils d'Éliça (Ibn-Khaldoun, fol. 155 v. 158 v. 196 r. etc. Abou'lféda, tom. II, pag. 398, 494); il en a été parlé dans la note 66 (pag. 246). Cet Abou-Ali-Mohammed est mentionné trois fois dans une autre section de l'ouvrage de Mirkhond (*Geschichte der Sultane..... Bujeh,* pag. 18, 20 et 27). Je donnerai ici la traduction du dernier de ces passages, parce qu'il peut jeter quelque jour sur le texte que je publie : «Mohammed-ben-Élias prince du Kerman, témoignait aux Deïlémites un grand respect. Dans l'année 357, Adhed-Eddaulah envoya son fils Abou'l-Févaris pour gouverner le Kerman. Le motif de cette conduite était que, quand le gouvernement du Kerman fut attaché à la personne d'Éliça, fils de Mohammed, fils d'Élias, ce prince, dans sa folie, envoya une armée dans les états d'Adhed-Eddaulah. Le souverain Deïlémite, irrité de cette agression, enleva la province de Kerman à Éliça.» Le nom du fils de Mohammed-ben-Élias est écrit البمع dans l'édition de M. Wilken; mais un des man. consultés par ce savant porte البسع, ce qui approche beaucoup plus de la véritable leçon اليسع Éliça, qui nous est fournie par Hamd-Allah, dans le passage suivant :

امیر ابو علی بن الیاس که در اول عیاری کردی به تغلب بر کرمان مستولی شد وسی وهفت سال درو پادشاهی کرد شهریان بسبب ظلم برو خروج کردند واورا مقهور کرد انبدند و پادشاهی به پسرش الیسع دادند

«L'émir Abou-Ali-ben-Élias, qui, dans l'origine, exerçait le métier de fripon, s'empara de vive force du Kerman, et y remplit les fonctions de roi durant trente-sept ans. Les citoyens se révoltèrent contre lui, à cause de sa tyrannie, le vainquirent, et donnèrent la dignité souveraine à son fils Éliça. » (*Tarikhi-Guzideh,* man. persans, n°⁵ 15 Gentil, fol. 170 v. 9 Brueix, fol. 130 r. Voy. encore le même ouvrage, man. 15 Gentil, fol. 185 v. et man. 9 Brueix, fol. 141 v.)

(100) Dans l'année 351 (962), Vachméguir avait été de nouveau chassé du Thabaristan et du Djordjan, par Roen-Eddaulah. (Ibn-Khaldoun, fol. 201 r.)

(101) On trouvera des détails sur la mort de Vachméguir dans Abou'lféda (tom. II, p. 488), et surtout dans Mirkhond (*Geschichte der sultane..... Bujeh,* pag. 18). (Voyez aussi Ibn-Khaldoun, fol. 159 r.)

(102) Ce traité eut lieu dans l'année 361 (971, 972). Ibn-Khaldoun, 159 r.

(103) Je crois devoir rapporter ici un passage d'un auteur arabe fort judicieux. « Les princes de la famille de Bouiah, dit Chéhab-ed-din-Ahmed, malgré l'étendue de leur empire, se regardaient comme les vassaux des Samanides, leur payaient des tributs et leur envoyaient des étoffes sur lesquelles étaient brodés les noms de ces souverains, ainsi que ceux des principaux fonctionnaires de leur état, tels que le visir, le hadjeb (chambellan). » (M. Quatremère, *Notices des Manuscrits,* tom. XIII, pag. 247.)

(104) Littéralement « fit choix du voyage de l'autre monde. » Mirkhond est tout à fait en désaccord avec Ibn-Alathir, Ibn-Khaldoun, Abou'l-Faradj (texte arabe, pag. 318), et Abou'lféda, touchant la date de la mort de Mançour. Ces quatre auteurs placent cette mort dans l'année 366 (976, 977); le second, au milieu de l'année; le premier et le dernier, au milieu du mois de chevval (Ibn-Alathir, tom. III, fol. 12 v. Abou'lféda, tom. II, pag. 530). Toutefois, dans un autre endroit, Ibn-Khaldoun a abandonné la date 366, et lui a préféré celle de 365 (*ibid.* fol. 163 v.).

(105) « Mirkhond dit, il est vrai, qu'on nommait Mançour, de son vivant, Mélic-Mouayyad; mais je crois qu'il se trompe, parce qu'il dit la même chose de son prédécesseur Abd-el-Mélic, et que le même surnom ne fut pas sans doute commun à ces deux princes. » (Silvestre de Sacy, *Magasin encyclopédique,* 1810, t. IV, p. 189.) Il est possible qu'en effet Mirkhond se soit trompé en attribuant à Mançour le même surnom qu'à Abd-el-Mélic; mais son assertion ne me paraît pas devoir être rejetée par la seule raison que donne Silvestre de

NOTES. 263

Sacy; car Mirkhond nous apprend, et Silvestre de Sacy admet sur ce point son témoignage, qu'Abd-el-Mélic porta, durant sa vie, le titre honorifique d'émir Mouveiyed; et cependant nous avons vu plus haut (note 88) que Nouh, père d'Abd-el-Mélic et de Mançour, prenait sur ses monnaies un titre presque identique, celui de Mélic Mouveiyed. Si donc nous voulions contester à Mançour le surnom d'émir Mouveiyed, nous objecterions que ce surnom ne paraît pas sur une seule des nombreuses médailles de ce prince décrites par M. Frælın, tandis qu'au contraire on y lit celui de Mélic-Mozaffer (le roi victorieux).

(106) D'après Abou'lféda, Nouh était âgé d'environ treize ans. (*Annales*, loc. laud.)

(107) Au lieu d'Alptéguin, je crois qu'il faut lire ici : Abou-Ishac, fils d'Alptéguin. En effet, nous lisons dans Ibn-Alathir, Abou'lféda (t. II, p. 528), Abou'lchéref-Nacih (ms. persan 66, p. 8) et Mirkhond (*Histoire des Ghaznévides*, ms. de l'Arsenal, fol. 27 r. et v.), que Sébuctéguin succéda à Abou-Ishac-ben-Alptéguin. Le dernier de ces auteurs, après nous avoir appris que Sébuctéguin était un esclave turc appartenant à Alptéguin, ajoute ces paroles : «Abou'l-Haçan-Khazin (le trésorier) rapporte que Nacir-Eddin se rendit à Bokhara, sous le règne de Nouh, fils de Mançour, avec Abou-Ishac, fils d'Alptéguin.» On peut conclure de ce passage qu'Alptéguin était mort quelques années après la conquête de Ghaznah (voyez p. 154 ci-dessus), et que son fils Abou-Ishac lui avait succédé, avec l'agrément de Nouh, fils de Mançour. Et cette conjecture est confirmée par la suite du récit de Mirkhond : «Peu de temps après qu'Abou-Ishac fût arrivé à Ghiznin, il mourut (littéralement : il répondit *lebbeik*, c'est-à-dire, je suis prêt, à l'invitation de Dieu*).» Quant à

---

* Ce fait ressort non moins clairement du récit d'Ibn-Khaldoun : وكان التبكين (sic) من موالى بنى سامان وكان واليا على غزنة وخراسان وكان ابنه ابو اسحاق خليفتنه على خراسان وسبكتكين فى جملته وولاه حجابته وورد بخارا ايام السديد منصور بن نوح وهو اذاك حاجبه ثم توفى التبكين بغزنة فبعث عليها ابو اسحاق ابنه فسار اليها وتوفى بعد ان وصلها «Alptéguin était au nombre des affranchis des Samanides et gouverneur de Gaznah et du Khoraçan. Son fils Abou-Ishac était son lieutenant dans cette dernière province, et comptait

Sébuctéguin, il était gendre et non fils d'Alptéguin, comme Silvestre de Sacy l'a dit par erreur. » (*Mag. encyclopédique*, 1809, t. I, p. 205.) (Voyez le *Tarikhi-Guzideh*, ms. 15 Gentil, fol. 175 r.)

(108) Telle est l'orthographe que j'ai cru devoir conserver, d'après l'édition de Gœttingue et d'après le traducteur persan d'Otbi; Daulet-Chah (*Tezkiret-echchouéra*, ms. persan 250, fol. 19 v.); Ibn-Alathir; Ibn-Khaldoun (fol. 159 v. 162 v. 206 v.); Ibn-Khallican (éd. de M. de Slane, t. I, p. 594); Abou'lfaradj (p. 319, 334), et Abou'lféda (ad ann. 403). Cependant les surnoms de ce prince sont ainsi écrits, شمس الدّين أبو المعالى, dans sept différentes copies de l'*Atech-kédeh* ou *Pyrée*, de Loutf-Ali-Beg. (Voyez *Account of the Atesh-kedah*, by N. Bland, p. 13; *Journal asiatique*, IVᵉ série, t. IV, p. 324, 325.). Une raison qui pourrait nous faire pencher vers cette dernière leçon, est que Cabous paraît être le poëte cité maintes fois dans le *Ferhengui choouri*, sous le titre de مير أبو المعانى Mir-Abou'l-maani.

(109) Faïc, après avoir servi Mançour, fils de Nouh, en qualité d'esclave, avait été élevé au rang de chambellan, امير حاجبى, par le vizir Abou'lhoucein Otbi. (Ms. persan 66, p. 16; *Notices et Extraits des manuscrits*, t. IV, p. 336.)

(110) شعار chiar; littéralement : « son vêtement de dessous. » On peut consulter, sur cette expression, les détails étendus que j'ai donnés ailleurs. (*Histoire des sultans Ghourides*, p. 19, 20, note.)

(111) Voici comment M. Wilken a rendu ces paroles : « Si prius « *urbs capiatur*, æquo animo hanc calamitatem tanquam immutabile « Dei decretum esse ferendam. »

(112) Telle est la leçon que j'ai cru devoir préférer, d'accord en cela avec Hamd-Allah-Mestoufi (*Tarikhi-Guzideh*, mss. persans, 9 Brueix, 131 r. 132 v. 15 Gentil, 171 v. 172 v.*) Cette orthographe est d'ailleurs celle que j'ai invariablement rencontrée dans le Ta-

---

Sébuctéguin parmi ses serviteurs. Il l'investit du poste de chambellan. Abou-Ishac se rendit à Bokhara sous le règne d'Alsésid-Mançour, fils de Nouh. Sébuctéguin remplissait alors les fonctions de chambellan auprès d'Abou-Ishac. Alptéguin mourut à Ghaznah, et son fils Abou-Ishac fut envoyé dans cette ville *pour le remplacer*. Il mourut peu de temps après son arrivée. » (*Article des rois de Ghaznah*, ms. 2402, fol. 163 v.)

* A l'article des Bouvaïhdes (fol. 186 v.), ce dernier manuscrit porte أبو الحسن ; et cette leçon est aussi celle de trois passages d'Ibn-Khaldoun, fol. 159 r. 160 r. 163 v.

NOTES. 265

rikh-Otbi (ms. persan 66, pag. 14, 15, 16, 21, 22), à l'exception d'un seul passage où on lit Abou'l-Haçan (p. 14, ligne 26). Dans un des endroits cités plus haut, le nom de ce ministre est écrit ابو الحسین عبد الله بن احمد (p. 14, ligne 29). Au lieu d'Ahmed, احمد, peut-être vaut-il mieux lire محمد. Dans cette hypothèse, Abou'l-Houceïn serait fils d'Abou'l-Nasr-Mohammed, fils d'Abd-el-Djebbar-Otbi, qui était, en 359 (969-970), vizir de Mançour-ben-Nouh : ...فى سنة تسع وخمسین وثلثمایة....فى وزارة ابى النصر محمد بن عبد الجبار العتبی. (*Ibn-Khallican*, éd. de M. de Slane, t. I, p. 679.) A la place d'Otbi, d'Herbelot a lu Aïbéti. (*Bibliothèque orientale*, art. *Nouh-ben-Mansor*.)

(113) C'est ainsi que j'ai rendu l'expression سدیدی *Sédidi*, qui équivaut ici au mot منصوری *Mançouri*. Au lieu de سدیدی, le manuscrit de l'Arsenal porte سدید, et l'édition de Gœttingue, مبیدین. M. Wilken, qui ne s'est pas rappelé le surnom de سدید *Sédid*, donné plus haut à Mançour, père de Nouh, a supposé qu'il fallait lire مبید *Moubid* (destructeur) ou محتد *Mouhtadd* (fier, ardent, véhément, impétueux). Abou'l-Chéref-Djerbadécani, que Mirkhond n'a fait que copier, en l'abrégeant toutefois, écrit aussi سدیدی, et son illustre traducteur n'a point été embarrassé par ce surnom.

(114) Au lieu d'Abou'l-Houceïn, Abou'l-Chéref écrit Abou'l-Haçan ابو الحسن. (Ms. persan 66, p. 23.) D'Herbelot a lu Marni à la place de Mouzni (*Bibliothèque orientale*, art. *Nouh-ben-Mansor*.)

(115) Après sa destitution du gouvernement du Khoraçan (371 = 981-982), ce général avait été envoyé dans le Seïstan, pour se mettre à la tête des troupes qui assiégeaient, depuis sept ans, Khalaf-ben-Ahmed dans la forteresse d'Arc, ارك. Arrivé auprès de cette place, il avait déterminé Khalaf à l'abandonner, et y était entré avec les troupes du Khoraçan. (*Notices des manuscrits*, tom. IV, pag. 338. Cf. Mirkhond, *Historia priorum regum Persarum*, fol. 15 r. et v. [*]) Si l'éditeur de ce dernier ouvrage, le baron de Iénisch, avait lu avec plus

---

[*] Dans ce passage (fol. 15 r. ligne 20; v. ligne 2), il faut lire نوح بن منصور au lieu de منصور; et dans cinq endroits différents du même folio (v, lignes 2, 4, 5, 7 et 8), on doit substituer le nom d'Abou'l-Houceïn ابو الحسین ou Abou'l-Haçan-ben-Simdjour, ابو الحسن بن سیمجور, à celui d'Abou-Ali, ابو علی.

d'attention le texte d'Abou'l-Chéref, dont il cite des fragments, il n'aurait pas supposé qu'un siége entrepris dès le commencement du règne de Nouh (365=975-976), et qui dura sept ans, n'avait été achevé que vers 387 (997). (*Ibidem*, p. 159.)

(116) Voici ce qu'on lit sur cet endroit, dans le lexique géographique arabe intitulé *Méracid-al-Ittila:* كنج رستاق عمل كبير بين ناحية بادغيش (بادغيس lisez) ومرو الرّود ومن هذه الناحية بغشور (بغشور) وبنج ده وبينه وبين هرات مرحلتان والى بغشور مرحلة «Kendj-Roustac est un canton considérable entre le district de Badghis et Merv-er-Roud. Ses principales villes sont Bagchour et Pendj-dih (les cinq villages). Il est situé à la distance de deux journées de marche d'Hérat; de la ville de Kendj-Roustac à celle de Bagchour, il y a une journée de distance.» (Man. de la Bibl. roy., page 111.)

Kendj-Roustac est aussi mentionné par le Pseudo-Ibn-Haucal, sous cette forme vicieuse: كنج رشاق. Dans sa notice sur la version persane d'Otbi, Silvestre de Sacy, qui n'a point reconnu dans les mots كنج رستاق un nom de lieu, a lu رستاق كَنج *Guendji-Roustac*, et a traduit, en conséquence, «et il ajouta Badghis et *le revenu de son territoire* à son apanage.» L'impropriété du mot كَنج *guendj* (trésor), pris dans le sens de *revenu*, et l'absence de tout pronom personnel après رستاق, auraient dû suffire, ce me semble, pour le préserver de cette méprise. Kendj-Roustac est, sans doute, la même localité dont le nom est écrit كنج *kench* par le chérif Édrici (trad. de M. A. Jaubert, tom. I, pag. 465[*]). Si cette conjecture est admise, il faudra aussi reconnaître Bagchour dans la ville appelée لكشور *Lakchour* par le même géographe (*loc. laud.* et pag. 466). Une circonstance qui me semble mettre hors de doute l'exactitude de ce dernier rapprochement, c'est la ressemblance que l'on remarque entre les détails donnés par Édrici sur cette ville de Lakchour, et ceux que l'on trouve sur Bagchour dans Abou'lféda et le

---

[*] «En se dirigeant vers l'Orient, du côté de Balkh بلخ, on trouve le district de Kench كنج, comprenant trois villes qui sont: Tir تير, Kenef كنف, et Lacschour لقشور.»

Méracid. Ainsi, d'après Abou'lféda (édition de MM. Reinaud et de Slane, pag. 457) et l'auteur du *Méracid,* les habitants de Bagchour boivent de l'eau de puits. Or Édrici rapporte la même particularité de Lakchour; de plus Abou'lféda ajoute que le territoire de Bagchour est arrosé par les eaux pluviales, et le même renseignement se trouve dans Édrici à l'article de Lakchour.

(117) Ce détail est extrait d'Abou'l-Chéref, qui s'exprime ainsi:

وابو علی عمال تاش را که برسر اعمال خراسان بودند بگرفت وهر یکی را بمواقفات (مواخذات lisez) ومصادرات سنگی بنسبت (وبنشیت؟) اموال ومعاملات که در تصرف ایشان بود بستد (fol. 23 r.) «Abou-Ali s'empara des préposés de Tach, qui étaient placés à la tête des divers cantons du Khoraçan, et les tourmenta tous par des amendes et des exactions considérables, ainsi que par la saisie des tributs et des contributions qui étaient entre leurs mains.» Silvestre de Sacy a étrangement méconnu le sens de ce passage, en le traduisant ainsi: «*Il séduisit par ses largesses* tous les intendants et les gouverneurs établis dans les différentes villes du Khoraçan par Hossam-Eddoula, en sorte qu'ils lui *remirent* tous les revenus et les deniers publics dont la recette leur était confiée.» (*Notices et Extraits, loc. laud.* pag. 343.)

(118) Au lieu de سفیران M. Wilken a lu سنیران, qu'il a changé à tort en ستیزان. Par suite de cette malencontreuse leçon, il a traduit ainsi la phrase entière: «Sed quum *prælio fortunam experiri utrique dubitaverint* pacem esse compositam his conditionibus, «etc.»

(119) Il faut lire Abd-Allah-ben-Aziz avec Abou'l-Chéref, qui, ajoute que ce ministre était connu pour être l'ennemi de la famille d'Otbah و بمضادت ومخالفت آل عنبه مشهور ومذکور بود Cette circonstance explique l'animosité qu'Abd-Allah montra toujours contre Houçam-Eddaulah, créature d'Abou'l-Houceïn-Otbi. (Voyez aussi Ibn-Khaldoun, fol. 160 r.)

(120) Voyez *Geschichte der sultane.... Bujeh,* pag. 31.

(121) Littéralement: «d'avoir embrassé la nouvelle mariée du royaume.» Au lieu de باعتناق le man. de l'Arsenal et l'édition de Gottingue portent باعشاق.

(122) Littéralement: «muets et doués de la parole». Ces deux

268   NOTES.

mots صامت و ناطق s'emploient, en parlant de richesses, pour désigner des «biens meubles et immeubles», par exemple, de l'or, et de l'argent ou des troupeaux. J'en citerai les exemples suivants, tous empruntés à notre auteur: وصامت و ناطق خرمیل بباد غارت و تاراج داده «ayant livré au pillage les biens meubles et immeubles de Kharmil», *Hist. des sultans du Kharezm;* واموال واغنام وصامت و ناطق آن مفسدان در تحت تصرف خدام بهرام انتقام آمـــــس «Les richesses, les troupeaux, les objets meubles et immeubles de ces misérables tombèrent en la puissance des serviteurs, capables de tirer vengeance de Mars lui-même.» IV° partie, man. de l'Arsenal, fol. 146 r. تمامت ممالك وصامت و ناطق اورا تصرف نمود «il s'empara de la totalité de ses provinces et de ses biens meubles et immeubles». (*Vie de Djenguiz-Khan,* p. 95. Voyez aussi le même ouvrage, pag. 42.)

(123) On peut consulter sur ce mot les observations de Reiske, *Abulfedæ Annales,* t. I, *adnotationes historicæ,* n° 200.

(124) Voir sur cette expression la note de M. Wilken, p. 94, note *e*.

(125) A ces divers présents Abou'l-Chéref ajoute 50,000 dinars et 2,000,000 de dirhems وپنجاه هزار دینار و دو هزار بار هزار درم (et non 1,000,000 seulement, comme a traduit S. de Sacy), et cinq cents coffres remplis de vêtements de diverses couleurs. S. de Sacy s'est également trompé en rendant اسنران par chameaux. L'illustre orientaliste a confondu اسنر *aster*, mulet, avec اشتر *uchtur*, chameau.

(126) A ces villes le traducteur d'Otbi joint celle d'Asterabad; mais il fait observer que Fakhr-Eddaulah réserva une petite partie du revenu des places précitées, pour subvenir aux frais de l'entretien des forteresses, et acquitter les appointements des coutouals et des garnisons. وخراج و معامله گرگان و دهستان و ابسکون و استراباد بجملگی باوی گذاشت مگر اندکی که در وجه عمارت قلاع و ارزاق کوتوالان و مستنظان (lisez مستحفظان) ان مصروف شود.

(127) Le véritable nom de ce célèbre ministre était Abou'l-Cacim-Ismaïl-ben-Abbad. On peut consulter sur sa vie Abou'lféda,

t. II, pag. 586; Ibn-Khallican, t. I, pag. 109 à 112; et Mirkhond, *Geschichte der Sultane Bujeh*, pag. 31 à 34.

(128) Au lieu de قضا et de نقضى, l'édition de M. Wilken porte قضايا et نقضى. En place du dernier de ces deux mots, on lit dans le man. de l'Arsenal نَقْضِي.

(129) Dans ce passage, le mot مهمانى *mihmani*, comme ضيافه *diafah*, dans la ligne suivante, désignent « le festin offert à un hôte. » On peut consulter, sur le dernier de ces deux mots, pris dans cette acception, M. Quatremère, *Histoire des sultans mamlouks*, I, 76, note (105).

(130) La durée de ce séjour fut de trois ans, d'après Abou'l-Cheref (pag. 28).

(131) Ici se trouvent dans le texte des détails si indécemment circonstanciés, que j'ai cru devoir imiter la réserve de M. Wilken, et que je me suis contenté d'exprimer en gros le sens de mon auteur.

(132) Ces deux personnages étaient chambellans de l'émir Nouh, d'après Abou'l-Chéref (pag. 33), qui écrit le nom du premier اج, ainsi qu'Ibn-Khaldoun (fol. 160 v. 177 v.). Silvestre de Sacy a lu اج *Ibekh*. M. Wilken ايناج *Inabekh* et يكتوزون *Iectouzoun*: enfin le manuscrit de l'Arsenal porte ايناج et بكتوزون. On peut consulter, sur le premier de ces deux noms, ce que j'ai dit ailleurs (*Histoire des sultans du Kharezm*, pag. 25, note). A la place de Bectouzoun, d'Herbelot a écrit Tozon et Tozonbegh (*Bibl. orient.* art. *Abd-Almalek*, fils de Nouh et Mansor second).

(133) M. Wilken a rapporté les mots عطارد فطنت à Abou-Ali, les prenant pour un titre honorifique accordé à cet émir par Nouh-ben-Mançour. Voici de quelle manière il a rendu toute la phrase : «Id quum emir Nuh annuerat, scribæ (in diplomatibus) « eum : *Atharedi fetnath bi firmáni emir Nuh emir el omra Almowaiiad* « *min assamia* (Mercurium sapientiæ ex jussu emiri Nuh summum « emirum cœlo confirmatum) appellarunt. » Cette erreur de M. Wilken a été signalée, mais en passant, par Silvestre de Sacy (*Magasin encyclopédique*, 1811, tom. I, pag. 206).

Pour saisir le sens des mots en question, il faut se rappeler que les astrologues orientaux ont distribué les divers arts et métiers en sept classes, dont chacune est sous l'influence particulière de l'une des sept planètes. (Voy. les excellentes Observations de M. Reinaud, sur les monnaies musulmanes à figures, à la suite de l'Explication de cinq médailles des anciens rois musulmans du Bengale, p. 32.) Il ne faut pas oublier non plus que, d'après une remarque faite par le même savant (*ibid.* pag. 33), les astrologues orientaux ont ajouté aux signes primitifs du zodiaque des figures singulières qui nous offrent les planètes telles que se les représentent les Orientaux. Ainsi, pour nous borner à ce qui fait l'objet de cette note, les gémeaux sont accompagnés de Mercure, « sous la forme d'un homme à turban, tenant à la main un rouleau, et portant à sa ceinture une écritoire avec la plume ou *calam*. On voit que les Orientaux ont conservé au fils de Maïa son rôle de dieu de l'éloquence et des lettres (M. Reinaud, *ibid.* p. 37). » On peut encore consulter, sur ces attributions données, par les astrologues de l'Orient, aux sept planètes, un passage d'Abou'lmachar, traduit par M. de Slane, Ibn-Khallikan's *Biographical dictionary*, tom. II, pag. 562, note (8). L'expression منشيان عطارد فطنت « des scribes aussi intelligents que Mercure », est encore employée par Mirkhond, dans une portion de son ouvrage, que j'ai publiée il y a quelques années (*Hist. des sultans du Kharezm*, pag. 57).

(134) Au lieu du surnom المويد من السما Almouveiyed-min-Assema, Ibn-Khaldoun donne à Abou-Ali celui d'Imad-eddaulah عماد الدّولة (fol. 160 v.).

(135) بيلاكات Telle est la leçon du manuscrit de l'Arsenal, et telle doit être aussi celle du manuscrit de Gœttingue. M. Wilken, ayant lu ميلاكات au lieu de بيلاكات, et ne comprenant pas cette forme vicieuse, lui a substitué dans son texte le mot تبرّكات *teberrucat*. Le mot بيلاك a été expliqué par M. Quatremère (*Notices et Extraits des manuscrits*, tom. XIV, pag. 119-121, note 2).

(136) Ibn-Alathir (t. III, fol. 73 v.) et Ibn-Khaldoun (*loc. laud.*) appellent ce prince Chéhab-eddaulah-Haroun, surnommé Boghra-Khan, et fils de Souleïman-Ilek-Khan. Ils ajoutent, ainsi qu'Abou'l-féda (II, 578), qu'il régnait sur Cachgar et Bélasagoun, et sur tout le pays avoisinant, jusqu'aux provinces de la Chine. Enfin Ibn-Khaldoun s'exprime ainsi d'après Ibn-Alathir : وكان كثير من الدهاقين فى اعمال بنى سامان يكاتبونه و يستخنونه لملكها فصار يطيف حدودها شيا فشيا الى ان وصل استيجاب (اسفيجاب) « Un grand nombre de chefs de canton, dans les états des Samanides, écrivaient

à Boghra-Khan et l'excitaient à s'emparer de ces états. Il commença, en conséquence, à entamer leurs frontières, pièce par pièce, jusqu'à ce qu'il arrivât à Isfidjab. » Au lieu de Boghra-Khan, d'Herbelot a écrit Cara-Khan (*Bibliothèque orientale*, art. *Nouh-ben-Mansor*).

(137) Littéralement : « ayant aiguisé les dents de la convoitise. » Au lieu de تیز *tiz* « aigu, tranchant, » M. Wilken a imprimé نیز *niz* « aussi, » et a traduit ainsi tout ce membre de phrase : « Quod quum « etiam Baghra-Khano arrisisset. »

(138) Voyez, sur Amol-Chatt, les Notices et Extraits des manuscrits, t. IV, pag. 353, note *p*.

(139) M. Wilken, qui a lu بدان (!) نودرا pour نودر ابدان, a ainsi rendu tout le membre de phrase : « Eorum quidem *nonaginta* « vitam ex hac miseria salvaverant. »

(140) Pour entendre cette expression, il est nécessaire de se rappeler que le mot عرقوب *Orkoub* est le nom d'un homme fameux chez les Arabes par sa mauvaise foi et ses promesses mensongères. (Voyez M. Quatremère, *Mémoire sur la vie et les ouvrages de Meïdani*, dans le Nouveau Journal asiatique, t. I, p. 180, et les auteurs cités en cet endroit). Les écrivains persans font quelquefois allusion à ce personnage ; en voici deux exemples : ایشان را بمواعید عرقوبی مستظهر کرد انید « Il les remplit de confiance par des promesses d'Orkoub (c'est-à-dire mensongères). » (*Djihan-Cuchaï*, man. pers. n° 69, fol. 115 r.) ; شاید که بمواعید غرقوبی (عرقوبی) اورا چاشنی از محنت ایوب ویعقوبی چشاند « Il est possible qu'il lui fasse goûter un échantillon de l'affliction de Job et de Jacob, au moyen de promesses d'Orkoub. » (Mirkhond, IVᵉ partie, manuscrit de l'Arsenal, fol. 154 r.)

(141) Ibn-Khaldoun ajoute ici le détail qu'on va lire فاعترضه فى طريقه الاتراك العزيه (الغزّية) وهم البادية الجابلون حينئذ بضواحى بخارا فاتبعوه وقاتلوه ونالوا منه « Les Turcs Ghouzzs, nomades qui séjournaient alors dans les environs de Bokhara, rencontrèrent Boghra-Khan pendant sa route, le poursuivirent, le combattirent et s'emparèrent de ses bagages. » (Ibn-Khaldoun, fol. 161 r.)

(142) Littéralement « livra l'argent de la vie au receveur des âmes. »

(143) Il s'agit ici de la lune de chevval, qui vient mettre fin au

jeûne du ramadhan, et qui est célébrée par la fête *Id fitr* (de la rupture du jeûne). (Voyez Mouradjea d'Ohsson, *Tableau général de l'empire othoman*, éd. in-8°, tom. III, pag. 6, 7.)

(144) On peut consulter, sur l'idée de magie, attachée à l'éloquence et surtout à la poésie, les curieuses observations de M. Quatremère, *Proverbes de Meïdani*, pag. 24-28. «... Dans l'origine, dit M. J. J. Ampère, entre les enchantements de la magie et les enchantements de la lyre, il existait une parenté qu'attestent les affinités du langage. On sait qu'en latin *carmen* signifie à la fois un charme et un chant.» (*Histoire littéraire de la France*, etc. t. I, p. 57.)

(145) M. Wilken a fait de سر نهور un seul mot, qu'il a pris pour un nom de lieu, et a traduit ainsi la phrase entière : «Quare «exercitu statim instructo *Sirthehuro* Bocharam contendit.»

(146) نهلاك. On peut voir, au sujet de ce mot, les judicieuses remarques de M. Quatremère, *Journal des savants*, année 1842, pag. 435.

(147) Il faut consulter, touchant cette province, la note de M. Wilken (pag. 216), et surtout les Observations de Silvestre de Sacy sur deux provinces de la Perse orientale, dans les Mines de l'Orient, tom. I, p. 321 et suiv. Dans une note de sa traduction de la Géographie d'Abou'lféda, maintenant sous presse, M. Reinaud a cherché à résumer, avec ordre et avec méthode, les détails un peu confus, rassemblés par notre illustre orientaliste, sur le Ghardjistan et le Djouzdjan, dont le nom se rencontre aussi plus d'une fois chez notre auteur. Le lecteur trouvera encore quelques renseignements sur la dernière de ces deux provinces, dans l'ouvrage intitulé *Expédition d'Alexandre le Grand contre les Russes*, etc. par F. B. Charmoy, pag. 138, 139. Il pourra aussi consulter, sur Choubourcan ou Asfourcan, une des principales villes du Djouzdjan, les détails recueillis par M. Quatremère (*Histoire des Mongols de la Perse*, pag. 169, note).

(148) Mirkhond emploie ici l'expression زنجير فيل *zendjiri fil*, qui paraît présenter quelque difficulté. Le mot زنجير signifiant chaîne, on pourrait croire que ce terme, placé devant le mot فيل *fil*, éléphant, sert à désigner plusieurs de ces animaux[*], de même

---

[*] C'est ce qu'a cru M. Quatremère. Dans deux endroits, il est vrai, cet illustre savant s'est borné à rendre زنجير فيل par «chaînes d'éléphants» (*Notice du Matla assaadein*, pag. 237 et 462); mais, dans un autre pas-

que l'expression قطار *cathar* embrasse un certain nombre de chameaux ou de mulets (quatre ou sept; voyez M. Quatremère, *Hist. des Mamlouks*, tom. I, pag. 161, 162). M. Wilken, embarrassé par cette expression vague زنجير فيل *zendjiri fil*, s'est contenté de la traduire littéralement par «catenas elephantum.» Mais plus tard, dans un autre ouvrage (*Mirchondi, Hist. Gasnevidarum*, pag. 147, note 6), il a cité un passage du *Heft Colzoum*, ou grand Dictionnaire persan du roi d'Oude, qui prouve que le premier mot de cette expression est tout à fait redondant. Voici ce passage: و فيل را نيز زنجير نويسند چنانکه اسپ را راس و شتر را نفر و بازو را دست وتمشير را قبضه على هذه القياس «On ajoute au nom de l'éléphant le mot *zendjir*, de même qu'à celui du cheval, le mot *ras*[a]; à celui du chameau, le mot *néfer*; à celui du faucon, le mot *dest*; enfin, à celui du cimeterre, le mot *cabzè*.» Cette notion est confirmée par le *Borhani-cathi*, édition de 1834, pag. 389. Le mot زنجير, joint au nom de l'éléphant, se rencontre assez souvent chez notre auteur; je me contenterai d'en citer trois exemples: لاجرم بالشكر انبوه و نود زنجير فيل در بدايت حال روى بطوس نهادند «En conséquence, ils se dirigèrent, dès le principe, vers Thous avec une armée nombreuse et quatre-vingt-dix éléphants.» (*Histoire des sultans du Kharezm*, p. 41); ملتزم شد که برفور فديه دهد و هرسال مبلغى گرامى بخزانه رساند و چند زنجير فيل «Il s'engagea par serment à donner sur le champ une rançon et à envoyer chaque année au trésor une somme considérable et quelques éléphants.» (*Historia Ghasnevidarum*, p. 12); درغزوى از غزوات هند سى صد و اند زنجير فيل بدست سلطان افتاد «Dans une des expéditions

sage, il s'est montré plus explicite: «... Nous voyons, dit-il, que, sous le règne de Schah-Djihan, une chaîne d'éléphants blancs (c'est-à-dire sept) fut offerte en présent à ce prince, par Seïd-Delir-Khan.» (*Histoire des Mongols de la Perse*, pag. 168, note.)

[a] C'est ainsi que nous employons le mot *tête* pour désigner un nombre d'individus de telle ou telle espèce d'animaux. Brantôme a fait usage, dans un sens analogue, du mot *pièce*. «Il avoit d'ordinaire, dit-il, en parlant du grand-prieur de France, frère du duc François de Guise, sa grand escurie de dix ou douze pièces de grands chevaux. (*Hommes illustres et grands capitaines françois*, éd. Buchon, t. I, p. 406.) «Il s'est veu pour un coup, dit-il ailleurs du maréchal de Strozzi, avoir vingt pièces de grands chevaux, les uns plus beaux que les autres, etc.» (*Ibid*. p. 676.)

que le sultan fit dans l'Inde, trois cents et quelques éléphants tombèrent entre ses mains. (*Histoire des sultans Ghourides*, p. 42.) Au lieu de زنجير, Aboul'-Chéref se sert du mot مربط *mirbath*, qui a le même sens, et que S. de Sacy a traduit par *chaîne*, tout en supposant que ce mot répondait à notre expression *une paire* (*loc. laud.* p. 333 et note *n*, et p. 356). L'expression مربط est employée par Mirkhond, dans le passage que voici : وچهل مربط فيل با غواشى از ديباهاى رومى « Quarante éléphants avec des housses de brocart grec. » (*Hist. Ghasnevidarum*, p. 48.)

(149) J'ai suivi ici la leçon des manuscrits 21 et 21 *bis*, préférablement à celle de l'édition de Gœttingue et du manuscrit de l'Arsenal, qui portent وقايت عوض. L'orthographe وقايت عرض est aussi celle d'Aboul'-Chéref.

(150) Ici encore Mirkhond a copié presque textuellement Aboul'-Chéref, dont voici les propres paroles : نوح امير سبكتگين را ناصر الدّين لقب داد و فرزند او و وارث ملك او محمود را بلقب سيف الدوله مشرف گردانيد و قيادت جنود كه منصب ابو على بود بدو (lisez بود بدو) تفويض فرمود « Nouh surnomma l'émir Sébuctéguin Nacir-Eddin, honora Mahmoud, son fils et l'héritier de son pouvoir, du surnom de Seïf-Eddaulah, et lui confia le commandement des troupes, dignité qui appartenait à Abou-Ali. » (P. 39.) Silvestre de Sacy s'est gravement mépris en traduisant ce passage ; car il a attribué au père une partie de ce que son auteur rapporte du fils : « Nouh donna, dit-il, à Sébuctéguin la charge de commandant général des troupes, dont était revêtu Abou-Ali, etc. » (*Loc. laud.* p. 357.)

(151) Au lieu de مُمَوَّه, M. Wilken a imprimé همّوه, ce qui ne donne aucun sens. La citation suivante expliquera ce que l'on doit entendre par le mot مُمَوَّه : « On dit..... *l'eau d'un sabre*, pour l'éclat et le brillant de sa lame ; et nous disons nous-mêmes, en ce sens, *un diamant d'une belle eau*. Les Arabes emploient le mot ماء, *eau*, dans le même sens ; et de là vient qu'ils disent مُمَوَّه pour *lustrer* ou *moirer* une étoffe, et, figurément, pour déguiser quelque vice ou quelque défaut sous une apparence trompeuse de vertu ou de talent. » (Silvestre de Sacy, *Pend-nameh ou le Livre des conseils*,

p. 129, note 1.) De مَوَّهَ s'est formé le nom d'action تمويه, qui se trouve joint à زرق (ruse, tromperie) dans un passage d'Abou'l-Chéref (p. 22).

(152) Littéralement : « Lorsque la main de l'atmosphère eut tiré l'épée de l'aurore du fourreau de l'horizon. »

(153) Il s'agit ici de ce poisson ou bœuf-poisson sur le dos duquel la terre était fixée, selon les fables des anciens Persans. (Voy. Silvestre de Sacy, *Mémoires sur diverses antiquités de la Perse*, p. 341, note 45; *Pend-nameh*, p. xxxv-xxxvii.)

(154) On peut consulter, touchant cette forteresse, Silvestre de Sacy, *Notices des manuscrits*, p. 360, note d.

(155) Et non اسرك Asrec, comme on lit dans l'édition de M. Wilken. (Voyez Abou'l-Chéref-Nacih, p. 43.)

(156) Abou'l-Chéref (p. 46) écrit ce nom ايلمنكو Ilmenkou.

(157) Voyez l'*Index géographique* de M. Wilken, p. 218. D'après Édrici (trad. de M. Am. Jaubert, t. II, p. 192), Cath était située à trois journées de Djordjaniah. Le même géographe est tombé dans une contradiction que je dois relever. A l'article de Djordjaniah (*ibid.* p. 188), il dit que cette ville est la plus importante et la capitale de tout le Kharezm; et, plus bas, il donne à Cath le nom de Kharezm et le titre de capitale de la province. Il n'est pas douteux, d'après les témoignages d'Abou'lféda (édition de MM. Reinaud et de Slane, p. 479) et du pseudo Ibn-Haucal, que Cath a été, pendant un espace de temps plus ou moins long, la capitale du Kharezm. A défaut du témoignage de ces géographes, les textes de Mirkhond et d'Abou'l-Chéref suffiraient pour le prouver, ainsi que deux passages du *Camil* et de Nowaïri cités par M. Quatremère (*Notices des manuscrits*, t. XIII, p. 290, note). Mais il est probable qu'après la conquête des états d'Abou-Abd-Allah par Mamoun-ben-Mohammed, le titre de capitale du Kharezm passa de Cath à Djordjaniah, résidence de Mamoun. La faute d'Édrici vient de ce que ce géographe n'a pas su distinguer ce qui existait de son temps, de ce qui avait dû cesser environ un siècle et demi auparavant.

Puisque j'ai cité M. Quatremère, je dois signaler une légère erreur qui a échappé à cet illustre savant dans le passage mentionné plus haut. M. Quatremère suppose que, dans les textes d'Ibn-Alathir et de Novaïri rapportés par lui, il faut lire هزارست Hézarest, et non Hézarasf, هزاراسف, le nom d'un bourg situé dans le voisinage de Cath. La première leçon se voit, il est vrai, dans plusieurs passages d'Édrici (*ibid.* 189, 190); mais, dans un autre endroit, on trouve Hézarasb, هزاراسپ. D'ailleurs la véritable orthographe de ce nom de lieu est fixée par un curieux passage de Mirkhond que j'ai publié ailleurs. L'historien persan raconte que, Sindjar étant venu mettre le siège devant Hézarasp, le poëte Anvéri lui adressa un *roubaï* finissant ainsi :

امروز بیك حمله هزاراسپ بـگـیـر
فردا خوارزم وصد هزاراسپ تراست

Aujourd'hui, prends Hézarasp du premier choc; demain, Kharezm et cent mille chevaux t'appartiendront.

Comme on le voit, le poëte joue, dans ce vers, sur le double sens de l'expression Hézarasp, qui indique à la fois un nom de ville et mille chevaux. (Voy. l'Histoire des sultans du Kharezm, p. 6 et 7.)

(158) Mirkhond joue ici sur les deux mots امیر *émir*, prince, et اسیر *écir*, prisonnier.

(159) J'ai adopté ici la leçon du manuscrit de l'Arsenal. Le manuscrit 21 porte طوئ ودعوئ, et le manuscrit 21 *bis*, طـوس د عوئ. M. Wilken a imprimé طوسی. Le mot طوی, que nous avons déjà rencontré une fois, signifie *un festin*. (Voyez M. Quatremère, *Histoire des Mongols*, p. 139, note.)

(160) D'après Ibn-Khaldoun, Sébuctéguin fut déterminé à faire cette demande par l'avis qu'il reçut que le vizir Abd-Allah-ben-Aziz sollicitait la délivrance d'Abou-Ali : ویبلغ سبكتكین ان ابن الـعـزیـز الوزیر یسعی فی خلاص ابی علی

(161) A en croire le même historien, la mort d'Abou-Ali eut lieu dans l'année 387 (997).

(162) تجشّم *tedjechchum*. C'est ainsi qu'il faut lire avec les manuscrits 21 et 21 *bis* et celui de l'Arsenal, au lieu de جشم, que présente l'édition de Gœttingue. L'expression تجشّم, dérivée de la 5ᵉ forme du verbe جشم, signifie « prendre la peine de, » ainsi qu'on le verra par les quatre exemples suivants, tous extraits de notre auteur : اگر سلطان....بدین جانب تجشّم فرماید من شهررا بسپارم « Si le sultan daigne prendre la peine de se diriger de ce côté, je lui livrerai la ville. » (*Histoire des sultans du Kharezm*, p. 55); از خرمیل

NOTES. 277

اسندعا نمودکه بوثاق او نجشم نمایذ وسلطان بجانب « Il demanda à Kharmil qu'il prît la peine de se rendre à sa maison. » (Ib. p. 63);

لشکر مغول نجشم فرمود جهت ملاحظهٔ عمارت قلعه « Le sultan prit la peine de se diriger vers l'armée mongole. » (Ibid. p. 75, 76.);

بآنجا نجشم فرمود « Il prit la peine de se rendre en cet endroit pour examiner la citadelle. (Historia Seldschukidarum, p. 248.)

(163) Au lieu de ع, abréviation du mot مصراع *misra*, hémistiche, les manuscrits 21 et 21 bis portent بیت, et ajoutent l'hémistiche suivant :

حالیا غلغله در گنبد افلاک انداز

(164) Ce renseignement est répété ailleurs par notre auteur : « Le sultan, dit-il,... ayant abandonné les environs d'Hérat, se mit en mouvement du côté de Merv-Erroud, qui est aussi connue sous le nom de Mourghab (qu'elle doit au fleuve qui l'arrose). » (*Histoire des sultans du Kharezm*, pag. 44.)

(165) Au lieu de l'expression میل کشید, employée par notre auteur, Abou'l-Chéref s'est servi des mots داغ کردن, qui ne peuvent signifier que « brûler avec un fer chaud, cautériser. » Cependant Silvestre de Sacy les a ainsi rendus : Ils ..... lui firent crever les yeux. (*Loc. laud.* pag. 370.)

(166) Ibn-Khaldoun cite ce même endroit sous le nom de قنطرة راغول (fol. 162 v.). Au lieu de راغول, Abou'l-Chéref a écrit زاغول *Zaghoul*.

(167) Telle est la manière dont Silvestre de Sacy a rendu le mot ملواح. L'auteur « a...voulu dire, ajoute-t-il, qu'Abd-al-Mélik était prisonnier entre les mains de Faïek et de Bektouzoun, qui se servaient de lui pour tromper les peuples et les attirer plus aisément dans leur parti, en leur en imposant par le nom d'un prince de la famille des Samanides. » (*Magasin encyclopédique*, 1809, *loc. laud.* p. 214.) Je me plais à reproduire cette judicieuse observation; mais je me vois, à regret, forcé de relever une grave méprise dans laquelle est tombé l'illustre savant que je viens de citer. Trompé par le mot eldaulah, qui entre dans la composition d'un grand nombre de surnoms portés par des princes Bouvaïhdes, ainsi que nous en avons vu plus d'un exemple dans le cours de cet ouvrage, Silvestre de Sacy a fait ج Seïf-eddaulah un prince de la famille de Bouvaïh.

Il était cependant bien facile de reconnaître, sous ce surnom, le fameux Mahmoud, fils de Sébuctéguin, qui, comme nous l'avons appris plus haut (pag. 180), reçut de Nouh le titre honorifique de Seïf-eddaulah.

(168) Littéralement: «sur la touffe de crins». Le mot پرچم *pertchem*, employé ici par Mirkhond, désigne ce genre d'ornement, formé de la queue du *cothâs* قطاس ou *yac* (*bos grunniens* de Pallas), qui pend en haut des drapeaux, et que l'on trouve déjà sur les monuments de Nakchi-Roustam. (Voyez M. Quatremère, *Histoire des sultans mamlouks*, tom. I, pag. 228, note). La queue du cothâs servait également ou de fouet, ou de chasse-mouche. «Ce n'est point un éventail que l'on porte sur la tête du roi dans les bas-reliefs de Persépolis, mais bien un chasse-mouche, tel que ceux dont usaient encore, au temps de Bruyn, les grands de la Perse. Ils étaient faits, à cette époque, avec des queues d'une espèce de mammifère amphibie, appelé dans l'Asie *cheval marin*. Ces queues étaient montées sur des manches ornés de pierres précieuses; en un mot, les chasse-mouches étaient d'un très-grand prix.» Mongez, *Ier Mémoire sur les costumes des Perses*, dans les Mémoires de l'Institut national, littérature et beaux-arts, tom. IV, pag. 95. «Le *tchâmara*, dit M. A. Troyer, est la queue à longs poils d'un animal nommé *tchamarya* et *yak* (*bos grunniens*)...... Le tchâmara sert aux personnes d'un haut rang, et même il est considéré comme un emblème de royauté.» (*Radja Tarangini*, trad. française, tom. I, pag. 347.)

(169) Au lieu du mot الاحقاد, le manuscrit de Gœttingue porte الاخفاد, dans lequel il était bien facile de découvrir la véritable leçon. Néanmoins, M. Wilken a supposé qu'il fallait lire الاخفار, et a traduit: «*Quando calamitas ingruit, aufugiunt protectores* (sicut proverbio arabico dicitur: *Hoc tamen mei moris non est*)!»

(170) A la place de *Nialtéguin* نيالتگين, je préférerais lire بنالتگين *Inaltéguin*. Au lieu du nom de ville Ouzkend, que nous rencontrons quelques lignes plus bas, d'Herbelot a lu Dizghend. (*Bibl. orient.* art. *Abd-al-Malek-ben-Nouh.*)

(171) Outre ces deux princes, Ibn-Khaldoun (fol. 162 r.) en mentionne un troisième, sous le nom d'Abou-Souleïman.

(172) J'ai adopté, pour l'orthographe de ce nom propre, la leçon du manuscrit de l'Arsenal, qui est également donnée par la version persane d'Otbi. Le ms. 21 porte دالوج, et (plus loin) دالج, et 21 *bis*

تابو. M. Wilken a écrit بابو; mais en avertissant (note *l*) que son manuscrit donnait deux fois ce même nom sous la forme بايُل.

(173) Je me suis conformé à la leçon du ms. 21, 21 *bis*, qui est d'accord avec celle d'Abou'l-Chéref-Nacih et du géographe persan traduit par sir William Ouseley. Le manuscrit de Gœttingue et celui de l'Arsenal portent قنطرة كوچك *canthareï cutchuk* « le petit pont. »

(174) Ceci est une allusion à la couleur adoptée par les Abbassides, c'est-à-dire à la couleur noire. On peut consulter, sur les vêtements noirs, considérés comme insigne de la maison d'Abbas, une note de Silv. de Sacy (*Chrest. arabe*, 2ᵉ édit. tom. I, p. 49-53). Dans cet endroit, l'illustre orientaliste me paraît avoir commis une erreur assez grave, en avançant que les descendants d'Ali avaient adopté, en général, la couleur verte. Silvestre de Sacy se fonde, il est vrai, sur la substitution du costume vert au costume noir, prescrite par Mamoun, lorsqu'il adopta l'imam Ali-Ridha pour son successeur. Mais plusieurs faits contredisent l'opinion précitée : 1° Silvestre de Sacy lui-même reconnaît que les khalifes fatimites, qui se prétendaient descendants d'Ali, se distinguaient par des vêtements blancs. C'est ce qui est mis hors de doute par les passages de Hamza, de Bar-Hebræus et d'Ibn-Khaldoun, rapportés par le célèbre érudit [a]. Le dernier des trois écrivains s'exprime ainsi : « Toutes les fois que la puissance des Hachémites (ou Abbassides) commença à décliner, et que les Talébites (ou descendants d'Ali, fils d'Abou-Taleb) se soulevèrent contre eux, *en quelque lieu et à quelque époque que ce fût,* les Talébites affectèrent de se distinguer en cela des Abbassides par un usage tout contraire; ils prirent des drapeaux *blancs*, et furent nommés par cette raison Mobyaddha (c'est-à-dire, *blancs*) [b]. (*Chrest. ar.* tom. II, pag. 265.) 2° Soyouti, également cité par M. de Sacy (tom. I, pag. 51), nous apprend que le sultan d'Égypte Almélic-al-Achraf-Chaban fut le premier qui ordonna aux chérifs, ou descendants de Mahomet, en l'année 773, de se distinguer par la couleur verte. Enfin, 3° si Mamoun, en

[a] Voyez aussi la *Vie de Moezz-lidin-Allah*, par M. Quatremère, pag. 51.

[b] Au contraire, les Abbassides étaient appelés مسودة, c'est-à-dire *noirs*. Le pseudo Fakhr-eddin-Razi nous apprend qu'on donnait le nom de *Mouçavvadeh* aux troupes d'Abou-Mouslim, parce qu'elles portaient la couleur noire, livrée des Abbassides (*Mines de l'Orient*, tom. V, pag. 34). Voyez aussi la Description de l'Afrique, par Abou-Obaïd-Bécri (*Notices et Extraits des manuscrits*, tom. XII, pag. 472).

nommant l'imam Ali-Ridha son successeur, choisit le vert parmi les couleurs préférées par Mahomet, ce fut, sans doute, ainsi que l'a conjecturé le savant et judicieux Hamaker, pour éviter celle des Omaiyades, dont l'adoption aurait révolté les esprits de ses partisans. (Voyez *Réflexions critiques sur quelques points contestés de l'histoire orientale*, pag. 9.) Ces objections me paraissent de nature à dissiper toute incertitude; et je ne crains pas de conclure que notre célèbre orientaliste, trompé par un fait isolé dont il a voulu tirer des conséquences absolues, a pris pour la règle ce qui n'était qu'une exception commandée par une sage politique.

Pour en revenir à la couleur noire, insigne des Abbassides, je dois faire observer, après M. de Sacy, qu'elle était portée non-seulement par ces princes, mais aussi par leurs officiers. Aux exemples allégués par l'immortel auteur de la Chrestomathie arabe, j'en ajouterai deux ou trois. Novaïri (cité par M. Noël des Vergers, *Histoire de l'Afrique sous la dynastie des Aghlabites*, pag. 46, 47, note), racontant la révolte d'Abd-er-Rahman, gouverneur de l'Afrique septentrionale, contre le khalife Al-Mançour, s'exprime en ces termes : « Il fit alors apporter le khilat d'investiture que lui avait envoyé Abou-Djafar, et qui était de couleur noire, marque distinctive des Abbassides ; c'était le premier de cette couleur qu'on eût vu en Afrique. Déjà il l'avait revêtu plusieurs fois, et avait prié, après s'en être couvert, en faveur d'Abou-Djafar; mais cette fois, il ordonna qu'il fût brûlé ; ce qui fut exécuté. » D'après Ibn-Khaldoun (*ibid.* pages 87, 88), en l'an 186, Hamdis, l'un des principaux chefs arabes qui habitaient l'Afrique, se révolta dans Tunis, et rejeta le costume noir, marque distinctive des officiers soumis aux Abbassides. Enfin, nous voyons « Djémil, assiégé dans Caïroan et réduit aux dernières extrémités, capituler, à condition que l'ennemi n'exigerait pas des assiégés de renoncer à l'autorité de leur souverain, ni de déposer le vêtement noir. » (*Histoire de la province d'Afrique*, par En-Noweiri, traduite par M. le baron M. G. de Slane, *Journal asiatique*, III⁰ série, tom. XII, pag. 478.)

Les écrivains persans font assez souvent allusion aux drapeaux ou aux vêtements des Abbassides, pour indiquer l'obscurité de la nuit. J'en rapporterai deux exemples : و چون شبهنگام که رایت عباسیان افراشته شد علم دولت نایمان نگونسار گشت « A la nuit, lorsque l'étendard des Abbassides fut arboré, le drapeau de la puissance des Naïmans fut renversé. » Mirkhond, *Vie de Djenguiz-Khan*, pag. 61; وصبر کرد تا شب لباس عباسی بپوشید ظلام درپیش ایوان سپهر مینافام فرو کناشت «Il prit patience jusqu'à ce que la nuit, ayant revêtu l'habit des Abbassides, suspendit le voile des ténèbres devant le portique du ciel azuré.» (*Anvari-Soheïli*, édition de 1816, pag. 220.)

(175) Ou cinquante coffres de vêtements de couleur, d'après Abou'l-chéref وپنجاه بت (lisez: تخت) جامه‌ء ملون

(176) Ce vers est répété plusieurs fois par notre auteur, dans d'autres portions de son ouvrage. (Voy. l'Histoire des sultans du Kharezm, pag. 22, et l'article des Mozafférides, IVe partie du *Rouzet esséfa*, man. de l'Arsenal, fol. 178 r.)

(177) L'auteur du *Tarikhi-Guzideh* (man. 15 Gentil, fol. 174 v.) nous apprend que Mountacir leva le siége de Reï, trompé par les ruses de Seïdeh, veuve de Fakhr-Eddaulah ملکه و بفریب سیده (از) ری بازگشت

(178) Ville située à quatre petites journées de Niçabour, d'après Édrici (trad. de M. A. Jaubert, tom. II, pag. 183). Je crois qu'il faut lire بوزجان au lieu de بورنجان, dans plusieurs autres passages du même géographe (tom. I, pag. 451 et 417).

(179) On peut consulter sur les deux mots آذین بستن une note de M. Quatremère, *Histoire des Mamelouks*, tom. I, pag. 28, 29. J'ai moi-même eu l'occasion de donner ailleurs quelques détails sur cette expression, ainsi que sur celle de آئین بستن, qui a la même signification. (Voy. l'Histoire des sultans du Kharezm, p. 52, note 2.) Je dois faire observer ici que, par une erreur typographique, on a substitué dans cette note le mot زبین au mot آئین.

(180) A la place de برادر وی, بردر ری, M. Wilken a imprimé et traduit en conséquence : «Indicavit (judicavit) *fratrem* impru-«denter egisse (*dum Kabusum ita extulerit!*).»

(181) On peut consulter, sur le mot قینول, M. Quatremère. *Notices et Extraits des manuscrits*, tom. XIV, pag. 55, note 1.

(182) D'après Nikbi-ben-Maçoud (man. pers. 61, fol. 498 r.), les deux armées en vinrent aux mains dans le district d'Usṭuva برسناق اسُتوا. On peut consulter sur ce district, dont la capitale était Kha-bouchan ou Khoubouchan, M. Quatremère (*Histoire des Mongols*,

pag. 182, 183, note.) (Voy. aussi l'Histoire des sultans du Kharezm, pag. 133). A en croire Ibn-Khallican (édit. de M. de Slane, tom. I, pag. 418 et 661), on prononce indifféremment Ustuva et Ustava.

(183) C'est ainsi que j'ai cru devoir rendre l'adjectif قارى *cari*. En effet, je considère ce mot comme dérivé de قار «poix,» qui, ainsi que M. Quatremère l'a remarqué (*Journal des Savants*, 1842, pag. 433), se prend figurément pour désigner le noir le plus intense, le plus foncé. M. Wilken a traduit هوا قارى par «aerisque frigor,» confondant ainsi le mot قارى avec قارّ *carr*, qui, en arabe, signifie «froid.»

(184) Ce nom de lieu me paraît présenter quelque incertitude. A la place de ce que nous lisons dans Mirkhond, je trouve dans Abou'l-Chéref le passage suivant : وبادربند نور دششت وتخنه بدبوسه. Je crois devoir lire : ونا دربند نور فنشست وتخنه سفد رفت بدبوسیه سفد رفت «Il ne s'arrêta point, jusqu'à ce qu'il fût arrivé à Derbend-Nour (ou au défilé de Nour); le gouverneur de Bokhara alla à Daboucieh, sur la Soghd (pag. 67).» Nikbi-ben-Maçoud écrit deux fois دربند نور Derbend-Nour (man. persan n° 61, fol. 498 v.). Enfin, Abou'l-Chéref porte, une ou deux lignes plus bas, دربند فانهزم المنتصر الى بور. Quant à Ibn-Alathir, il se contente de dire ديوسیه «Mountacir s'enfuit à Daboucieh» (man. précité, fol. 103 v.). Au lieu de دربند بورحاسى, le man. 21 porte دربند, et le man. 21 *bis* دربند برجاى جانى. Le texte de Mirkhond signifie, dans cette dernière leçon : «Il ne s'arrêta en aucun lieu, jusqu'à ce qu'il fût arrivé à Derbend.»

(185) Au lieu de ces mots, Abou'l-Chéref nous offre les suivants : ويپسر علمدارکه سپهسالار سمرقند بود, et cette dernière leçon me paraît préférable à celle de notre auteur.

(186) A la place de ces mots, Nikbi-ben-Maçoud (*Ibid.* fol. 499 r.) écrit سرحك بيابانى

(187) Dans une de ses notes historiques (pag. 192), M. Wilken s'exprime ainsi : «..................... Nullibi commemorat «(Mirchondus) quæ fuerit causa inimicitiæ inter ipsum et Fachr-«Eddaulah obortæ tam vehementis, ut Fachr-Eddaulah omnium be-«neficiorum a Cabuso acceptorum immemor illum e Dschordschano «expelleret.» Le passage suivant d'Hamd-Allah-Mestouû renferme

l'explication, sinon l'excuse, de la conduite de Fakhr-Eddaulah envers Cabous : ميان قابوس و فخر الدّوله در خراسان جهت آنكه دختر قابوس در حبالهٔ فخر الدوله بود و او زنی دیگر خواسته و (بر) دختر قابوس گزیده و مفتیان در میان نقلها كردند بوحشت انجامید ازپیش همدیگر تخلف كردند و هریك در موضعی قرار گرفتند Une haine finit par s'élever, dans le Khoraçan, entre Cabous et Fakhr-Eddaulah, parce que Fakhr-Eddaulah, quoiqu'il eût déjà pour femme la fille de Cabous, prit une autre épouse et lui donna la préférence sur la première. Les *mouftis* (hommes de loi) rendirent des décisions à ce sujet. Enfin, les deux princes se séparèrent et résidèrent chacun dans un endroit différent. » (*Tarikhi-Guzideh*, man. 15 Gentil, fol. 186 v.)

Il paraît que, malgré la mésintelligence survenue entre lui et Cabous, Fakhr-Eddaulah n'en songea pas moins, par la suite, à s'acquitter envers ce prince. Voici ce qu'Ibn-Alathir raconte à ce sujet : ولما ملك فخر الدولة بن بویه جرجان والری اراد ان يسلم جرجان الی قابوس فرده عن ذلك الصاحب بن عباد .... فاعرض عن الذی اراده ونسی ماكان بينهما من المحبة بخراسان وانه بسببه خرجت البلاد عن يد قابوس وملك عقيم « Lorsque Fakhr-Eddaulah se fût emparé du Djordjan et de Reï, il voulut remettre le Djordjan à Cabous. Le sahib Ben-Abbad l'en détourna.... Fakhr-Eddaulah renonça à son projet et oublia l'amitié qui avait existé entre lui et Cabous dans le Khoraçan; ne se souvenant plus que les états de ce prince étaient sortis de ses mains, et son royaume lui avait été inutile à cause de Fakhr-Eddaulah. » (*Camil-ettévarikh*, tom. III, fol. 93 v. Cf. ci-dessus, pag. 156.)

(188) L'édition de M. Wilken et le manuscrit de l'Arsenal portent حسویه *Haçouïeh*; un autre manuscrit offre حمویه *Hamouïeh*. A ces deux leçons j'ai substitué le mot حسنویه *Hasnouïeh*, qui nous est donné par le *Moudjmel-ettévarikh* (ms. persan 62, fol. 258 r.) et par Ibn-Khaldoun (fol. 212 r. et v.), et qui m'a paru avoir une physionomie plus curde, si je puis m'exprimer ainsi. En effet, dans le *Camil* d'Ibn-Alathir (cité par M. Quatremère, *Hist. des Mongols*, p. 444), il est fait mention d'un chef de tribu curde qui portait le

nom de Hasnouïeh, حسنویه. (Voy. aussi Abou'lféda, *Annales*, t. II, p. 546.) Un chef des Curdes Chébancareh, Fadhl-ben-Haçan, était appelé, dans la langue de ce peuple, Fadlouieh-Hasnouieh فضلویه حسنویه. (*Tarikhi Vassaf*, cité par le même savant, *ibid.* p. 441 et 445.) Enfin, Ibn-Khaldoun (*apud* M. Quatremère, *Notices des manuscrits*, t. XIII, p. 329) nous apprend que, l'an 388 de l'hégire, les Curdes, appelés Bénou-Hasnawis, avaient formé une dynastie dans le Khoraçan. Je puis d'ailleurs alléguer, en faveur de ma lecture, l'autorité de Mirkhond lui-même, qui, dans une autre portion de son ouvrage, écrit, à deux reprises, Bedr-ben-Hasnouieh. (*Geschichte der sultane.....Bujeh*, p. 42.) Dans ce dernier endroit, Mirkhond nous apprend que Bedr-ben-Hasnouieh était, en 390 de l'hégire, gouverneur du Khouzistan.

(189) La Comisène de Polybe (*Exc.* lib. X, cap. xxv) cité par Sainte-Croix. (*Mémoires de littérature, etc.* t. L, pag. 95.) De cette contrée dépendaient, d'après Édrici (t. II, p. 176 et 179), Semnan, Daméghan et Bestham. (Voyez aussi Ibn-Khallican, éd. de M. de Slane, t. I, p. 338.)

(190) Il ne faut pas confondre ce Haçan-ben-Firouzan avec un autre personnage du même nom, dont il a été plusieurs fois question ci-dessus. Ce dernier était mort la même année que Vachméguir, Moizz-Eddaulah, Cafour, Abou-Ali-Mohammed-ben-Élias et Seïf-Eddaulah-ben-Hamdan, c'est-à-dire en 356 de l'hégire. (*Mirchond's Geschichte der sultane.....Bujeh*, p. 18.) J'ai conservé dans mon texte la leçon حسن بن فیروزان, qui se trouve dans l'édition de Gœttingue et le manuscrit de l'Arsenal. Mais peut-être vaudrait-il mieux lire فیروزان بن حسن avec la version persane d'Otbi (pag. 76). Dans cette hypothèse, le personnage dont il est ici question serait fils de celui qui vient d'être rappelé il y a un instant. En effet, il n'est pas rare de voir, chez les Orientaux comme chez les Grecs, le petit-fils adopter le nom de son aïeul, de préférence à celui de son père.

(191) On peut consulter sur ce titre, qui n'est autre chose que l'équivalent du grec Ἵππαρχος, une note de Saint-Martin, *Mémoires sur l'Arménie*, t. I, pag. 298. (Voyez aussi les *Extraits du Moudjmel ettévarikh*, publiés par M. Jules Mohl, *Journal asiatique*, IVᵉ série, t. I, p. 427.)

(192) M. Wilken a fait sur ce passage la note que voici : « In co-« dice legitur : شهریار, qui error ex nomine Isfahidi (*sic*) quo præ-« cesserat, ortus esse videtur. » En conséquence, il a lu Chehrzour,

شهرزور ; lecture malheureuse, puisque Cabous, réfugié à Nichabour, devait songer à reconquérir ses états, le Djordjan, le Thabaristan et le Mazendéran, avant de pouvoir envoyer une armée contre une ville située dans le Kurdistan. D'ailleurs la leçon شهربار nous est donnée par Ibn-Alathir et Ibn-Khaldoun. Le premier de ces historiens nous apprend (t. III, fol. 19 v.) que, lors de la mort de Biçoutoun, Cabous était allé visiter son oncle maternel Roustem, dans la montagne de Chehriar جبل شهربار[a].

Quant à Ibn-Khaldoun, voici comment il s'exprime au sujet de l'expédition racontée par Mirkhond : فبعث الاصفهبد الى جبل شهربان (sic) وعليه رستم بن المرزبان خال مجد الدّولة.... فقاتله وانهزم رستم واستولى اصفهبد على الجبل وخطب فيه لـتـمـس المعالى قابوس « Cabous envoya l'Isfehbed vers la montagne de Chehriar, qui était alors occupée par Roustem, fils du Merzban [b], oncle maternel de Medjd-Eddaulah. L'Isfehbed en vint aux mains avec Roustem, qui fut mis en fuite; puis il s'empara de la montagne, et y fit faire la khotbah au nom de Chems-el-Maali-Cabous. » (Ibn-Khaldoun, fol. 223 v. Cf. Ibn-Alathir, ibid. t. III, fol. 93 r.)

Le mot Chehriar se trouve aussi dans un passage de la version persane d'Otbi qu'on lira tout à l'heure. Il ne saurait donc rester de doute sur la véritable lecture de ce nom de lieu. Mais il est tout à fait impossible de fixer la position de la montagne de Chehriar, même approximativement. Vainement la chercherait-on dans Abou'lféda, Hamd-Allah-Cazouini, Édrici et l'auteur du Méracid. Tout ce que l'on peut supposer, c'est que cette montagne est une de celles qui forment le prolongement de la chaîne de l'Elbourz, du côté du Djordjan.

[a] L'identité des noms peut faire croire que le Roustem de ce passage d'Ibn-Alathir et celui de Mirkhond ne sont qu'un seul personnage. Cette opinion, toutefois, me paraît peu fondée. En effet, Cabous devait être né, au plus tard, en 344, puisque, vers 370, il avait une fille assez âgée pour être l'épouse de Fakhr-Eddaulah. D'un autre côté, l'auteur du Moudjmel-Ettévarikh nous apprend que la naissance de Medjd-Eddaulah, fils aîné de Seïdeh et de Fakhr-Eddaulah, n'eut lieu qu'en 379. (Ms. persan 62, fol. 267 v.) En conséquence, si l'on suppose que la mère de Cabous et Seïdeh fussent sœurs, il faut admettre en même temps qu'il y eut plus de trente ans d'intervalle entre le mariage de la première et celui de la seconde.

[b] Ailleurs (fol. 224 r.) Ibn-Khaldoun écrit المرزبان خال مجد الدّولة.

Voici le passage d'Abou'l-Chéref auquel j'ai fait allusion, il n'y a qu'un instant : واصفهبد شهريار ابن شروين را بناحيت شهريار فرستاد « Cabous envoya l'isfehbed Chehriar, fils de Chervin, dans le canton de Chehriar. » (Pag. 76.) Dans la suite, l'isfehbed Chehriar se révolta contre Cabous. (Voyez Ibn-Alathir, fol. 93 v. Abou'l-Chéref, p. 81 ; *Notices des manuscrits*, t. IV, pag. 381.) Dans ce dernier endroit, Silvestre de Sacy a pris le mot Chehriar pour un nom de lieu, et a traduit *isfehbed Chehriar* par « le gouverneur de Chehriar. »

(193) Ibn-Khallican (tom. I, pag. 595) place seulement à cette époque le commencement du règne de Cabous, ne tenant pas compte des quatre ou cinq années pendant lesquelles ce prince exerça l'autorité, après la mort de son frère, et avant d'avoir été chassé de ses états par Mouveiyd-Eddaulah (371=981-2). Faute d'avoir fait cette observation, le traducteur du biographe arabe, mon savant ami M. de Slane, a cru devoir composer sur ce passage la note suivante : « This is a mistake, in which however all the manuscripts agree. I consequently adopted the reading in the printed text, although aware of the error. Kâbûs succeeded to the throne of Jurjân on the death of his brother Bîsetûn, A. H. 366 (A. D. 976-977). I suspect the error to have originated with our author. » (Ibn-Khallikan's *Biographical Dictionary*, t. II, p. 510, note 4.) Puisque j'ai cité la Vie de Cabous par Ibn-Khallican, j'ajouterai ici deux remarques à la précédente. Nous lisons dans le texte de l'auteur arabe que le père de Cabous (Vachméguir) mourut dans le mois de moharrem 337 : وكانت وفاة ابيه فى المحرم سنة سبع وثلثين وثلثمائة بجرجان. Au mot ثلثين il faut substituer خمسين, ce qui nous donne l'année 357, date de la mort de Vachméguir, d'après une des deux versions rapportées par Aboulféda (t. II, p. 488). M. de Slane, embarrassé par ce mot ثلثين, qu'il a reconnu fautif, a cru que la date en question s'appliquait au grand-père de Cabous. En second lieu, Ibn-Khallican, immédiatement après avoir rapporté la date de la mort de Vachméguir, ajoute ces paroles : ثم انتقلت مملكة جرجان عنهم الى غيرهم « La royauté du Djordjan passa ensuite, de leur famille, entre les mains d'une autre. » Il y a ici une erreur évidente, puisque Biçoutoun succéda à son père Vachméguir, et fut lui-même remplacé par Cabous. Mais Ibn-Khallican, qui ne se pique pas d'une grande exactitude chronologique, n'a pas plus tenu compte des dix années du règne de Biçoutoun que des cinq premières de celui de Cabous, et il a passé

immédiatement à la mention, assez peu claire il est vrai, de la conquête du Djordjan par Mouveiyd-Eddaulah. Pour rectifier ce que le texte de son auteur présentait d'inexact, M. de Slane a ajouté entre parenthèses, dans sa traduction : « After the death of Menùtcheher, « the son of Kâbûs; » sans réfléchir que, par là, il faisait paraître le récit d'Ibn-Khallican encore plus obscur et plus incohérent.

(194) متنجر. C'est ainsi que je crois devoir lire, au lieu de مبنجر et de منجر, que présentent l'édition de Gœttingue et le manuscrit de l'Arsenal. Le manuscrit 21 *bis* porte مجر, et le manuscrit 21 donne ainsi tout ce membre de phrase : از ودر فنون علم وادب نقايص پيراسته

(195) Allusion à la fontaine de vie, que Zou'l-Carnein (Alexandre) chercha vainement, disent les Orientaux, dans la région ténébreuse de l'Orient. (Voyez d'Herbelot, *Bibl. orientale*, pag. 40, 318, 992, 993.)

(196) Je suis ici la leçon du manuscrit 21, qui est aussi, à très-peu près, celle du manuscrit 21 *bis*. Au lieu de ces mots, l'édition de Gœttingue et le manuscrit de l'Arsenal portent صاحب عيار هركس كه.

(197) J'ai adopté la leçon des manuscrits de l'Arsenal et de Gœttingue, que M. Wilken a changée en ذمام. Les manuscrits 21 et 21 *bis* portent seulement ذما. از اراقت دما باك ندانستى. Après ذما, on lit, dans le manuscrit de l'Arsenal, les mots suivants, qui paraissent être une glose ou une interpolation du copiste : الذما بقية الروح فى بدن المذبوح

(198) Le manuscrit de l'Arsenal et Ibn-Khaldoun (fol. 224 r.) portent خباشك, le manuscrit 21, خاشك, et 21 *bis*, خاشاك. J'ai écrit جناشك *Djenachek* sur la foi de Daulet-Chah, de l'édition de M. Wilken et du *Méracid-al-Ittila*. D'après ce dernier ouvrage, Djenachek est une forteresse du Djordjan célèbre par sa force et sa grandeur : من قلاع جرجان معروفة بالحصانة والعظمة. Abou'l-Chéref écrit جناشك (p. 113).

(199) Ici le texte ajoute : « de boucher les brèches. »

(200) On trouvera des détails plus circonstanciés sur la mort de Cabous, dans les *Annales* d'Abou'lféda, t. III, pag. 18. (Voyez aussi Ibn-Khallican, édition déjà citée, t. I, pag. 596, et Abou'l-Faradj, pag. 334.)

(201) M. Wilken a publié, dans ses *Annotationes historicæ*, un passage de Daulet-Chah qui n'est pas sans intérêt pour l'histoire de Cabous. Par malheur, ce fragment a été imprimé avec la plus grande incorrection. Je crois donc être agréable aux lecteurs en corrigeant ici le texte du biographe persan, d'après un assez bon manuscrit de la Bibliothèque royale (man. persan 250, fol. 19 v, 20 r). A la ligne 8 de l'extrait de M. Wilken, au lieu de علی, il faut lire أبو علی; à la ligne 10, après در نشابور, le man. de la Bibl. roy. ajoute les mots وبود; à la même ligne, au lieu de أدوار et أدانی, on doit lire أدرار et أوانی, d'après le man.; en place de مجلس, il est plus régulier de lire مجلس را, avec le man.; à la ligne suivante je lis غریبت, au lieu de قریبت, et j'ajoute خود après دارالملك, toujours d'après le man.; à la ligne 13, j'écrirais برسر آمد ou برسر آمده, en place de برسر آمده, et je supprimerais le و après بوده; enfin, à la dernière ligne, il faut lire منوچهر pour متوجه et شد pour شده.

(202) Littéralement: «Il boucha la brèche de la mort tragique de son père.»

(203) Ici le texte ajoute «qui était la Vénus (*Zuhrah*) du ciel de la souveraineté.»

(204) Littéralement: «la perle de la coquille de la chasteté.»

(205) D'après Abou'lféda (t. III, pag. 74), Minoutchehr mourut en l'année 420 de l'hégire (1029 de J. C.), et fut remplacé par son fils Anouchrévan. Voici ce qu'Ibn-Khaldoun nous apprend sur ce dernier: فاقره محمود علی ولایته وقرر علیه خمس مایسة الف دینار امیری وخطب لمحمود فی بلاد للجیل الی حدود ارمنیة ثم استولی مسعود ابن محمود اعوام الثلثین علی جرجان وطبرستان و محی دولة بنی قابوس «Mahmoud confirma Anouchrévan dans la possession de ses états, et fixa le tribut que ce prince devrait lui payer à cinq cent mille dinars émiriens. Anouchrévan fit prononcer la khotbah au nom de Mahmoud dans le Guilan, jusqu'aux frontières de l'Arménie (Ourmiah?). Dans la suite, Maçoud, fils de Mahmoud, s'empara du Djordjan et du Thabaristan, vers l'année 430, et la puissance des descendants de Cabous fut anéantie.» (Fol. 223 r.) Khondémir (*Habib-essiyer*, cité par S. de Sacy, *Magasin encyclo-*

pédique, 1814, t. II, pag. 421) place, par erreur, la mort de Minoutchehr en 424 (1033) ⁎.

Je crois devoir rapporter ici la suite du récit de Khondémir, parce qu'il complète le texte de Mirkhond, et rectifie celui d'Ibn-Khaldoun :

« Mais le sultan étant entré dans le Djordjan, et ayant imposé à Abou-Calindjar (lisez Anouchrévan) des charges exorbitantes et insupportables, celui-ci abandonna le Djordjan, et se renferma dans une forteresse où il demeura jusqu'à sa mort, qui arriva en l'année 441 ᵇ. Son cousin Caïcaous, fils d'Escander, fils de Cabous, lui succéda dans le gouvernement de ce pays de montagnes ; c'est lui

---

⁎ Khondémir se contredit lui-même sur ce point, lorsqu'il ajoute : « Il (Minoutchehr) eut pour successeur son fils, l'émir Abou-Calindjar (lisez Anouchrévan), qui reconnut pareillement l'autorité du sultan Mahmoud. » En effet, si Anouchrévan n'était monté sur le trône qu'en 424, il n'aurait pu reconnaître l'autorité de Mahmoud, qui mourut, comme chacun sait, dans l'année 421 (1030). Quant au nom d'Abou-Calindjar, donné par Khondémir au fils de Minoutchehr, c'est sans doute le résultat d'une méprise dont Ibn-Alathir nous fournit l'explication. D'après cet historien (t. III, fol. 238 v.), le sultan Ghaznévide Maçoud épousa la fille d'Abou-Calidjar (*sic*) al-Couhi, général de l'armée du fils de Minoutchehr, et administrateur des états de ce prince. On peut croire que Khondémir a confondu Anouchrévan avec son ministre et général, Abou-Calindjar. Cette méprise ne devrait pas plus nous étonner que celle d'Ibn-Alathir (*loc. laud.*) et d'Ibn-Khaldoun (f. 172 r.), qui ont donné à Anouchrévan, fils de Minoutchehr, le nom de son oncle Dara. Le dernier de ces écrivains s'est ainsi mis en contradiction avec lui-même ; en effet, comme nous l'avons vu ci-dessus, il a rendu ailleurs au fils de Minoutchehr son vrai nom d'Anouchrévan.

ᵇ Comme le passage d'Ibn-Khaldoun, auquel j'ai fait allusion dans la note précédente, peut jeter quelque jour sur cette portion du récit de Khondémir, j'ai jugé à propos de le reproduire ici :

كانت جرجان وطبرستان وأعمالها لدار (sic) بن منوجهر بن قابوس وكان السلطان مسعود قد اقره عليهما فلما سار السلطان الى الهند وانتشر الغز فى خراسان منع الحمل وداخل علاء الدّولة ابن كاكويه وفرهاد بن ماكان فى العصيان فلما عاد مسعود من الهند واجلا الغز عن خراسان سار الى جرجان سنة ست وعشرين فملكها ثم سار الى امل فملكها وفارقها اصحابها و افترقوا (lisez اجتمعوا) فى

qui est auteur du Kabous-Nameh; il mourut en 462. Après lui la couronne fut portée par son fils Djilan-Chah (ou Guilan-Chah). Mais ce pays de montagnes passa de sa domination sous celle de Hasan-ben-Sabbah, en l'année 470, et aucun autre des descendants de Kabous ne parvint à la souveraineté. » La fin de cette dynastie est aussi marquée, dans Hadji-Khalfah, à l'année 470 (1077-8). Par conséquent, il est impossible de ne pas admettre cette date; mais, comme l'a observé S. de Sacy (*ibid.* pag. 424) : « Il est difficile de croire que le *pays de montagnes*, resté seul à Caïcaous et à Ghilan-Chah, des états de Kabous et de Minoutchehr, ait passé, dès l'année 470, sous la domination de Hasan-ben-Sabbah, qui, si l'on en croit Mirkhond, ne devint maître d'Alamout, la première place où il exerça son autorité souveraine, qu'en l'année 483. »

(206) L'expression بگرد کس رسیدن, littéralement: « atteindre la poussière qui s'élève sous les pas de quelqu'un, » se rencontre assez souvent chez les écrivains persans. On lit dans Sâdi :

چو باد صبا ز آن میان سیر کرد
نه سیری که بادش رسیدی بگرد

«Il s'éloigna de ce lieu en marchant comme le vent d'est, et non d'une marche telle que le vent pût atteindre même la poussière qui s'élevait sous ses pas. »

الغباض فهزمهم وقتل منهم واسر ثم راسله دارا فى الصلح
وتقریر البلاد علیه وحمل ما بقى عنده فاجابه السلطان الى
ذلك ورجع الى خراسان «Le Djordjan, le Thabaristan et leurs dépendances appartenaient à Dara (*sic*), fils de Minoutchehr, fils de Cabous, que le sultan Maçoud avait précédemment confirmé dans la possession de ces provinces. Lorsque le sultan fit son expédition dans l'Inde, et que les Ghouzzs (c'est-à-dire les Turcs seldjoukides) envahirent tout le Khoraçan, le fils de Minoutchehr cessa d'envoyer le tribut, et se ligua contre Maçoud avec Ala-Eddaulah, fils de Cakouïeh, et Ferhad, fils de Macan. Mais, quand Maçoud fut revenu de l'Inde et qu'il eut chassé les Ghouzzs du Khoraçan, il marcha vers le Djordjan, dans l'année 426, et s'en empara; puis il se dirigea vers Amol, dont il se rendit maître. Les habitants abandonnèrent leur ville et se réunirent dans des endroits marécageux et couverts d'arbres. Maçoud les mit en déroute et tua ou prit plusieurs d'entre eux. Dara lui envoya demander la paix, et implora la faveur d'être confirmé dans la possession de ses états; il offrait d'acquitter l'arriéré du tribut. Le sultan consentit à lui accorder sa demande, et retourna dans le Khoraçan. »

(The works of Sâdee, t. I, pag. 127 v.); dans Mirkhond وبگردش ﻧﺮﺳﯿﺪه ﺑﺎز ﮔﺸﺘﻨﺪ « ils revinrent sans avoir même atteint la poussière qui s'élevait sous ses pas » (Hist. des sultans du Kharezm, p. 95); et plus loin : (lisez چپه) حبه نويان و سوبداى (lisez سوبداى) بهادر وتوقجر باشى هزار سوار جرار که در ميدان نبرد رستم دستان و اسفندیار روئین تن بگرد ایشان نرسیدندی از عقب شتافتند سلطان « Tchépé-Noïan, Souboudaï-Béhadur et Thocadjar se mirent en marche en toute hâte sur les traces du sultan, avec 30,000 cavaliers redoutables, et que Roustem, fils de Zal, et Isfendiar, au corps d'airain, n'auraient point atteints sur le champ de bataille (littéralement : à la poussière desquels ils ne seraient point parvenus)» (Vie de Djenguiz-Khan, pag. 124); enfin, dans l'Anvari-Soheïli (Fable du roi et du faucon) : ملك چنان گرم مى راند که صبا....... بگرد او نمى رسید « Le roi poussait son cheval avec tant d'ardeur, que le vent d'est ne pouvait pas même atteindre la poussière qui s'élevait sous les pas du coursier. »

(207) Il faut suppléer ici les mots fils de Béha-Eddaulah.(Voyez, pour de plus amples détails, Mirkhond, *Geschichte der Sultane.....Bujeh*, pag. 45.)

(208) J'ai lu تقدم par conjecture, au lieu de قدم, que présentent l'édition de Gœttingue et deux de nos manuscrits. Le manuscrit 21 porte على.

FIN DES NOTES.

LISTE

DES MOTS ARABES ET PERSANS

EXPLIQUÉS DANS LES NOTES.

Pages.		Pages.	
251	آب	229	عصامی
249	ارتحال	269	عطارد فطنت
226	آمو	229	عظامی
226	آمویه	259	فداوی ـ فدائی
278	پرچم	232	فلوری
276	تجشم	282	قار
275	تموبه	282	قاری
226	خلعت	273	قطار
277	داغ کردن	278	قطاس
225	رحل اقامت انداختن	251	کوچ
249	رحلت	275	گاو
232	رضوان	290	گرد (ب) اکس رسیدن
272	زنجیر فیل	274	مربط فیل
264	شعار	274	مَوَّه
268	صامت و ناطق	227	من
269	ضیافه	274	مَوَّه
276	طوی	269	مهمانی

TABLE

PAR ORDRE ALPHABÉTIQUE

DES NOMS DE LIEUX ET DE PERSONNES

MENTIONNÉS DANS LES NOTES.

Abd-Allah, fils d'Achcam, 249, 250.
Abd-Allah, fils d'Aziz, 267, 276.
Abd-el-Mélic, fils de Nouh, 257, 263.
Abd-er-Rahman, 280.
Abou-Abd-Allah le Kharezm-Chah, 275.
Abou-Ali-Ahmed, fils d'Abou-Becr, 245, 246, 248, 250, 252, 255, 256, 257, 258.
Abou-Ali-ibn-Simdjour, 261, 267, 270, 274, 276.
Abou-Aoun, 230.
Abou-Becr le boulanger, 245.
Abou-Becr-Mohammed, fils de Mozaffer, 234, 237, 245, 246, 248.
Abou-Becr-Mozaffer, fils d'Iacout, 253.
Abou-Calindjar-al-Couhi, 289.
Abou-Ishac-Ibrahim, 245, 246, 247.
Abou-Ishac, fils d'Alptéguin, 263, 264.
Abou'l-Abbas-Saffah, 230.
Abou'l-Cacim-ibn-Simdjour, 261.

Abou'l-Fadhl, fils d'Abou-Ioucef, 237.
Abou'l-Fadhl-Ibn-Alamid, 255, 258, 259.
Abou'l-Feth-Ali, 258.
Abou'l-Févaris, fils d'Adhed-Eddaulah, 261.
Abou'l-Houceïn-Mouzni, 265.
Abou'l-Houceïn-Otbi, 264, 267.
Abou-Mouslim, 279.
Abou-Salih-Mançour, 245, 246, 247.
Abou-Thahir, 242.
Abou-Zacaria-Iahia, 245, 246, 247.
Adhed-Eddaulah, 253, 254, 256, 259, 261.
Ahmed, fils d'Abd-Allah, Al-khodjoustani, 231.
Ahmed, fils d'Açad, 225.
Ahmed, fils d'Ismaïl, 234, 235.
Ahmed, fils de Sahl, 234, 238.
Aïdedj, 242.
Ala-Eddaulah, fils de Cakouïeh, 290.
Alamout, 290.
Ali, fils de Camè, 252, 255.
Ali, fils d'Hamouïeh, 240.
Ali-Ridha, 279, 280.

294 TABLE ALPHABÉTIQUE

Alptéguin, 263, 264.
Amr, fils d'Iacoub, 234.
Anouchrévan, 288, 289.
Anvéri, 276.
Asfar, 240, 241, 243.
Asfourcan, 272.
Bagchour, 266.
Becr-ben-Mélic, 258, 259.
Bectouzoun, 269, 277.
Bedr-ben-Hasnouïch, 284.
Bénou-Hamdan, 233.
Bénou-Hasnawis, 284.
Béroudjerd, 242.
Biçoutoun, 285, 286.
Boghra-Khan, 239, 240.
Boghra-Khan (Chéhab-Eddaulah-Haroun), 270, 271.
Bouvaïh (Enfants de), 240, 257, 262.
Bouzdjan, 281.
Cabous, 264, 283, 285, 286, 287.
Cafour, 284.
Cahir-Billah, 253.
Caïcaous, 289.
Caratékin, 246, 247.
Cath, 275.
Chaban, 279.
Chahbar, 229.
Chehriar (l'Ispehbed), 285, 286.
Chehriar (Montagne et canton de), 285, 286.
Chervin-Djébéli, 245.
Chouhourcan, 272.
Couhistan, 258.
Dara, 289.
Djémil, 280.
Djénachek, 287.
Djordjan, 252.
Djordjaniah, 275.

Djouzdjan, 272.
Elbourz, 285.
Elias, fils d'Ishac, 237.
Eliça, fils de Mohammed, 261, 262.
Fadhl, fils de Haçan, 284.
Fadhl, fils d'Iahia, 231.
Fadhl, fils de Sahl, 225, 231.
Faïc, 264, 277.
Fakhr-Eddaulah, 268, 283, 285.
Farès-Alkébir, 228, 232, 233.
Ferhad, fils de Macan, 290.
Firouzan-ben-Haçan (?), 284.
Ghardjistan, 272.
Ghassan, fils d'Abbad, 225.
Ghouzz (Turcs), 271, 290.
Grand-Lour, 242.
Guilan-Chah, 290.
Haçan, fils d'Ali, surnommé al-Othrouch, 227, 228, 233, 235, 238.
Haçan, fils de Cacim, 238, 241.
Haçan, fils de Firouzan, 250, 252, 256, 284.
Haçan-ben-Sabbah, 290.
Haçan, fils de Zeïd, 227.
Haçan, fils de Zeïd, gouverneur de Médine, 238.
Hamdis, 280.
Hamouïch, fils d'Ali, 236, 237, 240.
Harthémah, fils d'Aïan, 231.
Hasnouïeh, 284.
Hézarasp, 275, 276.
Houceïn, fils d'Ali, Mervroudi, 234, 237, 240.
Houceïn, surnommé Alamid, 258.
Iahia, voyez Abou-Zacaria.
Iahia, fils de Maad, 231.

DES NOMS DE LIEUX, ETC.

Ibrahim, voyez Abou-Ishac.
Ibrahim, fils de Farès, 249.
Ibrahim, fils de Simdjour, 250, 261.
Içam, 229.
Imad-Eddaulah, 253, 255.
Inanedj, 269.
Ioucef-ben-Abou'ssadj, 240.
Ishac-ben-Ahmed, 234, 236.
Ismail-ben-Abbad, 268, 283.
Ismaïl-ben-Ahmed, 228, 229.
Ispahan, 252 à 256.
Kendj-Roustac, 266.
Khabouchan, 281.
Khalaf-ben-Ahmed, 265.
Leïlé-ben-Noman, 239, 240.
Lour ou Louristan, 242.
Maad, fils de Mouslim, 230, 231.
Macan, fils de Cali, 241, 246, 247, 248, 250, 255.
Maçoud, fils de Mahmoud, 288, 289, 290.
Mahmoud (Seif-Eddaulah), 257, 274, 277, 278, 288, 289.
Mahomet, 280.
Mamoun, 225, 279.
Mamoun-ben-Mohammed, 275.
Mançour, voyez Abou-Salih.
Mançour (Abou-Djafar al), 230, 280.
Mançour, fils de Caratéguin, 246, 247, 250, 252, 255.
Mançour, fils d'Ishac, 234, 235, 237.
Mançour, fils de Nouh, 262, 264, 265.
Medjd-Eddaulah, 285.
Mehdi, 230, 231.
Merdavidj, 240, 243, 252, 253, 258.

Merv-Erroud, 277.
Minoutchehr, 288, 289.
Mocanna, 230, 231,
Moctadir-Billah, 233, 238.
Mohammed-al-Bathhani, 239.
Mohammed, fils d'Abd-el-Djebbar-Otbi, 265.
Mohammed, fils d'Açad, 237.
Mohammed, fils d'Ahmed, al-Djeïhani, 236, 240.
Mohammed, fils d'Ali, 234.
Mohammed, fils d'Elias, 246, 261, 284.
Mohammed, fils d'Eliça, 237.
Mohammed, fils de Fadhlouïeh, 242.
Mohammed, fils de Haroun, 227, 228.
Mohammed, fils d'Houceïn, 237.
Mohammed (ben) Iacout, 253.
Mohammed, fils de Macan, 259.
Mohammed, fils de Mozaffer; Voy. Abou-Becr-Mohammed.
Mohammed-ibn-Salouc, 235, 241.
Mohammed-ibn-Simdjour, 261, 265.
Mohammed, fils de Zacaria, Razi, 230.
Mohammed, fils de Zeïd, 227.
Moizz-Eddaulah, 255, 284.
Mothi, 256, 257.
Mouaddil, fils d'Ali, 234.
Mountacir, 281, 282.
Mourghab, 277.
Moustakfi, 257.
Mouveiyd-Eddaulah (Abou-Mançour-Bouvaih), 258, 259, 286, 287.
Nasr, fils d'Ahmed, 233, 237,

238, 240, 245, 246, 247, 248, 249, 250, 255, 256.
Noman-Abou-Cabous, 229.
Noucan, 239.
Nouh, fils de Mançour, 263, 266, 274.
Nouh, fils de Nasr, 249, 252, 256, 257, 263.
Othrouch (Al). Voy. Haçan, fils d'Ali.
Orkoub, 271.
Parès. Voy. Farès-al-Kébir.
Pendj-Dih, 266.
Petit-Lour, 242.
Radhi-Billah, 253.
Rafi-ben-Harthemah, 225.
Redja, 231.
Reï, 240, 255.
Rocn-Eddaulah, 250, 252, 253, 254, 255, 256, 257, 258, 262.
Roustem, 285.
Saïd-al-Djarchi, 231.
Salar, 250.
Salous, 235.
Sanam, 230.

Sébuctéguin (le chambellan), 255.
Sébuctéguin (Nacir-Eddin), 263, 264, 274, 276.
Sedjistan ou Seïstan; conquête de cette province, en l'an 298; révolte et seconde conquête, en 300, p. 234.
Scïdch, 281, 285.
Seïf-Eddaulah-ben-Hamdan, 284.
Sélem, fils de Salim, 231.
Simdjour-Dévati, 234, 235, 261.
Sindjar, 276.
Soncor, atabeg du Fars, 242.
Tach, 267.
Thabrec, 256.
Thoghantékin, 237.
Ustuva, 281.
Vachméguir, 240, 250, 251, 252, 253, 254, 255, 256, 262, 284, 286.
Zobeïr, fils de Moçaïeb, 231.
Zou'l-Carneïn, 287.

FIN DE LA TABLE.

www.ingramcontent.com/pod-product-compliance
Lightning Source LLC
Chambersburg PA
CBHW071345150426
43191CB00007B/848